쑥쑥
팡팡

파이썬 **1급**

코딩활용능력

씨엔씨에듀 OEUN LIFE SCIENCE

쑥쑥팡팡 코딩활용능력 1급(파이썬)

초판 1쇄 발행 2024년 10월 31일

지 은 이 AI코딩연구소

발 행 인 유정환

제작총괄 신효순

기획편집 AI코딩연구소

마 케 팅 신효순

발 행 처 오은라이프사이언스㈜

등　　록 2021년 9월 23일(제 2022-000340호)

주　　소 서울시 강남구 선릉로 660, 207호(삼성동, 브라운스톤레전드)

전　　화 (070)4354-0203

ISBN　 979-11-92255-38-5 13000

머릿말

디지털 시대를 맞이한 지금, 코딩은 더 이상 선택이 아닌 필수가 되었습니다. 2025년부터 초·중학교 정보 교과 수업 시수가 2배로 늘어나고, 한국정보통신진흥협회에서는 "코딩활용능력" 자격검정을 새롭게 시행하였습니다. 코딩은 목적이 아닌 문제 해결을 위한 도구이며, 코딩 교육의 진정한 목적은 컴퓨팅 사고력과 문제 해결 능력을 기르는 데 있습니다. 본 교재는 코딩활용능력 시험을 준비하는 과정에서 학생들이 단순히 시험 합격을 넘어 논리력, 창의력, 그리고 문제 해결 능력을 키울 수 있도록 세심하게 구성되었습니다.

선생님들께 드리는 말씀

» **흥미 유발**: 학습 내용과 관련된 4컷 만화가 무엇을 의미하는지 이야기를 나누면서 학생들의 흥미를 유발시키세요.

» **생각 열기**: 일상생활 속 질문에 대한 서로의 생각을 공유하면서 학생들에게 학습 동기를 부여해 주세요.

» **논리력 쑥쑥**: 파이썬으로 코딩하기 위해 반드시 알아야 할 내용만 담겨 있습니다. 주입식 교육보다는 학생들이 직접 코딩하면서 논리력을 키울 수 있도록 안내해 주세요.

» **창의력 팡팡**: 학생들의 무궁무진한 생각을 코드로 표현하는 과정을 돕습니다. 정답이 없으므로, 자유롭게 생각하고 표현해 보도록 격려해 주세요.

» **문제 해결 척척**: 시험에 출제되는 형태와 난이도의 문제들을 학생들이 직접 풀어 보고 틀린 문제에 대해 정확히 이해하고 넘어갈 수 있도록 지도해 주세요.

» **실전 대비**: 공개문제와 기출문제를 통해 학생들이 시험에 대해 파악하게 하고, 실전모의고사로 최종 마무리할 수 있게 도와 주세요.

학생 여러분에게 드리는 말씀

» **목적 인식**: 코딩은 단순히 프로그래밍 언어를 배우는 것이 아닙니다. 컴퓨팅 사고력과 문제 해결 능력을 키우기 위해 코딩을 배운다는 목적을 가지세요.

» **문제 해결**: 막히는 부분이 생길 때마다 포기하지 말고 한 번 더 생각해 보세요. 필요하다면 선생님의 도움을 받거나 해설을 참고하세요. 이 과정 자체가 문제 해결 능력을 키우는 중요한 훈련입니다.

» **실습의 중요성**: 코딩은 눈으로 보면서 이해하는 것이 아닙니다. 직접 코딩하는 과정을 통해 실력이 쌓이므로, 코딩 실습을 통해 실력을 키우세요.

본 교재가 여러분의 코딩 실력 향상과 "코딩활용능력" 자격증 취득에 큰 도움이 되기를 바랍니다. 더 나아가 이 과정을 통해 여러분이 미래 사회의 주역으로 성장하는 데 필요한 논리적 사고력과 창의적 문제 해결 능력을 기르게 되기를 진심으로 희망합니다.

2024년 10월
저자 일동

Contents

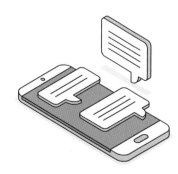

이 책의 구성

① **학습 목표**: 각 차시에서 학습하는 내용에 대한 목표를 명확하게 제시합니다.

② **4컷 만화**: 학습 내용과 관련된 만화를 통해 이야기를 나눌 수 있습니다.

③ **생각 열기**: 일상생활에서의 경험을 바탕으로 각자의 생각을 적고 공유할 수 있습니다.

④ **선생님 말씀**: '생각 열기'에서 나온 내용을 정리하고 학습 방향을 제시합니다.

⑤ **논리력 쑥쑥**: 파이썬 학습 과정에서 논리적 사고력을 키울 수 있습니다.

⑥ **코딩 연습**: 학생들이 직접 코딩하며 실습하고 결과를 입력함으로써 실력을 키울 수 있습니다.

❶ 창의력 팡팡: 창의적으로 생각하면서 코딩함으로써 창의력을 키울 수 있습니다.

❷ 정리하기: 학습한 내용을 정리하며 핵심 내용을 직접 쓸 수 있습니다.

❸ 문제 해결 척척: 시험에 출제되는 문제들을 풀어보면서 문제 해결 능력을 키울 수 있습니다.

❹ 나의 점수: 채점 후 점수를 기록하고 자신의 실력을 파악할 수 있습니다.

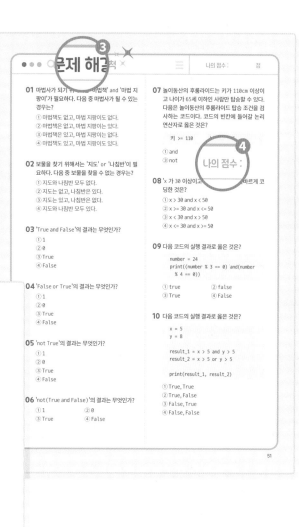

7

이 책의 구성

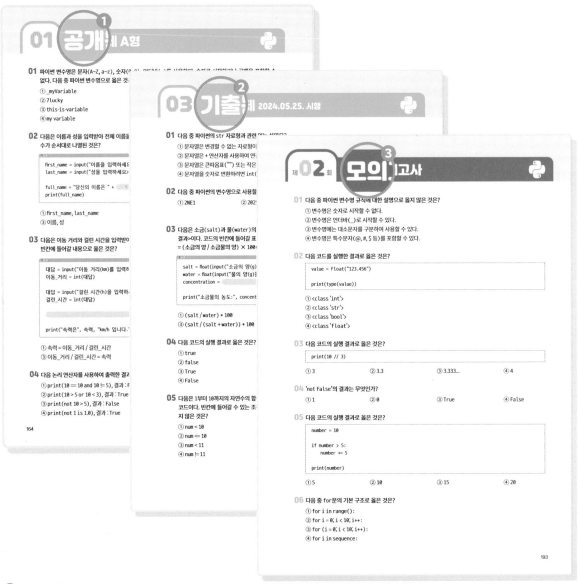

❶ 공개문제

- 시험의 출제 유형과 난이도를 파악할 수 있도록 공개된 문제 2세트 수록하였습니다.
- 공개문제를 풀어봄으로써 시험을 이해할 수 있습니다.

❷ 기출문제

- 자격검정이 시행된 이후 시행된 첫 번째와 두 번째 기출문제를 수록하였습니다.
- 기출문제를 풀어봄으로써 시험에 적응할 수 있습니다.

❹ 실전 모의고사

- 출제 가능성이 높은 문제들을 개발하여 10세트 수록하였습니다.
- 실제 시험처럼 시간을 정해놓고 문제를 풀면 더욱 효과적입니다.

❶ 정답

Part 1(파이썬 즐기기), Part2(공개 및 기출문제), Part3(실전 모의고사)의 모든 문제에 대한 정답을 수록하였습니다.

❷ 해설

문제 해결 척척, Part2(공개 및 기출문제), Part3(실전 모의고사)의 문제는 명확한 해설이 제공되어 있어 쉽게 이해할 수 있습니다.

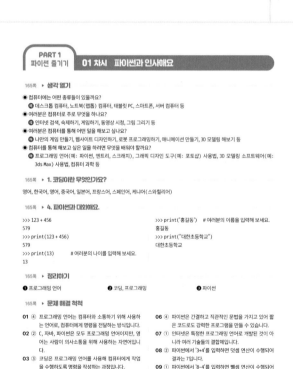

PART 1 파이썬 즐기기 — 01 차시 파이썬과 인사해요

165쪽 ▶ 생각 열기

- 컴퓨터에는 어떤 종류들이 있을까요?
  - 📝 데스크톱 컴퓨터, 노트북(랩톱) 컴퓨터, 태블릿 PC, 스마트폰, 서버 컴퓨터 등
- 여러분은 컴퓨터로 주로 무엇을 하나요?
  - 📝 인터넷 검색, 숙제하기, 게임하기, 동영상 시청, 그림 그리기 등
- 여러분은 컴퓨터를 통해 어떤 일을 해보고 싶나요?
  - 📝 나만의 게임 만들기, 웹사이트 디자인하기, 로봇 프로그래밍하기, 애니메이션 만들기, 3D 모델링 해보기 등
- 컴퓨터를 통해 해보고 싶은 일을 하려면 무엇을 배워야 할까요?
  - 📝 프로그래밍 언어(예: 파이썬, 엔트리, 스크래치), 그래픽 디자인 도구(예: 포토샵) 사용법, 3D 모델링 소프트웨어(예: 3ds Max) 사용법, 컴퓨터 과학 등

165쪽 ▶ 1. 코딩이란 무엇인가요?

영어, 한국어, 영어, 중국어, 일본어, 프랑스어, 스페인어, 케냐어(스와힐리어)

165쪽 ▶ 4. 파이썬과 대화해요.

```
>>> 123 + 456
579
>>> print(123 + 456)
579
>>> print(13)          # 여러분의 나이를 입력해 보세요.
13
```

```
>>> print('홍길동')     # 여러분의 이름을 입력해 보세요.
홍길동
>>> print("대한초등학교")
대한초등학교
```

165쪽 ▶ 정리하기

❶ 프로그래밍 언어   ❷ 코딩, 프로그래밍   ❸ 파이썬

165쪽 ▶ 문제 해결 척척

01 ④ 프로그래밍 언어는 컴퓨터와 소통하기 위해 사용하는 언어로, 컴퓨터에게 명령을 전달하는 방식입니다.

02 ② C, 자바, 파이썬은 모두 프로그래밍 언어이지만, 영어는 사람이 의사소통을 위해 사용하는 자연어입니다.

03 ③ 코딩은 프로그래밍 언어를 사용해 컴퓨터에게 작업을 수행하도록 명령을 작성하는 과정입니다.

04 ⑤ 코딩과 프로그래밍은 사실상 동일한 의미로, 컴퓨터 프로그램을 작성하는 과정을 말합니다.

05 ① 코딩을 배우면 문제 해결 능력을 키우고, 게임이나 앱을 만들 수 있으며 컴퓨터와 소통할 수 있지만, 컴퓨터를 고장내는 것이 아니라 오히려 컴퓨터를 고칠 수 있습니다.

06 ④ 파이썬은 간결하고 직관적인 문법을 가지고 있어 짧은 코드로도 강력한 프로그램을 만들 수 있습니다.

07 ① 인터넷은 특정한 프로그래밍 언어로 개발된 것이 아니라 여러 기술들의 결합체입니다.

08 ② 파이썬에서 '3+4'를 입력하면 덧셈 연산이 수행되어 결과가 7입니다.

09 ① 파이썬에서 '8-4'를 입력하면 뺄셈 연산이 수행되어 결과가 4입니다.

10 ④ 파이썬에서 print() 함수는 화면에 출력하는 명령어입니다. "홍길동"을 출력하려면 print('홍길동') 또는 print("홍길동")과 같이 작성해야 합니다.

PART 2 공개 및 기출문제 — 01 공개문제 A형

01 ① 파이썬 변수명은 문자나 밑줄(_)로 시작해야 하며, 숫자나 공백으로 시작할 수 없습니다.

02 ② 성이 먼저 오고 이름이 뒤에 와야 하므로, last_name과 first_name 순서로 사용합니다.

03 ① 속력은 이동 거리를 걸린 시간으로 나누어 계산합니다. 엔트리 코드 블록에도 '속력=이동_거리 값 / 걸린_시간 값'으로 정한다고 나와 있습니다.

04 ① 10 == 10 and 10 != 5에서 10 == 10은 True이고 10 != 5는 False이므로, True and False가 됩니다. and는 모두 True일 때만 True가 되므로 True and False의 결과는 False입니다.

05 ① 양수이며 동시에 2의 배수인지를 확인하는 조건이므로 and를 사용해야 합니다.

06 ② 점수가 80이므로 elif score >= 80에 해당하여 "B"가 출력됩니다.

⑤ 1부터 10까지의 합을 구하려면 i가 9일 때까지 반복되어야 i값이 1 더해진 10까지 더해집니다. i > 9는 반복문 자체가 실행되지 않는 올바르지 않은 조건입니다.

④ 단 수와 곱해지는 숫자가 곱해져야 하므로, dan * i로 계산됩니다.

⑤ len(play)는 배열의 길이를 반환하므로, 5가 반환됩니다. 마지막 요소인 "정글짐"의 인덱스는 4가 되어야 하는데, 'len(play)'의 값은 5이므로 옳지 않습니다.

④ 튜플은 생성된 후에는 요소를 변경할 수 없습니다. 변경이 불가능한 자료형을 사용할 때 튜플이 적합합니다.

11 ④ append()는 요소를 추가하는 함수로, 첫 번째 요소를 제거하는 데는 사용할 수 없습니다.

12 ② sorted()는 리스트로 반환되며 원래 튜플은 변경되지 않습니다.

13 ① 김밥의 가격은 3000원이므로 3000이 출력됩니다.

14 ① len() 함수는 문자열의 길이를 계산합니다. 공백도 하나의 문자로 포함되므로 "Hello World!"의 길이는 11입니다.

15 ① list(season.keys())는 리스트 season의 모든 키를 리스트로 반환하므로 ['봄', '여름', '가을', '겨울']이 출력됩니다. list(season.values())는 리스트 season의 모든 값을 리스트로 반환하는데, 가을의 값이 autumn으로 변경되었으므로 ['spring', 'summer', 'autumn', 'winter']가 출력됩니다.

16 ③ 공백을 기준으로 문자열을 나누면 세 번째 단어는 little입니다.

17 ② 1~3심만 정의되어 있으므로 4를 입력하면 else 구문의 "유효한 심급이 아닙니다."가 출력됩니다.

18 ① '2 * pi * radius'는 원의 둘레를 구하는 공식입니다.

19 ① turtle.Turtle() 함수는 거북 모양의 커서를 만들며, t.shape('turtle') 명령어는 커서 모양을 거북 모양으로 설정합니다.

20 ④ random.randint(1, 6)는 1부터 6까지의 정수 중 하나를 반환하므로, 주사위 굴림 결과는 1에서 6 사이입니다.

PART 2 공개 및 기출문제 — 02 공개문제 B형

변수는 프로그램이 동작하는 동안 값이 변경될 수 있습니다. 값이 바뀌지 않는 것은 상수에 해당합니다.

2024는 정수형이므로, int 클래스입니다.

일_리 * 1000은 0.4km에 1000을 곱해 천 리의 거리를 계산합니다.

04 ② 20 // 3은 정수 몫을 구하는 연산으로, 20을 3으로 나누면 정수 몫은 6입니다.

05 ③ 파이썬에서 조건문은 if 조건: 형식을 사용합니다. ①은 비교 연산자 '=='를 사용해야 하고, ②는 콜론(:)이 빠졌고, ④는 문법 오류입니다.

시험 안내

코딩활용능력

(CAT / Coding Ability Test)

- 프로그램 언어에 대한 이해도, 사용능력 등 코딩 활용능력을 평가하는 자격으로, 프로그램 기반 논리적 사고력, 과학적 창의력을 평가
- 2급, 3급 시험은 블록코딩 프로그램을 사용하여 기본적인 코딩능력 및 처리조건에 맞는 구현이 가능한지에 대한 활용능력을 평가
- 1급 시험은 텍스트 코딩으로 진입하기 위한 프로그램 언어의 기본 문법, 데이터 처리 등 기초 교육과정에 맞춰 능력을 평가

필요성

- 텍스트 코딩 및 블록코딩 프로그램 기본지식 배양
- 텍스트 코딩 언어에 대한 이해를 바탕으로 기본적인 코딩 능력 향상
- 블록코딩 툴을 활용하여 처리 조건에 맞게 구현하는 코딩 능력 향상

자격 종류

- 자격구분 : 민간등록자격
- 등록번호 : 2024-001939

시험 과목

등급	검정과목	검정방법	문항 수	시험시간	배점	합격기준	시험 프로그램
1급	- 기본 문법 - 데이터 처리 - 함수 및 모듈	객관식	20문항	40분	100점	60점 이상	Python
2급	- 객체 설정하기 - 객체 코딩하기 - 자료 다루기	실기 (작업식)	3문항				엔트리
3급	- 객체 설정하기 - 객체 코딩하기		2문항				

응시자격

- 학력, 연령, 경력 제한 없음

응시지역 및 수수료

등급	검정응시료	응시지역	응시자격
1급	30,000원		
2급	25,000원	전국	제한없음
3급	20,000원		

- 자격증 발급수수료: 5,800원(배송료 포함)
  * 정보이용료별도: 신용카드/계좌이체 650원, 가상계좌입금 300원
- 연기 및 환불 규정
  - 접수기간 ~ 시험 당일10일전: 신청서 제출 시 연기 또는 응시비용 전액 환불
  - 시험일 9일전 ~ 시험 당일: 신청서 및 규정된 사유의 증빙서류 제출 시 연기 및 응시비용 전액 환불
  - 시험일 이후: 환불 불가

정기검정 일정 (2024년도 기준)

등급	회차	접수일자	시험일자	합격자 발표
1급	2401회	04.15.(월) ~ 04.24.(수)	05.25.(토)	06.14.(금)
	2402회	06.17.(월) ~ 06.26.(수)	07.27.(토)	08.16.(금)
	2403회	08.19.(월) ~ 08.28.(수)	09.28.(토)	10.18.(금)
	2404회	10.14.(월) ~ 10.23.(수)	11.23.(토)	12.13.(금)
2급	2401회	05.13.(월) ~ 05.22.(수)	06.22.(토)	07.12.(금)
	2408회	07.15.(월) ~ 07.24.(수)	08.24.(토)	09.13.(금)
	2410회	09.16.(월) ~ 09.25.(수)	10.26.(토)	11.15.(금)
	2412회	11.11.(월) ~ 11.20.(수)	12.21.(토)	'25.01.10.(금)
3급	2401회	05.13.(월) ~ 05.22.(수)	06.22.(토)	07.12.(금)
	2408회	07.15.(월) ~ 07.24.(수)	08.24.(토)	09.13.(금)
	2410회	09.16.(월) ~ 09.25.(수)	10.26.(토)	11.15.(금)
	2412회	11.11.(월) ~ 11.20.(수)	12.21.(토)	'25.01.10.(금)

입실 및 시험시간

교시	입실완료시간	시험시간
1교시	8:50	09:00 ~ 09:40 (40분)
2교시	10:00	10:10 ~ 10:50 (40분)
3교시	11:10	11:20 ~ 12:00 (40분)

온라인 시험 응시 방법

01.
수험번호와 이름을 입력한 후 [로그인] 버튼을 클릭합니다.

02.
수검자 유의사항을 확인한 후 [시험시작] 버튼을 클릭합니다.

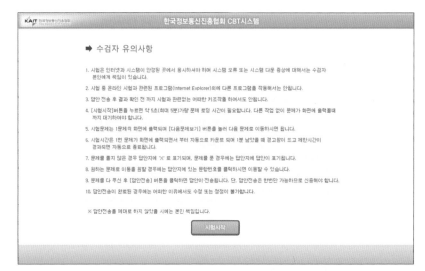

03.
문제를 잘 읽고 정답을 클릭한 후 [다음문제] 버튼을 클릭합니다. 원하는 문제로 이동하려면 답안지의 문항번호를 클릭합니다.

04.

문제를 다 풀고나면 [제출] 버튼을 클릭합니다. 제출은 한 번만 가능하므로 신중해야 합니다.

05.

제출 안내 메시지 창이 나타나면 [확인] 버튼을 클릭합니다.

06.

시험이 완료되었다는 메시지가 표시됩니다.

출제기준(1급)

과목	검정항목	검정내용	상세 검정내용
기본 문법	변수 및 자료형	• 변수의 선언 및 사용 방법 • 기본 자료형의 이해	• 변수의 개념 및 변수명 작성 규칙 • 변수의 값 할당 • 기본 자료형: int, float, str, bool • 자료형 확인/변환: type(), int(), float(), str(), bool()
	연산자	• 연산자의 종류 • 사용 방법 이해	• 산술 연산자: +, -, *, /, %, //, ** • 비교 연산자: ==, !=, <, >, <=, >= • 논리 연산자: and, or, not • 복합 대입 연산자: +=, -=, *=, /=, %=, //=, **=
	제어문	• 조건문 사용 • 반복문 사용	• 조건문: if, if~else, if~elif, if~elif~else • 반복문: for, while, break, continue
데이터 처리	리스트	• 리스트의 생성, 수정, 삭제, 조회 방법	• 리스트 생성/변환: [], list() • 요소 조회: 인덱싱, 슬라이싱 • 요소 추가/삭제: append(), insert(), pop(), remove(), del • 요소 정렬: sort(), sorted(), reverse() • 리스트 연결: +, extend() • 리스트 객체 삭제: del
	튜플	• 튜플의 생성, 조회 방법	• 튜플 생성/변환: (), tuple() • 요소 조회: 인덱싱, 슬라이싱 • 요소 정렬: sorted() • 튜플 객체 삭제: del
	딕셔너리	• 딕셔너리의 생성, 수정, 삭제, 조회 방법	• 딕셔너리 생성/변환: {}, dict() • 값 조회: 딕셔너리[key], get() • 요소 추가/삭제: 딕셔너리[key]=value, del, pop() • 키/값 조회: keys(), values(), items() • 딕셔너리 객체 삭제: del

출제기준(1급)

과목	검정항목	검정내용	상세 검정내용
함수 및 모듈	내장 함수 및 메서드	•매개 변수와 반환값의 이해	•내장 함수: print(), input(), len(), max(), min(), sum(), round(), abs(), exit() •문자열 메서드: split(), replace(), upper(), lower(), capitalize(), format() •f-문자열
	사용자 정의 함수	•함수의 정의와 호출	•함수 정의: def •매개 변수/인수 설정 •반환값 지정: return •함수 호출
	모듈	•표준 모듈의 사용 방법	•turtle: turtle.Turtle(), shape(), forward(), backward(), right(), left(), turtle.done() •random: randint(), choice(), sample() •math: pow(), sqrt() •datetime: datetime.datetime.now(), datetime.date.today() •time: sleep(), ctime()

PART 1 파이썬 즐기기

컴퓨터와 대화할 때 사용되는 프로그래밍 언어의 종류는 많지만,

그 중에서 파이썬은 가장 인기 있는 프로그래밍 언어예요.

파이썬을 이용하여 재미있게 코딩을 즐기시기 바랍니다.

파이썬과 인사해요

학습 목표

- 프로그래밍 언어가 무엇인지 이해할 수 있다.
- 코딩이 무엇인지 이해할 수 있다.
- 파이썬의 특징을 이해할 수 있다.

 생각 열기

 컴퓨터에는 어떤 종류들이 있을까요?

 여러분은 컴퓨터로 주로 무엇을 하나요?

 여러분은 컴퓨터를 통해 어떤 일을 해보고 싶나요?

 컴퓨터를 통해 해보고 싶은 일을 하려면 무엇을 배워야 할까요?

 컴퓨터는 매우 똑똑한 기계로, 우리가 어떤 명령을 내리면 그에 따라 행동해요.
우리가 컴퓨터에게 명령을 내릴 때 사용하는 것이 바로 '코딩'이에요.
이번 시간에는 코딩이 무엇인지, 프로그래밍 언어는 무엇인지, 그리고 프로그래밍 언어의 한 종류인 파이썬의 특징에 대해 알아보겠습니다.

언어에는 종류가 많아요.

- 여러분이 미국 사람과 대화하려면 여러분이 [   ]를 할
  줄 알거나, 미국 사람이 [   ]를 할 줄 알아야 합니다.
- 다음은 어느 나라 언어일까요?

  - "Hello": [   ]

  - "你好": [   ]

  - "こんにちは": [   ]

  - "Bonjour": [   ]

  - "Hola": [   ]

  - "Jambo": [   ]

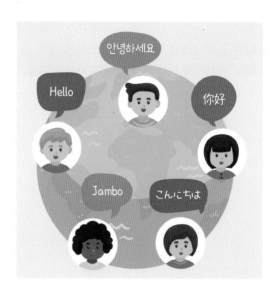

컴퓨터와 대화할 때도 언어가 필요해요.

- 컴퓨터는 우리의 말을 이해할 수 없기 때문에, 컴퓨터와 대화하려면 특별한 언어를 사용해야 해요.
- 컴퓨터와 대화하기 위해 사용하는 특별한 언어를 프로그래밍 언어라고 해요.
- 언어에 한국어, 영어, 중국어 등이 있듯이, 프로그래밍 언어 종류도 다양해요.
- 파이썬, C, C++, 자바 등이 유명한 프로그래밍 언어예요.

코딩은 컴퓨터에게 명령을 내리는 방법이에요.

- 코딩은 프로그래밍 언어로 컴퓨터에 명령을 내리는 것을 의미해요.
- 코딩(coding)은 명령어를 의미하는 'code'와 행동을 나타내는 'ing'를 합친 단어예요.
- 코딩을 프로그래밍(programming)이라고도 해요.
- 예를 들어, "컴퓨터야, 미나에게 인사해 줘"라고 말하는 대신, 우리는 "print('Hello, Mina!')"라고 코딩해요.

코딩은 왜 배워야 할까요?

- 코딩을 배우면 컴퓨터와 대화를 할 수 있어요.
- 우리가 상상하는 것들을 게임이나 앱으로 만들 수 있답니다.
- 그리고 문제를 해결하는 능력도 키울 수 있어요!

"모든 사람이 코딩을 배워야 한다.
이는 생각하는 방법을 가르쳐주기 때문이다."

스티브 잡스(Steve Jobs) - 애플 창립자

---

2. 파이썬은 어떤 언어인가요?

파이썬은 간단한 프로그래밍 언어예요.

- 파이썬은 문법이 간단하고 이해하기 쉬워서 초보자들이 배우기 좋아요.
- 다른 프로그래밍 언어에 비해 코드를 짧게 쓸 수 있어서 효율적이에요.
- 예) "안녕!"을 모니터 화면에 표시하는 프로그램

C 언어	파이썬
``#include <stdio.h>
int main()
{
printf("안녕!\n");
return 0;
}```	```print("안녕!")```

다양한 분야에 사용되고 있어요.

- 파이썬은 다양한 분야에서 널리 사용되고 있어요.
- 웹 개발, 게임 개발, 인공지능, 데이터 분석, 코딩 교육, 자동화 분야와 같은 곳에서 사용돼요.
- 여러분이 잘 알고 있는 유튜브, 인스타그램, 넷플릭스도 파이썬으로 개발되었어요.

가장 인기 있는 프로그래밍 언어예요.

- 파이썬의 인기는 계속해서 높아지고 있어요.
- 2024년 현재 전 세계에서 가장 인기 있는 프로그래밍 언어예요.

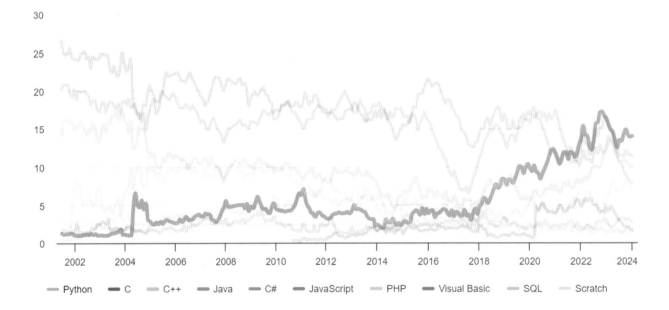

3. 파이썬을 실행해요.

- 작업 표시줄의 [시작] 버튼을 클릭한 후 [모든 앱]을 클릭해요.
- 아래로 스크롤하여 [P]-[Python 3.XX]-[IDLE (Python 3.XX 64-bit)]를 클릭해요.

- 다음과 같은 화면이 나오면 파이썬으로 대화할 준비가 되었어요!

```
IDLE Shell 3.11.4                                          —  □  ✕
File  Edit  Shell  Debug  Options  Window  Help

  Python 3.11.4 (tags/v3.11.4:d2340ef, Jun  7 2023, 05:45:37) [MSC v.1934
  64 bit (AMD64)] on win32
  Type "help", "copyright", "credits" or "license()" for more information.
>>>
                                                          Ln: 3  Col: 0
```

- '2+3'을 입력하고 <Enter>를 누르면 계산 결과가 화면에 나타나요.

```
>>> 2+3
    5
>>>
```

- 이번에는 '10-4'를 입력하고 <Enter>를 눌러 보세요.

```
>>> 2+3
    5
>>> 10-4
    6
>>>
```

- print('홍길동')을 입력하고 <Enter>를 누르면 괄호 안의 내용이 화면에 나타나요. 문자는 작은따옴표(' ')나 큰따옴표("") 사이에 입력해야 해요.

```
>>> 2+3
    5
>>> 10-4
    6
>>> print('홍길동')
    홍길동
>>>
```

직접 코딩하고 결과를 입력해요!

```
>>> 123 + 456


>>> print(123 + 456)


>>> print(        )        # 여러분의 나이를 입력해 보세요.


>>> print('        ')        # 여러분의 이름을 입력해 보세요.


>>> print("        ")        # 여러분의 학교 이름을 입력해 보세요.
```

정리하기

❶ 컴퓨터와 대화하기 위한 특별한 언어를   라고 해요.

❷ 프로그래밍 언어로 컴퓨터에 명령을 내리는 것을   또는   이라고 해요.

❸   은 간단하고, 다양한 분야에서 사용되며, 가장 인기 있는 프로그래밍 언어예요.

01 컴퓨터와 대화하기 위해 필요한 언어를 무엇이라고 하는가?

① 영어
② 외국어
③ 표준어
④ 프로그래밍 언어

02 다음 중 프로그래밍 언어가 아닌 것은?

① C
② 영어
③ 자바
④ 파이썬

03 코딩이란 무엇인가?

① 컴퓨터 게임의 이름이다.
② 컴퓨터의 전원을 켜는 것이다.
③ 컴퓨터에 명령을 내리는 방법이다.
④ 컴퓨터의 고장을 수리하는 방법이다.

04 다음 중 코딩과 같은 의미를 지니는 용어는?

① 스위밍
② 타이밍
③ 클라이밍
④ 프로그래밍

05 다음 중 코딩을 배우면 좋은 점이 아닌 것은?

① 컴퓨터를 고장낼 수 있다.
② 컴퓨터와 대화를 할 수 있다.
③ 게임이나 앱을 만들 수 있다.
④ 문제 해결 능력을 키울 수 있다.

06 파이썬의 장점으로 옳은 것은?

① 문법이 복잡하다.
② 이해하기 어렵다.
③ 아직 인기가 높지 않다.
④ 코드를 짧게 쓸 수 있다.

07 다음 중 파이썬으로 개발되지 않은 것은?

① 인터넷
② 유튜브
③ 넷플릭스
④ 인스타그램

08 파이썬에서 '3+4'를 입력하고 <Enter>를 누르면 어떤 결과가 나올까?

① 1
② 7
③ 34
④ 3+4

09 파이썬에서 '8-4'를 입력하고 <Enter>를 누르면 어떤 결과가 나올까?

① 4
② 12
③ 84
④ 8-4

10 다음 명령어 중 화면에 "홍길동"을 출력하는 것은 무엇인가?

① 홍길동
② (홍길동)
③ print(홍길동)
④ print('홍길동')

02 차시

변수에 데이터를 담아요

학습 목표

- 변수가 무엇인지 이해할 수 있다.
- 변수에 값을 저장할 수 있다.
- 변수 이름을 올바르게 지을 수 있다.
- 출제 예상 문제를 스스로 풀 수 있다.

 생각 열기

 여러분의 책가방에는 어떤 것들이 들어 있나요?

 여러분의 필통에는 어떤 것들이 들어 있나요?

 여러분의 책상 위에 9칸짜리 정리함이 있다고 할 때, 어떤 것들을 넣으면 좋을지 생각해 보고 각 칸에 이름을 적어 보세요 (예: 색연필).

 정리함에 이름을 써놓고 흩어져 있는 물건들을 정리하면 책상이 매우 깔끔해지겠죠?
물건을 정리함에 넣듯이, 컴퓨터에서는 어떤 수나 값을 '변수'라고 하는 공간에 저장한답니다.
이번 시간에는 변수가 무엇인지, 변수에 값을 어떻게 저장하는지, 그리고 변수의 이름은 어떻게 정하는지 알아보겠습니다.

1. 변수란 무엇인가요?

변수는 데이터를 저장하는 공간이에요.

- 변수는 하나의 데이터를 저장하는 공간을 의미해요.
- 변수에는 숫자, 문자 또는 다른 값을 넣을 수 있어요.
- 변수에 저장된 데이터를 값 또는 변숫값이라고 해요.
- 변수는 마치 다양한 음료수를 담을 수 있는 병과 같아요.

 데이터(자료)는 이름, 학년, 반, 번호, 키, 몸무게 등 관찰이나 측정 등을 통해 얻은 단순한 사실이나 값을 의미해요.

변수는 이름이 있어요.

- 변수를 만들 때는 이름을 붙여줘요.
- 예를 들어 '나이'라는 이름의 변수를 만들고 그 안에 자신의 나이를 넣을 수 있어요.
- 음료수병에도 이름이 있어야 어떤 음료수인지 알 수 있겠죠?

변수에 저장되는 값은 변해요.

- 하나의 변수에 저장되는 값은 바꿀 수 있어요.
- 예를 들어 '나이' 변수에 12가 저장되었는데, 한 살 더 먹으면 13으로 바꿀 수 있어요.
- 물이 들어 있는 음료수병을 비우고 오렌지 주스를 담을 수 있잖아요!

01 변하는 값을 저장하는 공간을 무엇이라고 하나요?

① 수
② 변수
③ 음료수
④ 잔치국수

02 변수가 음료수병과 비슷한 이유는 무엇인가요?

① 데이터가 시원해서
② 데이터가 맛있어서
③ 데이터를 마실 수 있어서
④ 데이터를 담을 수 있어서

2. 변수에 값을 저장해요.

변수에 값은 이렇게 저장해요.

- 변수에 값을 저장할 때에는 등호(=)를 사용해요.
- 예를 들어 '나이'라는 이름의 변수에 10을 저장하려면 '나이 = 10'을 입력해요.

등호(=)의 의미가 달라요!

- 수학에서의 등호(=)는 두 수나 두 식이 같음을 의미해요. 예를 들어 '3 + 4 = 7'은 '3과 4를 더한 값은 7과 같다'라는 의미예요.
- 파이썬과 같은 프로그래밍 언어에서의 등호(=)는 왼쪽의 변수에 오른쪽의 값을 저장한다는 의미예요. 예를 들어 'x = 7'은 '변수 x에 7을 저장한다'라는 의미예요.

변수에 저장된 값을 바꾸는 방법

- 변수 안에 저장된 값은 바꿀 수 있어요.
- 예를 들어 '나이 = 10'을 입력한 상태에서 '나이 = 11'을 입력하면 변수 '나이'의 값이 11로 바뀌어요.

🔍 직접 코딩하고 결과를 입력해요!

```
>>> 나이 = 10
>>> 나이

>>> 나이 = 11
>>> 나이
```

```
>>> age = 12
>>> age

>>> age = 13
>>> age
```

```
>>> 키 = 140.0
>>> 키

>>> 키 = 140.5
>>> 키
```

```
>>> height = 153.5
>>> height

>>> height = 158.0
>>> height
```

```
>>> name = 홍길동

>>> name = "홍길동"
>>> name

>>> name = '홍길순'
>>> name
```

등호 오른쪽에 값을 적을 때
수는 그냥 적으면 되지만,
글자(문자열)는 큰따옴표("")나
작은따옴표('')를 붙여야 해요!

? Quiz !

03 변수에 값을 저장할 때 사용하는 기호는 무엇인가요?

① + ② –
③ / ④ =

04 변수에 값을 올바르게 저장한 것은?

① 12 = number ② '12' = number
③ number : 12 ④ number = 12

05 변수 'name'에 '홍길동'을 저장하려면 어떻게 해야 하나요?

① name = 홍길동 ② name = "홍길동"
③ name = 123 ④ name = 홍길순

06 변수 'height'에 저장된 값을 158.0으로 바꾸려면 어떻게 해야 하나요?

① height = 153.5 ② height = 158.0
③ height = "153.5" ④ height = "158.0"

3. 변수 이름에는 규칙이 있어요!

문자(영어/한글), 숫자, 밑줄 문자(_)만 사용할 수 있어요.

올바른 변수명에 O 표시하세요.	cat LEVEL9 your_name _name 책상 아이유 초등_5학년 my-age IZ*ONE 학년/반

숫자로 시작할 수 없어요.

올바른 변수명에 O 표시하세요.	item3 K5 VITA500 level5_stage2 2nd_player 2NE1 2025년

영어 대문자와 소문자를 구분해요.

같으면 O, 다르면 ≠ 표시하세요.	banana ( ) BANANA python ( ) Python mycomputer ( ) myComputer

공백(빈칸)은 사용할 수 없어요.

올바른 변수명에 O 표시하세요.	OH MY GIRL OH_MY_GIRL BLACKPINK Black Pink BB GIRLS Red Velvet BTS NewJeans

예약어는 사용할 수 없어요.

- 예약어는 파이썬에서 특별한 의미와 용도를 가지고 있어서 변수 이름으로 사용할 수 없는 단어들이에요.
- 예를 들어 if, for, while 같은 단어들이 예약어에 해당돼요.
- 앞으로 우리가 배우게 될 예약어에는 False, True, and, break, continue, def, del, elif, else, for, if, import, in, not, or, return, while 등이 있어요(지금은 외울 필요가 없어요).

의미 있는 이름을 사용하는 것이 좋아요.

올바른 변수명에 O 표시하세요.	name student_name time end_time a xyz abc123

? Quiz !

07 변수 이름에 사용할 수 있는 기호는 무엇인가요?

① @　　　　　　② #

③ $　　　　　　④ _

08 변수 이름에 사용할 수 없는 것은 무엇인가요?

① 영어　　　　　② 한글

③ 공백　　　　　④ 숫자

09 다음 중 올바르지 않은 변수명은 무엇인가요?

① 520i　　　　　② A8

③ E300　　　　　④ G80

10 다음 중 올바르지 않은 변수명은 무엇인가요?

① 코카콜라　　　② 스프라이트

③ 칠성사이다　　④ 나랑드 사이다

1 name, age, blood_type, 학교, 학년, 반, 번호 변수에 여러분의 데이터를 저장하고 출력해요.

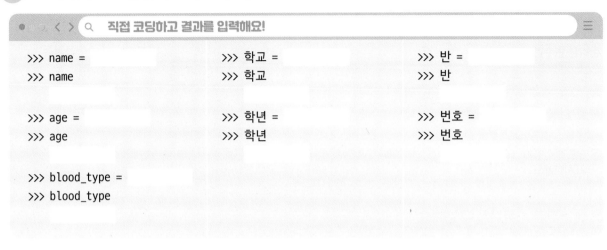

직접 코딩하고 결과를 입력해요!

```
>>> name =            >>> 학교 =            >>> 반 =
>>> name              >>> 학교              >>> 반

>>> age =             >>> 학년 =            >>> 번호 =
>>> age               >>> 학년              >>> 번호

>>> blood_type =
>>> blood_type
```

 blood type은 혈액형을 의미해요. 혈액형의 종류에는 A형, B형, O형, AB형이 있어요.

2 여러분이 가장 좋아하는 아이돌 그룹의 이름과 그룹 멤버의 수를 변수에 저장하고 출력해 보세요.

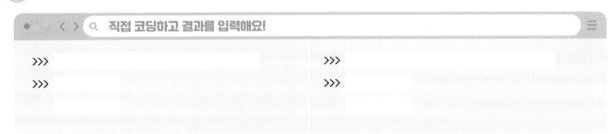

직접 코딩하고 결과를 입력해요!

```
>>>                   >>>
>>>                   >>>
```

3 다양한 변수를 만들어 보고 사용할 수 있는 변수와 그렇지 않은 변수를 3개씩 찾아요. 그리고 사용할 수 없는 변수는 그 이유를 적어 보세요.

사용할 수 있는 변수	사용할 수 없는 변수
●	● 이유:
●	● 이유:
●	● 이유:

📎 정리하기

❶   는 변하는 수나 변하는 값을 저장하는 공간이에요.

❷ 변수명은 영어(대문자/소문자), 한글, 숫자, 밑줄 문자(   )를 쓸 수 있어요.

❸ 변수명은   로 시작할 수 없고, 공백과 예약어는 쓸 수 없어요.

❹ 변수에 값을 넣을 때는 등호(   )를 사용해요.

❺ 변수의 값은 언제든지 바꿀 수 있어요.

01 변하는 수 또는 변하는 값을 넣는 공간을 무엇이라고 하는가?

① 상수
② 변수
③ 실수
④ 함수

02 다음 중 파이썬의 변수에 대한 설명으로 옳지 않은 것은?

① 변수는 이름을 가진다.
② korea와 KOREA는 다른 변수이다.
③ 값을 저장할 때에는 등호(=)를 사용한다.
④ 프로그램이 동작하는 동안 값이 바뀌지 않는다.

03 다음 중 파이썬의 변수 작성 규칙으로 옳지 않은 것은?

① 공백을 포함할 수 있다.
② 숫자로 시작할 수 없다.
③ 예약어는 사용할 수 없다.
④ 영문 대문자/소문자, 숫자, 밑줄(_)을 사용할 수 있다.

04 다음 중 파이썬의 변수명으로 사용할 수 없는 것은?(단, 파이썬 3임)

① level3
② my-pen
③ your_name
④ 초등_6학년

05 다음의 자동차 이름 중 파이썬 언어에서 변수명으로 사용할 수 없는 것은?

① K5
② S500
③ AVANTE
④ Model 3

06 다음은 대한민국의 유명 걸그룹의 이름이다. 이 중에서 변수명으로 사용할 수 있는 것은?

① 2NE1
② IZ*ONE
③ OH MY GIRL
④ BLACKPINK

07 다음의 음료수 이름 중 파이썬에서 변수 이름으로 사용할 수 있는 것은?

① 7up
② VITA500
③ Welch's
④ T.O.P

08 다음 중 변수에 값을 올바르게 저장(할당)한 것은?

① 12 = age
② '12' = age
③ age : 12
④ age = 12

09 다음 중 변수에 값을 올바르게 저장(할당)한 것은?(단, 파이썬 3임)

① 학년 : 5
② 학년 = 5
③ 학년 - 5
④ 학년 <- 5

10 다음 중 변수에 값을 할당하는 것으로 올바르지 않은 것은?(단, 파이썬 3임)

① 학년 = 5
② 반 = 3
③ 번호 = 10
④ 과목 = 파이썬

03 차시

데이터도 모양이 있어요

생각 열기

 시장이나 마트에 가면 어떤 것들을 살 수 있나요?

 시장이나 마트에서 파는 물건들은 어떻게 분류할 수 있을까요?

 아래의 그림에서 비슷한 것끼리 묶어 보고 각 묶음의 종류를 적어 보세요.

 시장에서 파는 것들을 과일, 채소, 생선 등의 '종류'로 분류할 수 있듯이, 파이썬에서도 데이터의 형태를 정수, 실수, 문자열, 불리언 등의 '자료형'으로 분류할 수 있어요.
이번 시간에는 자료형이 무엇인지, 자료형을 어떻게 확인하는지, 그리고 자료형을 어떻게 변환하는지 알아보겠습니다.

1. 자료형이란 무엇인가요?

자료형은 데이터의 모양이에요.

- 여러분은 숫자와 문자를 다르게 생각하죠? 예를 들어 숫자는 더하기, 빼기, 곱하기, 나누기 같은 계산을 할 수 있지만, 문자는 그런 계산을 할 수 없어요.
- 자료형은 데이터가 어떤 형태인지 분류해 놓은 것이에요.
- 컴퓨터는 자료형에 따라 데이터를 저장하고 처리하는 방식이 다르기 때문에 자료형을 사용하는 거예요.

자료를 분류해 볼까요?

- 아래의 자료들을 종류대로 묶어 보고, 각 종류는 어떤 특징이 있는지 적어 보세요.

```
  10        0        -5       True      False
          3.14      -.05      "1234"
    2.5        "홍길동"        "Python"
```

자료형에는 어떤 것들이 있을까요?

① 정수(integer)

- 정수는 소수점이 없는 숫자에요.
- 우리가 일상생활에서 세는 숫자들을 생각하면 돼요.
  - 예) 10, 0, -5

② 실수(부동소수점, floating point)

- 실수는 소수점이 있는 숫자에요.
- 소수점 아래에 숫자가 있는 경우를 생각하면 돼요.
- 예) 3.14, 2.0, -0.5

③ 문자열(string)

- 문자열은 글자들의 모음이에요.
- 우리가 읽고 쓰는 글자들이 모여 있는 거예요.
- 예) "홍길동", "Python", "1234"

④ 불리언(boolean)

- 불리언은 참(True) 또는 거짓(False)만을 나타내는 값이에요.
- 어떤 것이 맞는지 틀린지를 표현할 때 사용해요.
- 예) True, False

 참과 거짓을 나타내는 True와 False는 반드시 첫 글자를 대문자로 써야 해요.

? Quiz !

01 다음 중 나머지 셋과 종류가 다른 것은 무엇인가요?

① 1　　　　　　② 100
③ 0　　　　　　④ 3.5

02 다음 중 파이썬의 기본 자료형이 아닌 것은 무엇인가요?

① 철수　　　　② 실수
③ 문자열　　　④ 불리언

type( )을 사용하면 돼요!

- 파이썬에서는 자료형을 확인할 수 있는 함수인 'type()'을 제공해요.
- type 뒤의 괄호 안에 확인할 자료를 입력하여 실행하면 어떤 자료형인지 알려줘요.
- 예를 들어 140.5가 어떤 자료형인지 확인하려면 'type(140.5)'를 실행하면 돼요.

 함수는 정해진 작업을 실행하는 명령어예요. 뒤에서 자세히 학습하기로 해요!

자료형을 확인해 보아요!

> ⌕ **직접 코딩하고 결과를 입력해요!**

```
>>> type(10)        >>> type(3.14)      >>> type("홍길동")      >>> type(true)

>>> type(0)         >>> type(2.0)       >>> type("Python")      >>> type(True)

>>> type(-5)        >>> type(-0.5)      >>> type("1234")        >>> type(False)
```

자료형 결과가 영어로 나오죠?

- 정수를 입력하면 자료형이 '<class 'int'>'라고 나와요.
  → 'class'는 종류를 의미해요. 'int'는 정수(integer)를 의미해요.
- 실수를 입력하면 자료형이 '<class 'float'>'이라고 나와요.
  → 'float'은 실수(floating point)를 의미해요.
- 문자열을 입력하면 자료형이 '<class 'str'>'이라고 나와요.
  → 'str'은 문자열(string)을 의미해요.
- 불리언을 입력하면 자료형이 '<class 'bool'>'이라고 나와요.
  → 'bool'은 불리언(boolean)을 의미해요.

여러분의 이름, 나이, 키, 성별의 자료형을 확인해요.

> ⌕ **직접 코딩하고 결과를 입력해요!**

```
# 괄호 안에 이름을 입력해요.          # 괄호 안에 나이를 입력해요.
>>> type(        )                    >>> type(          )



# 괄호 안에 키를 소수 첫째 자리까지 입력해요.   # 괄호 안에 "나는 여자인가?"라는 질문에 참이면
>>> type(        )                     True, 거짓이면 False를 입력해요.
                                       >>> type(          )
```

데이터를 정수로 변환해요.

- 정수로 변환하는 함수는 'int()'예요.
- int 뒤의 괄호 안에 데이터를 입력하여 실행하면 정수로 변환돼요.
- 예를 들어 'int(3.14)'를 실행하면 3으로 변환돼요.

데이터를 실수로 변환해요.

- 실수로 변환하는 함수는 'float()'이에요.
- float 뒤의 괄호 안에 데이터를 입력하여 실행하면 실수로 변환돼요.
- 예를 들어 'float("3.14")'를 실행하면 3.14로 변환돼요.

데이터를 문자열로 변환해요.

- 문자열로 변환하는 함수는 'str()'이에요.
- str 뒤의 괄호 안에 데이터를 입력하여 실행하면 문자열로 변환돼요.
- 예를 들어 'str(3.14)'를 실행하면 "3.14"로 변환돼요.

데이터를 불리언으로 변환해요.

- 불리언으로 변환하는 함수는 'bool()'이에요.
- bool 뒤의 괄호 안에 데이터를 입력하여 실행하면 불리언으로 변환돼요.
- 0이 아닌 모든 숫자와, 빈 문자열이 아닌 모든 문자열은 True로 변환돼요.
- 0과 빈 문자열("")은 False로 변환돼요.
- 예를 들어 'bool(100)'을 실행하면 True, 'bool(0)'을 실행하면 False로 변환돼요.

직접 코딩하고 결과를 입력해요!

```
>>> int(3.14)

>>> int("123")

>>> int(True)

>>> int(False)

>>> str(100)

>>> str(3.14)

>>> str(True)

>>> str(False)
```

```
>>> float(3)

>>> float("3.14")

>>> float(True)

>>> float(False)

>>> bool(1)

>>> bool(0)

>>> bool(100)

>>> bool("파이썬")
```

① 직접 코딩하면서 정수, 실수, 문자열 데이터를 5개씩, 불리언 데이터를 2개 찾아서 적어 보아요.

- 정수(int):
- 실수(float):
- 문자열(str):
- 불리언(bool):

 불리언 데이터 2개는 첫 글자가 대문자라는 거 잊지 마세요!

② 정수가 아닌 데이터를 정수로, 실수가 아닌 데이터를 실수로, 문자열이 아닌 데이터를 문자열로, 불리언이 아닌 데이터를 불리언으로 각각 3개씩 변환해 보아요.

○●○ ‹ › 🔍 **직접 코딩하고 결과를 입력해요!** ☰

```
>>> int(          )          >>> float(          )

>>> int(          )          >>> float(          )

>>> int(          )          >>> float(          )

>>> str(          )          >>> bool(          )

>>> str(          )          >>> bool(          )

>>> str(          )          >>> bool(          )
```

📎 정리하기

❶ 기본 자료형은 정수(   ), 실수(   ), 문자열(   ), 불리언(   )이 있어요.

❷ '   (데이터)'를 사용하면 데이터의 자료형을 확인할 수 있어요.

❸ 'int(데이터)', 'float(데이터)', 'str(데이터)', 'bool(데이터)'를 사용하면 데이터를 원하는 자료형으로 변환할 수 있어요.

01 다음은 연도를 year라는 변수에 저장하고 자료형을 확인하는 코드이다. 코드를 실행한 결과로 옳은 것은?

```
>>> year = 2025
>>> type(year)
```

① <class 'int'>   ② <class 'str'>
③ <class 'bool'>   ④ <class 'float'>

02 다음은 42.195를 변수에 저장한 후 자료형을 확인하는 코드이다. 코드를 실행한 결과로 옳은 것은?

```
>>> 마라톤_거리 = 42.195
>>> type(마라톤_거리)
```

① <class 'int'>   ② <class 'str'>
③ <class 'bool'>   ④ <class 'float'>

03 다음 코드를 실행한 결과로 옳은 것은?

```
>>> value = "12345"
>>> type(value)
```

① <class 'int'>   ② <class 'str'>
③ <class 'bool'>   ④ <class 'float'>

04 다음 코드를 실행한 결과로 옳은 것은?

```
>>> is_sunny = True
>>> type(is_sunny)
```

① <class 'int'>   ② <class 'str'>
③ <class 'bool'>   ④ <class 'float'>

05 다음 코드를 실행한 결과로 옳은 것은?

```
>>> is_python_fun = "True"
>>> type(is_python_fun)
```

① <class 'int'>   ② <class 'str'>
③ <class 'bool'>   ④ <class 'float'>

06 다음 코드를 실행한 결과로 옳은 것은?

```
>>> a = int(3.14)
>>> b = int("123")
>>> c = a + b
>>> c
```

① 126   ② 126.14
③ "126"   ④ "126.14"

07 다음 코드를 실행한 결과로 옳은 것은?

```
>>> 참 = int(True)
>>> 거짓 = int(False)
>>> 참 + 거짓
```

① 0   ② 1   ③ 2   ④ 3

08 다음 코드를 실행한 결과로 옳은 것은?

```
>>> result = float("20.5")
>>> result
```

① 20   ② 20.5
③ "20.5"   ④ <class 'float'>

09 다음 코드를 실행한 결과로 옳은 것은?

```
>>> one = str(1)
>>> one
```

① 1   ② '1'
③ one   ④ 'one'

10 다음 코드를 실행한 결과로 옳은 것은?

```
>>> a = bool(0)
>>> b = bool(1)
>>> c = bool(3.14)
>>> d = bool("cat")
>>> a, b, c, d
```

① True False True True
② True False True False
③ False True True True
④ False True False True

산술 연산자로 계산해요

- 산술 연산자를 사용하여 계산할 수 있다.
- 복합 대입 연산자를 사용할 수 있다.
- 출제 예상 문제를 스스로 풀 수 있다.

 생각 열기

 여러분은 수학 시간에 어떤 연산(계산)을 배우나요?

 계산기를 사용하면 복잡한 계산도 빠르고 정확하게 계산할 수 있어요.
윈도우의 계산기 앱을 실행하여 다음의 수식을 계산하여 결과를 적어 보세요.

* 123 + 456 + 789
 =

* 10.5 - 2.75 - 3.4
 =

* 1440 ÷ 12 ÷ 3
 =

* 3.75 + 2.48 + 5.2
 =

* 15 × 126 × 7
 =

* 6.75 ÷ 1.5 ÷ 2.5
 =

* 850 - 475 - 159
 =

* 3.4 × 2.5 × 4.9
 =

 윈도우의 시작(▦) 버튼을 클릭하여 "계산기"를 검색하여 계산기 앱을 실행해요.

 파이썬으로 계산 프로그램을 만든다면, 어떤 계산을 하고 싶나요?

 우리가 수학 시간에 배우는 덧셈, 뺄셈, 곱셈, 나눗셈 연산을 파이썬으로도 할 수 있어요.
파이썬에서는 이러한 연산을 산술 연산이라고 하고, 이때 사용되는 연산 기호를 산술 연산자라고 해요.
이번 시간에는 산술 연산자를 사용하여 다양한 계산을 해 보고, 복합 대입 연산자도 알아보겠습니다.

연산이란?

- 연산은 숫자나 값을 가지고 계산하는 것을 말해요.
- 예를 들어 2와 3을 더해서 5를 구하는 것도 연산이에요.

산술 연산이란?

- 산술 연산은 덧셈, 뺄셈, 곱셈, 나눗셈 같은 기본적인 수학 계산을 말해요.
- 산술 연산은 사칙 연산(덧셈, 뺄셈, 곱셈, 나눗셈) 외에도 몫을 구하는 연산, 나머지를 구하는 연산, 거듭제곱을 구하는 연산 등이 있어요.
- 학교에서 배웠던 실력으로 아래의 사칙 연산 문제들을 풀어 보세요!

$$15 + 12 = \qquad\qquad 14 \times 2 =$$

$$19 - 13 = \qquad\qquad 18 \div 3 =$$

산술 연산자란?

- 산술 연산자는 계산을 할 때 사용하는 기호에요.
- 여러분이 학교에서 배운 산술 연산자는 +, −, ×, ÷인데, 컴퓨터에서는 곱하기는 *, 나누기는 /로 표현해요.
- * 연산자는 키보드에서 Shift + 8 을 누르거나, 오른쪽의 숫자 키패드의 * 을 누르면 돼요.
- / 연산자는 / 를 누르거나, 오른쪽의 숫자 키패드의 / 을 누르면 돼요.

- 다음의 문제를 풀어 보세요!

$$12 * 3 = \qquad\qquad 15 / 5 =$$

현재 우리가 사용하는 키보드는 100개가 넘는 키들이 있지만, 옛날에는 컴퓨터와 타자기의 키보드에는 공간이 부족했어요. 그래서 모든 수학 기호를 포함할 수 없어서 기존 키보드에 있는 기호 중에서 *(별표)와 /(슬래시) 기호를 곱하기와 나누기 기호로 사용하게 되었어요.

이후에 C, Java, 파이썬 등의 프로그래밍 언어가 개발되면서 *와 / 기호를 사용하는 것이 표준이 되었어요. 그래서 전 세계적으로 *와 / 기호가 널리 사용되게 되었어요.

정수 몫을 구하는 // 연산자

- 몫은 나눗셈에서 나누는 수가 몇 번 들어가는지를 나타내는 값이에요.
- 예를 들어 17을 5로 나누면 몫은 3이에요(17 ÷ 5 = 3 ⋯ 2).
- 파이썬에서는 // 연산자를 사용해 정수 몫을 구할 수 있어요.
- 예를 들어 '17 // 5'의 연산 결과는 3이고, '30 // 6'의 연산 결과는 5예요.

나머지를 구하는 % 연산자

- 나머지는 나눗셈을 했을 때 나누어지지 않고 남는 부분이에요.
- 예를 들어 17을 5로 나누면 나머지는 2예요(17 ÷ 5 = 3 ⋯ 2).

파이썬에서는 % 연산자를 사용해 나머지를 구할 수 있어요.

- 예를 들어 '17 % 5'의 연산 결과는 2이고, '30 % 6'의 연산 결과는 0이에요.

거듭제곱을 하는 ** 연산자

- 거듭제곱은 어떤 수를 여러 번 곱하는 것을 말합니다.
- 예를 들어 2의 3제곱은 2를 3번 곱한 값으로, 2^3 = 2 * 2 * 2 = 8입니다.
- 파이썬에서는 ** 연산자를 사용해 거듭제곱을 구해요.
- 예를 들어 '2 ** 4'의 연산 결과는 16이에요.

```
   3   ⋯⋯ 몫
5 ⟌ 17
   15
─────────
   2   ⋯⋯ 나머지
```

🔍 직접 코딩하고 결과를 입력해요!

>>> 15 + 7	>>> 20 - 8	>>> 6 * 5	>>> 18 / 3
>>> 30 + 12	>>> 50 - 20	>>> 10 * 3	>>> 100 / 4
>>> 100 + 250	>>> 100 - 45	>>> 4 * 25	>>> 81 / 9
>>> 17.5 + 2.5	>>> 10.5 - 2.5	>>> 2.5 * 4	>>> 10 / 2.5
>>> 20 // 6	>>> 10 % 3	>>> 3 ** 2	
>>> 50 // 8	>>> 20 % 7	>>> 3 ** 3	
>>> 25 // 5	>>> 50 % 6	>>> 2 ** 4	
>>> 100 // 15	>>> 100 % 20	>>> 7 ** 2	

 나누기 연산자(/)의 연산 결과는 왜 항상 실수로 표시될까요?

파이썬에서는 나누기 연산자(/)를 사용하면 결과가 항상 소수점이 있는 실수로 나와요. 이렇게 하는 이유는 어떤 숫자는 나누면 소수가 포함될 수 있기 때문이고, 또 다른 이유는 나누기 결과가 항상 정확하게 나오도록 하기 위해서랍니다.

예를 들어, '7 / 2'의 결과는 3.5인데, 이 경우에는 나눗셈 결과에 소수가 포함돼요. 그리고 '18 / 3'의 결과는 6.0인데, 6 뒤에 소수점 이하를 자른 게 아니라 실수임을 정확하게 표시하기 위해서랍니다.

대입 연산자란?

• 대입 연산자는 값을 변수에 넣을 때 사용하는 기호인 등호(=)예요.
• 예를 들어 'age = 10'은 숫자 10을 변수 age에 넣는다는 뜻이에요.

복합 대입 연산자란

• 복합 대입 연산자는 산술 연산자(+, −, *, /, //, %, **)와 대입 연산자(=)를 합친 것으로, 계산한 결과를 변수에 다시 저장해요.
• 예를 들어 아래의 코드를 살펴보아요.

```
age = 10            # 숫자 10을 변수 age에 넣어요.
age = age + 1       # 우변의 변수 age 값 10에 1을 더한 결과인 11을 변수 age에 넣어요.
```

• 복합 대입 연산자를 사용하면 아래와 같이 간단히 표현할 수 있어요.

```
age = 10
age += 1
```

주요 복합 대입 연산자

• +=(더하기 후 대입) : 'a += b'는 'a = a + b'와 같아요.
• −=(빼기 후 대입) : 'a −= b'는 'a = a − b'와 같아요.
• *=(곱하기 후 대입) : 'a *= b'는 'a = a * b'와 같아요.
• /=(나누기 후 대입) : 'a /= b'는 'a = a / b'와 같아요.
• //=(몫 구하기 후 대입) : 'a //= b'는 'a = a // b'와 같아요.
• %=(나머지 후 대입) : 'a %= b'는 a = 'a % b'와 같아요.
• **=(제곱 후 대입) : 'a **= b'는 'a = a ** b'와 같아요.

🔍 직접 코딩하고 결과를 입력해요!

```
>>> a = 5
>>> a = a + 3
>>> a
```

```
>>> a = 8
>>> a = a - 3
>>> a
```

```
>>> a = 2
>>> a = a * 3
>>> a
```

```
>>> a = 18
>>> a = a / 3
>>> a
```

```
>>> a += 2
>>> a
```

```
>>> a -= 3
>>> a
```

```
>>> a *= 3
>>> a
```

```
>>> a /= 3
>>> a
```

```
>>> a = 20
>>> a = a // 3
>>> a
```

```
>>> a = 16
>>> a = a % 3
>>> a
```

```
>>> a = 2
>>> a = a ** 3
>>> a
```

```
>>> b = 30
>>> b //= 7
>>> b
```

```
>>> b = 19
>>> b %= 5
>>> b
```

```
>>> b = 2
>>> b **= 3
>>> b
```

① 두 수를 변수에 저장한 후 몫과 나머지를 구해 보세요.

Q 직접 코딩하고 결과를 입력해요!

```
>>> 수1 =
>>> 수2 =
>>> 몫 =
>>> 나머지 =
>>> 몫

>>> 나머지
```

② 여러분의 현재 나이를 age 변수에 넣고 내년에 몇 살이 되는지 += 연산자를 이용하여 구해 보세요.

Q 직접 코딩하고 결과를 입력해요!

```
>>>

>>>
```

③ 변수 score에 10을 저장한 후 복합 대입 연산자 +=, -=, *=, /=, //=, %=, **=을 사용하여 4를 더한 결과, 4를 뺀 결과, 4를 곱한 결과, 4로 나눈 결과, 4로 나눈 몫을 구한 후 결과, 4로 나눈 나머지를 구한 후 결과, 4제곱한 결과를 구해 보세요.

Q 직접 코딩하고 결과를 입력해요!

```
>>> score = 10        >>> score =          >>> score =
>>> score             >>> score            >>> score



>>> sco =             >>> score =          >>> score =
>>> score             >>> score            >>> score



>>> score =
>>> score
```

✏️ 정리하기

① 산술 연산자에는 +, -, *, /와 같은 사칙 연산자뿐만 아니라 %, //, ** 연산자도 있어요.

② 복합 대입 연산자 +=, -=, *=, /=, //=, %=, **=은 왼쪽의 변숫값에 오른쪽의 값을 계산하고 그 결과를 변수에 대입해요.

01 다음 코드의 실행 결과로 옳은 것은?

```
>>> 8 * 8
```

① 16   ② 0
③ 64   ④ 1.0

02 다음 코드의 실행 결과로 옳은 것은?

```
>>> 9 / 2
```

① 4   ② 4.5
③ 5   ④ 4.0

03 다음 중 연산 결과가 나머지 셋과 다른 것은?

① 3 + 5   ② 10 − 2
③ 4 * 2   ④ 16 / 2

04 다음 코드의 실행 결과로 옳은 것은?

```
>>> 나머지 = 14 % 4
>>> 나머지
```

① 0   ② 1
③ 2   ④ 3

05 다음 코드의 실행 결과로 옳은 것은?

```
>>> 피제수 = 20
>>> 제수 = 3
>>> 몫 = 피제수 // 제수
>>> 몫
```

① 2   ② 3
③ 6   ④ 7

06 다음 코드를 실행한 결과로 옳은 것은?

```
>>> 밑 = 2
>>> 지수 = 3
>>> 거듭제곱 = 밑 ** 지수
>>> 거듭제곱
```

① 2   ② 3
③ 6   ④ 8

07 현재 점수 변수의 값에 10을 더한 결과를 다시 점수 변수에 저장하는 코드로 옳은 것은?

① 점수 + 10   ② 점수 = 10
③ 점수 ++ 10   ④ 점수 += 10

08 소희는 사탕을 5개 가지고 있었는데, 친구에게 3개를 줬다. 현재 소희가 가진 사탕의 수를 구하려면 코드의 빈칸에 어떤 연산자가 들어가야 할까?

```
>>> candies = 5
>>> candies    3
```

① +=   ② -=
③ *=   ④ /=

09 추석에 할아버지께서 5,000원, 삼촌께서 10,000원, 이모께서 10,000원을 주셨다. 민수는 받은 용돈이 모두 얼마인지 계산하기 위해 파이썬 코드를 작성하였다. 코드의 빈칸에 공통으로 들어갈 연산자로 옳은 것은?

```
>>> 용돈1 = 5000
>>> 용돈2 = 10000
>>> 용돈3 = 10000
>>> 용돈_합계 = 용돈1    용돈2
    용돈3
>>> 용돈_합계
```

① +   ② −
③ *   ④ /

10 '발 없는 말이 천 리 간다'라는 속담이 있는데, 여기서 '리'는 길이의 단위로, 1리는 약 0.4㎞이다. 다음은 천 리의 길이를 계산하는 코드이다. 코드의 빈칸에 들어갈 연산자로 옳은 것은?

```
>>> 일_리 = 0.4
>>> 천_리 = 일_리    1000
>>> 천_리
```

① +   ② −
③ *   ④ /

비교 연산자로
비교해요

학습 목표

- 다양한 비교 연산자의 의미를 이해할 수 있다.
- 비교 연산자를 사용하여 비교할 수 있다.
- 출제 예상 문제를 스스로 풀 수 있다.

 생각 열기

 여러분은 탕수육 부먹파인가요, 찍먹파인가요?

 여러분이 부먹파 또는 찍먹파인 이유는 무엇인가요?

 우리 반 친구들의 부먹파와 찍먹파 인원수를 세어 보아요.

부먹파: 명

찍먹파: 명

 부먹파와 찍먹파의 인원수를 비교한 후에 빈칸에 =, <, > 중에서 하나를 적어 보세요.

부먹파   찍먹파

 수학에서 둘 이상의 수나 식의 크기를 비교할 때 등호(=)나 부등호(>, <)를 사용하죠?
파이썬에서는 등호나 부등호 외에도 다양한 비교 연산자를 사용할 수 있어요.
이번 시간에는 다양한 비교 연산자를 배우고, 이를 사용하여 값을 비교해 보겠습니다.

1. 비교 연산자란 무엇인가요?

수학의 비교 연산자

비교 연산자	의미	예
>	크다(초과)	5 > 3 (5는 3보다 크다)
<	작다(미만)	3 < 5 (3은 5보다 작다)
≥	크거나 같다(이상)	5 ≥ 5 (5는 5보다 크거나 같다)
≤	작거나 같다(이하)	3 ≤ 5 (3은 5보다 작거나 같다)
=	같다	5 = 5 (5는 5와 같다)
≠	같지 않다	5 ≠ 3 (5는 3과 같지 않다)

파이썬의 비교 연산자

비교 연산자	의미	예
>	크다(초과)	5 > 3 (5는 3보다 크다)
<	작다(미만)	3 < 5 (3은 5보다 작다)
>=	크거나 같다(이상)	5 >= 5 (5는 5보다 크거나 같다)
<=	작거나 같다(이하)	3 <= 5 (3은 5보다 작거나 같다)
==	같다	5 == 5 (5는 5와 같다)
!=	같지 않다	5 != 3 (5는 3과 같지 않다)

비교 연산의 결과는?

- 결과는 True(참) 또는 False(거짓)로 반환돼요.

🔍 **직접 코딩하고 결과를 입력해요!**

```
>>> 5 > 3          >>> 5 < 3          >>> 5 >= 3

>>> 3 > 5          >>> 3 < 5          >>> 5 >= 5

>>> 3.4 > 3.1      >>> 3.4 < 3.1      >>> 3.1 >= 3.4


>>> 5 <= 3         >>> 3 == 3         >>> 3 != 3

>>> 5 <= 5         >>> 3 == 5         >>> 3 != 5


>>> 3.1 <= 3.4
```

 파이썬에서는 문자열을 비교할 때 각 문자의 사전 순서를 기준으로 비교해요. 영어 알파벳 순서에서 'c'는 'd'보다 앞에 있기 때문에, 'c'는 'd'보다 작아요.

2. 문자열도 비교할 수 있어요!

문자열을 어떻게 비교하나요?

- 파이썬에서는 숫자뿐만 아니라 문자열도 비교할 수 있어요.
- 문자열을 비교할 때는 각 문자를 숫자로 표현한 아스키(ASCII) 코드 값을 기준으로 해요.
- 다행히도 아스키(ASCII) 코드값이 사전 순서와 같아서, 알파벳 순서로 비교한다고 생각하면 돼요.

문자열을 비교해 보아요.

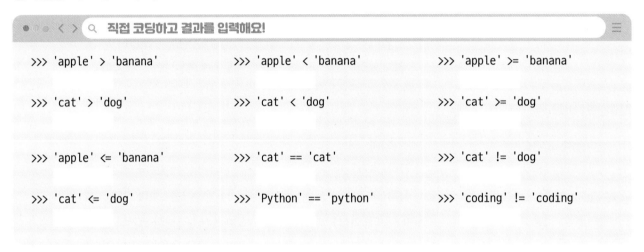

```
>>> 'apple' > 'banana'        >>> 'apple' < 'banana'        >>> 'apple' >= 'banana'


>>> 'cat' > 'dog'             >>> 'cat' < 'dog'             >>> 'cat' >= 'dog'



>>> 'apple' <= 'banana'       >>> 'cat' == 'cat'            >>> 'cat' != 'dog'


>>> 'cat' <= 'dog'            >>> 'Python' == 'python'      >>> 'coding' != 'coding'
```

문자열을 변수에 저장하여 비교해 보아요.

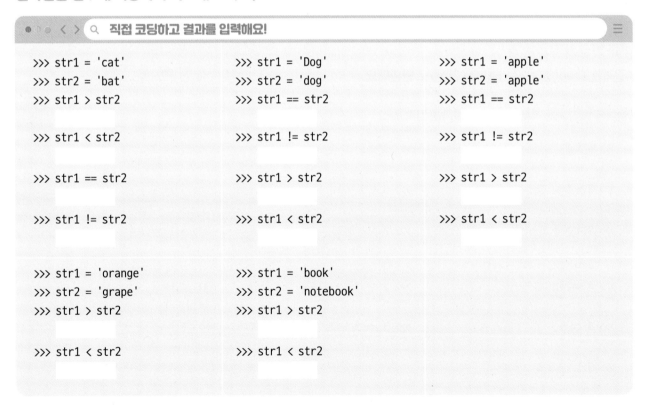

```
>>> str1 = 'cat'             >>> str1 = 'Dog'             >>> str1 = 'apple'
>>> str2 = 'bat'             >>> str2 = 'dog'             >>> str2 = 'apple'
>>> str1 > str2             >>> str1 == str2             >>> str1 == str2


>>> str1 < str2             >>> str1 != str2             >>> str1 != str2


>>> str1 == str2             >>> str1 > str2             >>> str1 > str2


>>> str1 != str2             >>> str1 < str2             >>> str1 < str2



>>> str1 = 'orange'         >>> str1 = 'book'
>>> str2 = 'grape'          >>> str2 = 'notebook'
>>> str1 > str2             >>> str1 > str2


>>> str1 < str2             >>> str1 < str2
```

 아스키(ASCII) 코드에서는 대문자가 먼저 나와서 대문자의 값이 소문자의 값보다 작아요(예: 'A'는 65, 'a'는 97). 사전에 대문자가 먼저 나와서 대문자 값이 작다고 이해하셔도 돼요.

01 다음 중 apple과 banana를 비교할 때 True가 되는 것은 무엇일까요?(정답 2개)

① 'apple' > 'banana'
② 'apple' < 'banana'
③ 'apple' == 'banana'
④ 'apple' != 'banana'

02 다음 중 5와 10을 비교할 때 False가 되는 것은 무엇일까요?

① 5 > 10
② 5 < 10
③ 5 <= 10
④ 5 != 10

03 다음 중 cat과 dog를 비교할 때 True가 되는 것은 무엇일까요?(정답 2개)

① 'cat' > 'dog'
② 'cat' < 'dog'
③ 'cat' == 'dog'
④ 'cat' != 'dog'

04 다음 중 7과 7을 비교할 때 True가 되는 것은 무엇일까요?

① 7 > 7
② 7 < 7
③ 7 == 7
④ 7 != 7

05 다음 중 Python과 python을 비교할 때 True가 되는 것은 무엇일까요?(정답 2개)

① 'Python' > 'python'
② 'Python' < 'python'
③ 'Python' == 'python'
④ 'Python' != 'python'

06 다음 중 12와 5를 비교할 때 True가 되는 것은 무엇일까요?(정답 2개)

① 12 <= 5
② 12 >= 5
③ 12 == 5
④ 12 != 5

07 다음 중 hello와 Hello를 비교할 때 False가 되는 것은 무엇일까요?(정답 2개)

① 'hello' > 'Hello'
② 'hello' < 'Hello'
③ 'hello' == 'Hello'
④ 'hello' != 'Hello'

08 다음 중 orange와 grape를 비교할 때 True가 되는 것은 무엇일까요?(정답 2개)

① 'orange' > 'grape'
② 'orange' < 'grape'
③ 'orange' == 'grape'
④ 'orange' != 'grape'

09 다음 중 20과 20을 비교할 때 False가 되는 것은 무엇일까요?

① 20 >= 20
② 20 <= 20
③ 20 == 20
④ 20 != 20

10 다음 중 book과 notebook을 비교할 때 True가 되는 것은 무엇일까요?(정답 2개)

① 'book' > 'notebook'
② 'book' < 'notebook'
③ 'book' == 'notebook'
④ 'book' != 'notebook'

① 여러분의 나이를 my_age 변수에 저장한 후, my_age 변수와 비교 연산자(==, !=, >, <, >=, <=)를 사용하여 True가 출력되도록 해 보세요.

```
Q 직접 코딩하고 결과를 입력해요!
```

```
>>> my_age =
>>> my_age ==
    True
>>> my_age !=
    True
>>> my_age >
    True
>>> my_age <
    True
>>> my_age >=
    True
>>> my_age <=
    True
```

② 여러분의 나이를 my_age 변수에 저장한 후, my_age 변수와 비교 연산자를 사용하여 False가 출력되도록 해 보세요.

```
Q 직접 코딩하고 결과를 입력해요!
```

```
>>> my_age =
>>> my_age ==
    False
>>> my_age !=
    False
>>> my_age >
    False
>>> my_age <
    False
>>> my_age >=
    False
>>> my_age <=
    False
```

정리하기

❶   연산자의 종류는 ==, !=, >, <, >=, <=가 있어요.

❷   은 '~보다 크거나 같다',   는 '~보다 작거나 같다',   는 '~보다 크다',   은 '~보다 작다'를 의미해요.

❸ 비교 연산의 결과는   또는   두 가지 중의 하나예요.

01 다음 코드의 실행 결과로 옳은 것은?

```
>>> 10 = 10
```

① True
② False
③ 에러 발생
④ 아무것도 출력되지 않음

02 다음 코드의 실행 결과로 옳은 것은?

```
>>> 2024 == 2025
```

① 1
② 0
③ True
④ False

03 다음 코드의 실행 결과로 옳은 것은?

```
>>> "Python" == "python"
```

① 1
② 0
③ True
④ False

04 '변수 a와 b가 같지 않다'를 올바르게 코딩한 것은?

① a != b
② a == b
③ a = b
④ a <> b

05 '변수 count는 10보다 크지 않다(즉, 10 이하이다)'를 올바르게 코딩한 것은?

① count < 10
② count <= 10
③ count > 10
④ count == 10

06 다음 코드의 실행 결과로 옳은 것은?

```
>>> a = 10
>>> b = 20
>>> a > b
```

① True　　　　② False
③ 10　　　　　④ 20

07 다음 코드의 실행 결과로 옳은 것은?

```
>>> x = 8
>>> y = 9
>>> x != y
```

① Yes　　　　② No
③ True　　　　④ False

08 다음 코드의 실행 결과로 옳은 것은?

```
>>> value1 = 10
>>> value2 = 10
>>> value1 >= value2
```

① Yes　　　　② No
③ True　　　　④ False

09 다음의 파이썬 표현식 중 'x는 3 초과, 6 이하이다.'를 의미하는 것은?

① 3 < x < 6
② 3 <= x < 6
③ 3 < x <= 6
④ 3 <= x <= 6

10 다음 코드의 실행 결과가 'True'가 되게 하는 비교 연산자는?

```
>>> x = 12
>>> y = 15
>>> x      y
```

① ==　　　　　　　② >=
③ <=　　　　　　　④ >

06 차시

논리 연산자로
판단해요

- 논리 연산자 and, or, not의 의미를 이해할 수 있다.
- 논리 연산자를 사용하여 정확하게 판단할 수 있다.
- 출제 예상 문제를 스스로 풀 수 있다.

생각 열기

💡 일상생활에서 두 조건을 모두 만족해야 하는 경우는 어떤 것이 있나요?

💡 일상생활에서 두 조건 중 하나만 만족해도 되는 경우는 어떤 것이 있나요?

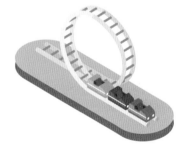

\<롤러코스터 탑승 조건\>
키가 110cm 이상이고, 나이가 65세 이하

\<회전목마 탑승 조건\>
키가 100cm 이상이거나, 보호자 동반

우리는 일상생활에서 두 가지 조건을 모두 만족하거나, 하나만 만족하는 경우를 자주 경험합니다. 예를 들어, 놀이공원의 롤러코스터는 키와 나이 조건을 모두 충족해야 탈 수 있고, 회전목마는 하나의 조건만 충족해도 탈 수 있습니다. 이번 시간에는 이러한 조건을 판단하는 데 사용되는 논리 연산자 and와 or, 그리고 not에 대해 배워보겠습니다.

1. 논리 연산자란 무엇인가요?

논리 연산자란?

- 논리 연산자는 여러 조건을 비교하여 참(True)인지 거짓(False)인지 판단하는 연산자예요.
- 논리 연산자에는 and, or, not 세 가지가 있어요.
- 이 연산자들은 조건들을 비교할 때 사용돼요.

논리 연산자의 종류

- and(그리고) : 두 조건이 모두 참(True)일 때 참이 돼요.
- or(또는) : 두 조건 중 하나라도 참(True)일 때 참이 돼요.
- not(아니다) : 조건이 참(True)이면 거짓(False)으로, 거짓(False)이면 참(True)으로 바꿔요.

2. 깐깐한 and

누가 놀이기구를 탈 수 있을까요?

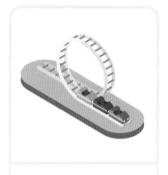

<탑승 조건>
키가 110cm 이상이고,
나이가 65세 이하

- 놀이공원에서 롤러코스터의 탑승 조건이 키가 110cm 이상이고, 나이가 65세 이하라고 할 때, 두 조건을 모두 만족해야 탈 수 있어요.
- 만약 두 조건 중 하나라도 만족하지 못하면 롤러코스터를 탈 수 없어요.
- 다음 중 롤러코스터를 탈 수 있는 사람은 누구일까요?(O, X로 표시하세요)

키: 108cm
나이: 68세

키: 105cm
나이: 10세

키: 175cm
나이: 72세

키: 162cm
나이: 40세

두 조건을 모두 만족해야 참(True)이 돼요.

- and 연산자는 두 조건이 모두 참(True)이어야 결과가 참(True)이 돼요.
- 예를 들어 '(10 > 5) and (10 < 20)'이 있을 때, '10 > 5'가 참이고 '10 < 20'도 참이므로, 결과는 참이 돼요.

```
● 〈 〉 Q 직접 코딩하고 결과를 입력해요!                                    ≡

>>> (5 > 10) and (2 == 3)                    >>> False and False


>>> (5 > 10) and (2 != 3)                    >>> False and True


>>> (5 < 10) and (2 == 3)                    >>> True and False


>>> (5 < 10) and (2 != 3)                    >>> True and True
```

3. 너그러운 or

누가 놀이기구를 탈 수 있을까요?

<탑승 조건>
키가 100cm 이상이거나,
보호자 동반

- 놀이공원에서 회전목마의 탑승 조건이 키가 100cm 이상이거나, 보호자를 동반해야 한다고 할 때, 두 조건 중 하나라도 만족하면 탈 수 있어요.
- 만약 두 조건 모두를 만족하지 못하면 회전목마를 탈 수 없어요.
- 다음 중 회전목마를 탈 수 있는 사람은 누구일까요?(0, X로 표시하세요)

| 키: 80cm | 키: 80cm | 키: 105cm | 키: 105cm |
| 보호자: 없음 | 보호자: 있음 | 보호자: 없음 | 보호자: 있음 |

두 조건 중 하나라도 만족하면 참(True)이 돼요.

- 만약 두 조건 모두 만족하지 못하면 시험을 칠 수 없어요.
- or 연산자는 두 조건이 하나라도 참(True)이면 결과가 참(True)이 돼요.
- 예를 들어 '(10 < 5) or (10 < 20)'이 있을 때, '10 < 5'는 거짓이고 '10 < 20'은 참이므로, 결과는 참이 돼요.

직접 코딩하고 결과를 입력해요!

```
>>> (5 > 10) or (2 == 3)              >>> False or False

>>> (5 > 10) or (2 != 3)              >>> False or True

>>> (5 < 10) or (2 == 3)              >>> True or False

>>> (5 < 10) or (2 != 3)              >>> True or True
```

4. 청개구리 not

뭐든 반대로 했던 청개구리

옛날 옛적에 청개구리라는 개구리가 있었습니다. 이 청개구리는 항상 어머니의 말씀과 반대로 행동하였습니다. 어머니가 "물가에 가지 마라" 하면 청개구리는 꼭 물가로 가고, "언덕에 올라가지 마라" 하면 언덕으로 올라갔습니다. 어머니는 아들의 이런 반항적인 성격에 걱정이 많았지만, 청개구리는 전혀 고치려 하지 않았습니다.

시간이 흘러 어머니 개구리는 병이 들어 세상을 떠나게 되었습니다. 어머니는 죽기 전에 아들이 자신의 말을 듣지 않을 것을 알고, 청개구리에게 "내가 죽으면 산에 묻어다오"라고 말했습니다. 어머니는 아들이 자신을 산에 묻으면 반대로 물가에 묻을 것이라 생각했기 때문입니다.

어머니가 세상을 떠나자, 청개구리는 자신의 행동을 뉘우치고 어머니의 마지막 부탁을 지키기로 결심했습니다. 그래서 어머니를 산에 묻지 않고 물가에 묻었습니다. 하지만 비가 올 때마다 물이 불어나 어머니의 무덤이 잠길까 봐 청개구리는 매우 걱정하며 울곤 했습니다.

이후로 청개구리는 항상 비만 내리면 슬프게 울며 후회하는 삶을 살았다고 합니다.

뭐든 반대가 되는 not

- not 연산자는 조건의 결과를 반대로 바꾸는 연산자예요.
- 참(True)을 거짓(False)으로, 거짓(False)을 참(True)으로 바꿔요.
- 예를 들어 'not True'의 결과는 False이고, 'not False'의 결과는 True가 돼요.

🔍 **직접 코딩하고 결과를 입력해요!**

```
>>> not(5 > 10)


>>> not(5 < 10)


>>> not(3 == 8)


>>> not(3 != 8)
```

① 두 개의 조건이 모두 참일 때 참이 되는 것을 코딩해 보세요.

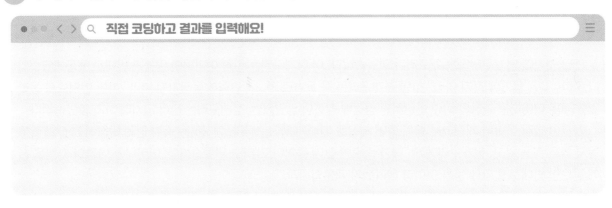

② 두 개의 조건 중 하나라도 참일 때 참이 되는 것을 코딩해 보세요.

③ 주어진 조건이 거짓이면 참, 참이면 거짓이 되는 것을 코딩해 보세요.

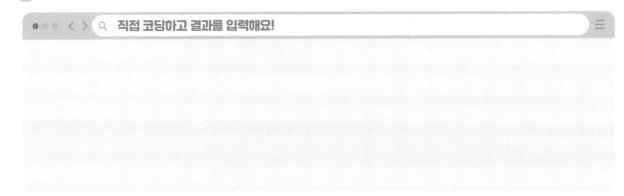

정리하기

①   연산자는 두 조건 모두 만족해야 참(True)이 돼요.

②   연산자는 두 조건 중 하나라도 만족하면 참(True)이 돼요.

③   연산자는 참(True)을 거짓(False)으로, 거짓(False)을 참(True)으로 바꿔요.

01 마법사가 되기 위해서는 '마법책' and '마법 지팡이'가 필요하다. 다음 중 마법사가 될 수 있는 경우는?

① 마법책도 없고, 마법 지팡이도 없다.
② 마법책은 없고, 마법 지팡이는 있다.
③ 마법책은 있고, 마법 지팡이는 없다.
④ 마법책도 있고, 마법 지팡이도 있다.

02 보물을 찾기 위해서는 '지도' or '나침반'이 필요하다. 다음 중 보물을 찾을 수 없는 경우는?

① 지도와 나침반 모두 없다.
② 지도는 없고, 나침반은 있다.
③ 지도는 있고, 나침반은 없다.
④ 지도와 나침반 모두 있다.

03 'True and False'의 결과는 무엇인가?

① 1
② 0
③ True
④ False

04 'False or True'의 결과는 무엇인가?

① 1
② 0
③ True
④ False

05 'not True'의 결과는 무엇인가?

① 1
② 0
③ True
④ False

06 'not(True and False)'의 결과는 무엇인가?

① 1　　② 0
③ True　　④ False

07 놀이동산의 후룸라이드는 키가 110cm 이상이고 나이가 65세 이하인 사람만 탑승할 수 있다. 다음은 놀이동산의 후룸라이드 탑승 조건을 검사하는 코드이다. 코드의 빈칸에 들어갈 논리 연산자로 옳은 것은?

```
키 >= 110    나이 <= 65
```

① and　　② or
③ not　　④ but

08 'x 가 30 이상이고 50 이하이다'를 올바르게 코딩한 것은?

① x > 30 and x < 50
② x >= 30 and x <= 50
③ x < 30 and x > 50
④ x <= 30 and x >= 50

09 다음 코드의 실행 결과로 옳은 것은?

```
number = 24
print((number % 3 == 0) and(number
  % 4 == 0))
```

① true　　② false
③ True　　④ False

10 다음 코드의 실행 결과로 옳은 것은?

```
x = 5
y = 8

result_1 = x > 5 and y > 5
result_2 = x > 5 or y > 5

print(result_1, result_2)
```

① True, True
② True, False
③ False, True
④ False, False

07 차시

조건에 따라 다르게 실행해요

학습 목표

- 파이썬 에디터 창에서 코딩할 수 있다.
- if, if~else, if~elif, if~elif~else의 차이를 이해할 수 있다.
- 출제 예상 문제를 스스로 풀 수 있다.

생각 열기

 아침에 집을 나설 때 비가 내린다면 여러분은 어떻게 하나요?

 다음 날까지 내야 하는 숙제를 다했으면 무엇을 하고, 그렇지 않다면 무엇을 할 것인가요?

 오늘이 토요일이라면 (A)를 하고, 그렇지 않고 일요일이면 (B)를 하고, 토요일, 일요일 모두 아니면 (C)를 한다고 할 때, 여러분은 무엇을 하고 싶은지 적어 보세요.

    A :

    B :

    C :

 비가 온다면 우산을 챙겨야 하고, 햇볕이 너무 강하다면 선크림을 발라야 하는 등 날씨 조건에 따라 우리는 다르게 행동합니다.
마찬가지로 컴퓨터도 주어진 조건에 따라 어떤 행동을 할지 결정하게 됩니다.
이번 시간에는 조건문을 사용하여 컴퓨터가 상황에 맞게 다르게 행동하도록 하는 방법을 배워보겠습니다.

1. 파이썬 에디터 창에서 코딩해요!

파이썬 IDLE 콘솔 창

- 지금까지 여러분이 코딩할 때 이용한 창을 'IDLE 콘솔 창'이라고 해요.
- 한 줄로 된 코드는 작성하기 편리하지만, 여러 줄로 된 코드는 작성하기가 불편해요.

```
IDLE Shell 3.11.4                                              -   □   ×
File  Edit  Shell  Debug  Options  Window  Help
      Python 3.11.4 (tags/v3.11.4:d2340ef, Jun  7 2023, 05:45:37) [MSC v.1934
      64 bit (AMD64)] on win32
      Type "help", "copyright", "credits" or "license()" for more information.
>>>  2 + 3
      5
>>>
```

파이썬 에디터 창

① IDLE 콘솔 창에서 [File]-[New File] 메뉴를 클릭해요.
② 에디터 창이 나타나면 간단한 코드를 입력한 후에 [File]-[Save] 메뉴를 클릭해요.

 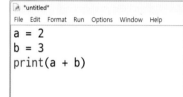 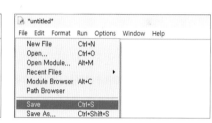

 save는 '저장한다'라는 뜻이에요.

③ [다른 이름으로 저장] 대화상자에서 파일 저장 위치와 파일 이름을 입력한 후 [저장]을 클릭해요.
④ 에디터 창 윗부분에 파일 저장 위치와 파일 이름이 표시돼요.

 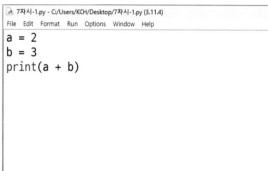

⑤ [Run]-[Run Module] 메뉴를 클릭하거나 [F5]를 눌러 실행하면 실행 결과가 표시돼요.

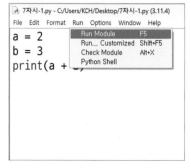

```
IDLE Shell 3.11.4
File  Edit  Shell  Debug  Options  Window  Help
      Python 3.11.4 (tags/v3.11.4:d2340ef, Jun  7 2023, 05:45:37) [MS
      bit (AMD64)] on win32
      Type "help", "copyright", "credits" or "license()" for more inf
>>>  2 + 3
      5
>>>
      =============== RESTART: C:/Users/KCH/Desktop/7차시-1.py =====
      5
>>>
```

2. 조건문이란 무엇일까요?

우리는 상황에 따라 다른 행동을 해요.
- 비가 내리면   을 챙겨야 하고, 그렇지 않으면   을 챙기지 않아도 되죠?
- 성별이   이면 남자 화장실에 가고, 그렇지 않으면 여자 화장실에 가는 것입니다.
- 퀴즈 게임에서 정답을 맞히면 "딩동댕~" 효과음이 나고, 틀리면 "땡!" 효과음이 나죠?

조건문은 조건에 따라 다른 행동을 하게 해줘요.
- 조건문은 주어진 조건에 따라 서로 다른 명령을 처리하도록 하는 명령문이에요.
- 주어진 조건이 참(True)인지 거짓(False)인지에 따라 다른 명령을 처리하도록 해요.
- 파이썬의 조건문은 if, if~else, if~elif, if~elif~else의 형태가 있어요.

3. 다양한 조건문으로 코딩해요.

if
- 조건이 참(True)인지 검사하여 참일 경우 특정 코드를 실행해요.
- 조건: 참(True)이나 거짓(False)을 판단할 수 있는 표현식이에요.
- 콜론(:): 조건 뒤에 콜론을 입력하고 <Enter>를 누르면 다음 줄에 자동으로 들여쓰기(4칸)가 돼요.
- 실행문: 조건이 참(True)일 때 실행할 코드예요.
- 예) 점수가 60점 이상이면 "합격입니다!"를 출력하기

    if는 '만약 ~라면'이라는 뜻이에요.

- **사용 방법**

```
if 조건:
    실행문
```

> 예
```
점수 = 80

if 점수 >= 60:
    print("합격입니다!")
```

🔍 **직접 코딩하고 결과를 입력해요!**

```
점수 = 55

if 점수 < 60:
    print("좀 더 노력해요.")
```

```
날씨 = "비"

if 날씨 == "비":
    print("우산을 챙기세요.")
```

---

if ~ else
- 조건이 참일 경우와 거짓일 경우에 각각 다른 코드를 실행해요.
- 조건이 참이면 실행문1을 실행하고, 조건이 거짓이면 실행문2를 실행해요.

- **사용 방법**

```
if 조건:
    실행문1
else:
    실행문2
```

- 예) 점수가 60점 이상이면 "합격입니다!"를 출력하고, 그렇지 않으면 "불합격입니다ㅠㅠ"를 출력하기

 else는 '그렇지않으면'이라는 뜻이에요.

예
```
점수 = 80

if 점수 >= 60:
    print("합격입니다!")
else:
    print("불합격입니다ㅠㅠ")
```

● ● ● ⟨ ⟩ 🔍 **직접 코딩하고 결과를 입력해요!** ☰

```
시간 = 7

if 시간 < 8:
    print("아침을 먹을 시간이 있어요.")
else:
    print("서둘러야 해요!")
```

```
요일 = "월요일"

if 요일 == "토요일" or 요일 == "일요일":
    print("오늘은 학교에 가지 않아요.")
else:
    print("학교에 갈 준비를 해요.")
```

---

if ~ elif

- 여러 조건 중 하나가 참일 경우 해당 조건에 맞는 코드를 실행해요.
- elif는 여러 번 사용할 수 있어요.
- 예) 점수가 90점 이상이면 "A"를 출력하고, 80점 이상이면 "B"를 출력하기

 elif는 else if를 줄인 말로, '그렇지않고 만약 ~라면'이라는 뜻이에요.

- 사용 방법

```
if 조건1:
    실행문1
elif 조건2:
    실행문2
```

예
```
점수 = 85
if 점수 >= 90:
    print("A")
elif 점수 >= 80:
    print("B")
```

● ● ● ⟨ ⟩ 🔍 **직접 코딩하고 결과를 입력해요!** ☰

```
날씨 = "맑음"

if 날씨 == "맑음":
    print("공원에 가요.")
elif 날씨 == "비":
    print("집에서 책을 읽어요.")
```

```
거리 = 5

if 거리 < 2:
    print("걸어가요.")
elif 거리 < 10:
    print("자전거를 타요.")
```

if ~ elif ~ else

- 여러 조건 중 하나가 참(True)일 경우 해당 조건에 맞는 코드를 실행하고, 모든 조건이 거짓일 경우 else 블록의 코드를 실행해요.
- 예) 점수가 90점 이상이면 "A", 80점 이상이면 "B", 70점 이상이면 "C", 모두 아니면 "D"를 출력하기

예
```
점수 = 65

if 점수 >= 90:
    print("A")
elif 점수 >= 80:
    print("B")
elif 점수 >= 70:
    print("C")
else:
    print("D")
```

- 사용 방법

```
if 조건1:
    실행문1
elif 조건2:
    실행문2
else:
    실행문3
```

● ● ● ‹ › 🔍 **직접 코딩하고 결과를 입력해요!** ≡

```
날씨 = "눈"

if 날씨 == "맑음":
    print("모자를 써요.")
elif 날씨 == "비":
    print("우산을 써요.")
elif 날씨 == "눈":
    print("장갑을 껴요.")
else:
    print("적절한 옷을 입어요.")
```

```
거리 = 15

if 거리 < 2:
    print("걸어가요.")
elif 거리 < 10:
    print("자전거를 타요.")
elif 거리 < 20:
    print("버스를 타요.")
else:
    print("자동차를 타요.")
```

 정리하기

❶ 　　　　문은 조건이 참(True)일 때, 들여쓰기 된 실행문인 코드 블록을 실행해요.

❷ if~else 문은 조건이 참(True)일 때는 　　　　다음의 코드 블록을, 거짓(False)일 때는 　　　　에 속한 코드 블록을 실행해요.

❸ if~elif 문은 첫 번째 조건이 참이면 　　　　코드 블록을 실행하고, 첫 번째 조건이 거짓이면서 두 번째 조건이 참이면 　　　　코드 블록을 실행해요.

❹ if~elif~else문은 첫 번째 조건이 참이면 　　　　코드 블록을, 두 번째 조건이 참이면 　　　　코드 블록을 실행하며, 모든 조건이 거짓일 경우 　　　　블록을 실행해요.

01 다음 중 if 문을 올바르게 사용한 것은?

① if score = 100:

② if(score > 60)

③ if score > 60:

④ if score > 60 then

02 if 문에서 else는 어떤 경우에 실행되는가?

① if 조건이 참일 때

② if 조건과 상관없이 항상 실행됨

③ if 조건이 거짓일 때

④ else는 if 문과 함께 사용할 수 없음

03 다음 코드의 실행 결과로 옳은 것은?

```
temperature = 30
if temperature > 25:
    print("더워요")
else:
    print("추워요")
```

① 더워요

② 추워요

③ 따뜻해요

④ 시원해요

04 다음 코드에서 잘못된 부분은 어느 것인가?

```
score = 85
if score >= 60:
print("합격")
else:
print("불합격")
```

① 변수명이 잘못되었다.

② 조건문에 오류가 있다.

③ 들여쓰기가 잘못되었다.

④ 파이썬 코드에는 한글을 사용할 수 없다.

05 다음 코드의 실행 결과로 옳은 것은?

```
x = 12
y = 20
if x > y:
    print("x는 y보다 크다.")
elif y > x:
    print("y는 x보다 크다.")
```

① x는 y보다 크다.

② y는 x보다 크다.

③ x와 y는 같다.

④ 에러 발생

06 다음 코드의 실행 결과로 옳은 것은?

```
x = 2024
y = 2024
if x > y:
    print("x는 y보다 크다.")
elif y > x:
    print("y는 x보다 크다.")
else:
    print("x와 y는 같다.")
```

① x는 y보다 크다.

② y는 x보다 크다.

③ x와 y는 같다.

④ 에러 발생

07 다음 코드의 실행 결과로 옳은 것은?

```
score = 80
if score >= 90:
    grade = "A"
elif score >= 80:
    grade = "B"
else:
    grade = "C"
print(grade)
```

① A

② B

③ C

④ D

08 다음은 두 개의 정수를 비교하여 큰 수에서 작은 수를 뺀 결과를 출력하는 코드이다. 코드의 (ㄱ), (ㄴ), (ㄷ)에 들어갈 내용이 순서대로 나열된 것은?

```
num1 = 8
num2 = 12
if num1 > num2:
    difference = (ㄱ)
elif num1 < num2:
    difference = (ㄴ)
else:
    difference = (ㄷ)
print(" 두 수의 차 :", difference)
```

① num1-num1, num2-num2, 0

② num2-num2, num1-num1, 0

③ num1-num2, num2-num1, 0

④ num2-num1, num1-num2, 0

for문으로
반복 실행해요

- 반복문의 개념을 이해할 수 있다.
- for문을 사용하여 반복문을 코딩할 수 있다.
- 출제 예상 문제를 스스로 풀 수 있다.

 생각 열기

 여러분은 매일 반복해서 하는 일이 있나요?

 여러분이 가장 좋아하는 일상 속 반복 활동은 무엇인가요?

 컴퓨터에게 반복 작업을 시킨다고 할 때, 여러분은 어떤 작업을 시키고 싶나요?

 우리는 매일 같은 일을 반복하기도 해요. 예를 들어 아침에 일어나서 이를 닦고, 밥을 먹고, 학교에 가죠.
컴퓨터도 반복해서 작업을 수행할 수 있으며, 컴퓨터가 가장 잘하는 작업 중의 하나가 바로 반복 작업이에요.
이번 시간에는 반복문을 사용하여 컴퓨터가 반복 작업을 수행하는 방법을 배워보겠습니다.

반복 작업을 컴퓨터에게 맡기면 매우 편리해요.

• 아침에 늦잠을 자지 않고 제시간에 일어나기 위해 스마트폰으로 알람을 설정하는 경우를 생각해 볼까요?

• 평일은 7시 30분에 일어나야 하고, 주말은 9시 일어나야 할 때 매일 다음날 알람을 설정하면 불편하겠죠?

• 7시 30분은 매주 월요일~금요일에 반복되게 하고, 9시는 매주 토요일, 일요일에 반복되게 하면 매우 편리해요!

반복문은 특정 작업을 여러 번 실행하게 해줘요.

• 반복문을 사용하면 같은 작업을 여러 번 반복할 수 있어요.

• 왼쪽은 print 명령어만 사용하여 "안녕!"을 10번 출력한 것이고, 오른쪽은 for문을 사용하여 똑같이 "안녕!"을 10번 출력한 것이에요.

```
print("안녕!")
print("안녕!")
print("안녕!")
print("안녕!")
print("안녕!")
print("안녕!")
print("안녕!")
print("안녕!")
print("안녕!")
print("안녕!")
```

```
for i in range(10):
    print("안녕!")
```

for 반복문의 사용법

- 변수의 값이 반복 범위 안에 있는 동안 특정 코드를 반복해서 실행해요.

```
for 변수 in 반복 범위:
    실행문
```

- 사용 방법
- for: '~하는 동안'이라는 뜻이에요.
- 변수: i를 많이 사용하지만, i 말고 다른 변수를 사용해도 돼요.
- 반복 범위: '범위'를 의미하는 range 함수와 괄호 안에 반복 범위를 지정해요.
- 실행문: 들여쓰기(4칸) 후에 반복 실행할 내용을 작성해요.

● ● ● 〈 〉 　Q　**직접 코딩하고 결과를 입력해요!**　　　　　　　　　　　≡

```
for i in range(5):
    print("파이썬")
```

```
for i in range(5):
    print("coding")
```

```
for i in range(1):
    print("코딩활용능력")
```

---

range 괄호 안에 값이 하나면 범위의 끝을 의미해요.

- range 다음의 괄호 안에 값을 하나만 입력하면, 반복 범위의 끝을 의미해요.
- 다음 코드를 실행하면 0부터 (5-1)까지 출력돼요.

 　시작 값이 없으면 '0 이상'으로 이해하면 돼요.

```
for i in range(5):
    print(i)
```

〈실행 결과〉
```
0
1
2
3
4
```

---

range 괄호 안에 시작과 끝을 지정할 수 있어요.

- range 다음의 괄호 안에 값을 두 개 입력하면, 첫 번째 값은 반복 범위의 시작이고, 두 번째 값은 반복 범위의 끝을 의미해요.
- 다음 코드를 실행하면 0부터 (5-1)까지 출력돼요.

 　두 번째 값보다 1 작은 값까지 반복되므로, range(0, 5)는 '0 이상 5 미만'으로 이해하면 돼요.

```
for i in range(0, 5):
    print(i)
```

〈실행 결과〉
```
0
1
2
3
4
```

시작, 끝과 함께 증가 폭도 지정할 수 있어요.

• range 다음의 괄호 안에 값을 세 개 입력하면, 첫 번째 값은 반복 범위의 시작, 두 번째 값은 반복 범위의 끝, 세 번째 값은 증가 폭을 의미해요.
• 다음 코드를 실행하면 1부터 (10-1)까지 2씩 증가되는 값이 출력돼요.

```
for i in range(1, 10, 2):
    print(i)
```

```
<실행 결과>
1
3
5
7
9
```

🔍 **직접 코딩하고 결과를 입력해요!**

```
for i in range(5):
    print(i + 1)
```

```
for i in range(5, 10):
    print(i)
```

```
for i in range(0, 10, 2):
    print(i)
```

논리력 쑥쑥 3. for 반복문 응용하기

구구단 출력하기

```
for i in range(1, 10):
    print("2 *", i, "=", 2*i)
```

```
<실행 결과>
2 * 1 = 2
2 * 2 = 4
2 * 3 = 6
2 * 4 = 8
2 * 5 = 10
2 * 6 = 12
2 * 7 = 14
2 * 8 = 16
2 * 9 = 18
```

반복 범위에 문자열 넣기

```
for i in "코딩활용능력":
    print(i)
```

```
<실행 결과>
코
딩
활
용
능
력
```

한 줄로 출력하기

```
for i in "코딩활용능력":
    print(i, end=" ")
```

◁ **〈실행 결과〉**
코 딩 활 용 능 력

```
for i in "코딩활용능력":
    print(i, end="")
```

◁ **〈실행 결과〉**
코딩활용능력

```
for i in "코딩활용능력":
    print(i, end="~")
```

◁ **〈실행 결과〉**
코~딩~활~용~능~력~

 print()는 기본적으로 출력 후에 줄바꿈을 수행해요.

창의력 팡팡

1 for문을 사용하여 여러분의 이름을 5번 출력해요.

> 🔍 **직접 코딩하고 결과를 입력해요!**

2 for문을 사용하여 1부터 10까지 출력해요.

> 🔍 **직접 코딩하고 결과를 입력해요!**

3 구구단 5단을 출력해요.

> 🔍 **직접 코딩하고 결과를 입력해요!**

 정리하기

1 for 반복문은 '   변수   반복 범위'로 사용해요.

2 반복 범위는 range(반복 횟수), range(시작, 끝), range(시작, 끝, 증가 폭) 또는 문자열을 사용해요.

3 반복 수행되는 부분은 들여쓰기해요.

4 출력 시 줄바꿈을 하지 않으려면   옵션을 사용하면 돼요.

01 식당에 자리가 없어 기다리는 손님 5팀에게 반복문을 사용하여 대기 번호표를 출력하려고 한다. 코드의 빈칸에 들어갈 내용으로 옳은 것은?

```
for i         range(5):
    print("대기번호:", i+1)
```

① of　　　② on　　　③ in　　　④ at

02 다음 코드의 실행 결과로 옳은 것은?

```
for i in range(3):
    print(i)
```

① 0　　　② 0　　　③ 1　　　④ 1
　1　　　　1　　　　2　　　　2
　2　　　　2　　　　3　　　　3
　　　　　　3　　　　4

03 다음 코드의 실행 결과로 옳은 것은?

```
for i in range(1, 4):
    print(i)
```

① 1　　　② 1　　　③ 2　　　④ 2
　2　　　　2　　　　3　　　　3
　3　　　　3　　　　4
　4

04 다음 코드의 실행 결과로 옳은 것은?

```
for n in range(3, 12, 3):
    print(n)
```

① 3　　　② 3　　　③ 6　　　④ 6
　6　　　　6　　　　9　　　　9
　9　　　　9　　　　12
　12

05 다음 코드의 실행 결과로 옳은 것은?(단, 실행 결과의 맨 뒤에 공백이 있다고 가정함)

```
for i in range(5):
    print(i, end=' ')
```

① 0 1 2 3 4　　　② 0 1 2 3 4 5
③ 1 2 3 4　　　　④ 1 2 3 4 5

06 다음은 1부터 10까지 자연수의 합을 계산하는 엔트리 코드 블록과 파이썬 코드이다. 파이썬 코드의 빈칸에 들어갈 내용으로 옳지 않은 것은?

```
자연수 = 0
합계 = 0
for i in         :
    자연수 = 자연수 + 1
    합계 = 합계 + 자연수
print(합계)
```

① range(10)　　　② range(0, 10)
③ range(1, 10)　　④ range(1, 11, 1)

07 다음 코드의 실행 결과로 옳은 것은? (단, end 옵션의 작은따옴표 사이에 공백이 한 칸 있음)

```
for i in 'Python':
    print(i, end=' ')
```

① Python
② PYTHON
③ P y t h o n
④ P Y T H O N

08 다음 코드를 실행하면 출력되는 값은?

```
counter = 0

for i in range(5):
    counter += i

print(counter)
```

① 4　　　② 5　　　③ 10　　　④ 15

while문으로 반복 실행해요

 생각 열기

 우리 주변에서 무한히 반복되는 일에는 어떤 것이 있을까요?

 우리 주변에서 특정 조건이 만족될 때까지 반복되는 일에는 어떤 것이 있을까요?

 "~인 동안 계속 ~한다." 형식으로 문장을 세 개 만들어 보세요.

-
-
-

 어떤 일을 반복할 때 정해진 횟수만큼 반복하는 경우도 있지만, 어떤 조건을 만족하는 동안 반복해야 하는 경우도 있어요.
컴퓨터도 조건이 충족될 때까지 반복해서 작업을 수행할 수 있는데, 이때 사용되는 것이 바로 while문입니다.
이번 시간에는 while문을 사용하여 컴퓨터가 조건을 충족할 때까지 반복 작업을 수행하는 방법을 배워보겠습니다.

while 반복문의 사용법

- 조건이 참(True)인 동안 특정 코드를 반복해서 실행해요.
- 사용 방법
- 조건: 언제까지 반복할 것인지 조건을 지정해요.
- 실행문: 들여쓰기(4칸) 후에 조건이 참인 동안 실행할 내용을 작성해요.

```
while 조건:
    실행문
```

while 반복문의 사용법

- 다음 코드를 따라가며 변수와 조건, 출력이 어떻게 실행되는지 확인해 보세요.

```
i = 0

while i < 3:
    print("아자!")
    i = i + 1

print("파이팅!")
```

i	i < 3	출력
❶ 0	❷ True	❸ 아자!
❹ 1	❺ True	❻ 아자!
❼ 2	❽ True	❾ 아자!
❿ 3	⓫ False	⓬ 파이팅!

- 다음 코드를 따라가며 값을 하나씩 채워 보세요.

```
배터리 = 0

while 배터리 < 100:
    배터리 = 배터리 + 10
    print("충전중:", 배터리, "%")

print("100% 충전 완료")
```

배터리	배터리 < 100	출력

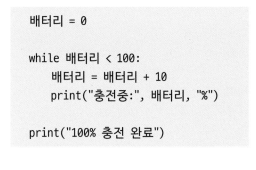
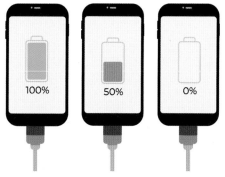

100%   50%   0%

무한 반복 주의하기

- 조건이 항상 참이면 반복문이 끝나지 않는데, 이를 무한 반복 또는 무한 루프라고 해요.
- 무한 반복을 피하려면 조건을 적절히 설정하고, 조건을 변경하는 코드를 작성해야 해요.

```
count = 1

while count <= 5:
    print(count)
    count = count + 1
```

```
num = 2

while num <= 10:
    print(num)
    num += 2
```

```
i = 0

while i < 3:
    print("Python")
    i = i + 1

print("easy!!!")
```

```
i = 0

while i < 500:
    i += 100
    print(i)

print("반복문 빠져나옴")
```

```
countdown = 10

while countdown > 0:
    print(countdown)
    countdown -= 1

print("발사!")
```

```
배터리 = 100

while 배터리 > 0:
    print(배터리, "%")
    배터리 -= 10

print("배터리를 충전하세요.")
```

1부터 5까지의 합 구하기

• 다음 코드를 따라가며 값을 하나씩 채워 보세요.

```
i = 1
sum = 0

while i <= 5:
    sum = sum + i
    i = i + 1

print("합계:", sum)
```

i	i <= 5	sum	출력

1부터 10까지의 합 구하기

```
total = 0
number = 1

while number <= 10:
    total += number
    number += 1
print("1부터 10까지의 합은:", total)
```

🔍 직접 코딩하고 결과를 입력해요!

```
total = 0
number = 1

while number <= 100:
    total += number
    number += 1

print("1부터 100까지의 합은:", total)
```

```
total = 0
number = 1

while number <= 1000:
    total += number
    number += 1

print("1부터 1000까지의 합은:", total)
```

```
total = 0
number = 1

while number <= 100:
    total += number
        number += 2

print("1부터 100까지의 홀수의 합은:", total)
```

```
total = 0
number = 2

while number <= 100:
    total += number
    number += 2

print("1부터 100까지의 짝수의 합은:", total)
```

1 while 문으로 여러분의 이름을 5번 출력해요.

🔍 **직접 코딩하고 결과를 입력해요!**

2 while 문으로 1부터 10까지 출력해요.

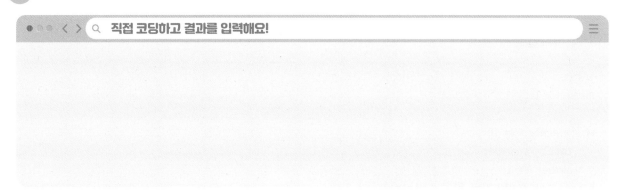
🔍 **직접 코딩하고 결과를 입력해요!**

3 while 문으로 1부터 10까지의 합을 출력해요.

🔍 **직접 코딩하고 결과를 입력해요!**

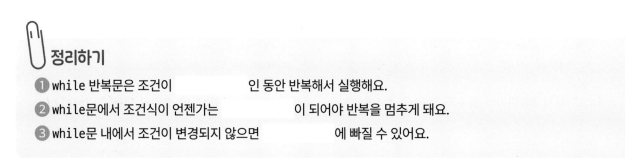 정리하기

1 while 반복문은 조건이 _____ 인 동안 반복해서 실행해요.

2 while문에서 조건식이 언젠가는 _____ 이 되어야 반복을 멈추게 돼요.

3 while문 내에서 조건이 변경되지 않으면 _____ 에 빠질 수 있어요.

01 다음 중 while문에 대한 설명으로 옳지 않은 것은?

① while문은 반복문이다.
② 조건이 거짓(False)인 동안 반복 실행된다.
③ 조건 뒤에는 콜론(:)을 붙여야 한다.
④ while문 내에서 조건이 변경되지 않으면 무한 반복에 빠질 수 있다.

02 while 반복문을 사용하여 오븐에서 쿠키를 굽는다. 쿠키가 완벽하게 구워지기 위해서는 온도가 180도에서 10분간 유지되어야 한다. 다음 중 while문의 조건으로 적합한 것은?

① 오븐의 온도가 180도 미만일 때
② 오븐에서의 시간이 10분 미만일 때
③ 오븐의 온도가 180도 초과일 때
④ 오븐에서의 시간이 10분을 초과할 때

03 다음 코드의 실행 결과로 옳은 것은?

```python
i = 0
while i < 5:
    print("Python")
    i += 1
```

① "Python"이 무한히 출력된다.
② "Python"이 5번 출력된다.
③ "Python"이 4번 출력된다.
④ 아무것도 출력되지 않는다.

04 다음 코드의 실행 결과로 옳은 것은?

```python
count = 0
while count < 3:
    print("Python")
```

① "Python"이 무한히 출력된다.
② "Python"이 5번 출력된다.
③ "Python"이 4번 출력된다.
④ 아무것도 출력되지 않는다.

05 다음 코드의 목적으로 가장 적합한 것은?

```python
count = 10
while count > 0:
    print(count)
    count -= 1
```

① 10부터 1까지 숫자를 세는 것
② 1부터 10까지 숫자를 세는 것
③ 프로그램을 무한히 실행하는 것
④ 숫자를 0으로 만드는 것

06 다음 코드의 실행 결과로 옳은 것은?

```python
x = 1
while x < 5:
    x *= 2
print(x)
```

① 4   ② 5   ③ 8   ④ 10

07 다음 코드의 실행 결과로 옳은 것은?

```python
count = 0
while count < 3:
    count += 1
    print("뿌웅", end='')
print("!")
```

① 뿌웅뿌웅뿌웅!
② 뿌웅!뿌웅!뿌웅!
③ 뿌웅뿌웅뿌웅뿌웅!
④ 뿌웅!뿌웅!뿌웅!뿌웅!

08 다음 코드의 실행 결과로 옳은 것은?

```python
counter = 0
sum = 0
while counter <= 3:
    counter = counter + 1
    sum = sum + counter
print(sum)
```

① 6   ② 10   ③ 15   ④ 21

반복을 멈추거나 건너뛰어요

학습 목표

- break 명령어의 기능을 이해하고 사용할 수 있다.
- continue 명령어의 기능을 이해하고 사용할 수 있다.
- 출제 예상 문제를 스스로 풀 수 있다.

 생각 열기

 자동차에 브레이크가 없다면 어떤 일들이 벌어질까요?

 책을 읽다가 어려워서 막히는 부분이 있으면 여러분은 어떻게 하나요?

 설거지를 하다가 깨진 접시를 발견하면 어떻게 할까요?

 게임을 하다가 어려운 부분이 나오면 잠시 멈추거나 건너뛰기도 하죠?
컴퓨터도 반복 작업을 하다가 특정 조건이 되면 멈추거나 건너뛸 수 있어요.
이번 시간에는 break와 continue 명령어를 사용하여 반복을 멈추거나 건너뛰는 방법을 배워보겠습니다.

1. break 명령어를 알아봐요!

break는 반복문을 즉시 탈출해요.

• 반복문 내에서 break 명령어를 만나면 곧바로 반복문을 탈출해요.

 break는 '멈추다, 벗어나다, 탈출하다'라는 뜻이에요.

• 예를 들어 "5를 만나면 반복을 멈춰라"라는 명령을 내릴 수 있어요.

for 반복문의 break

• 다음 코드를 따라가며 변수와 조건, 출력이 어떻게 실행되는지 확인해 보세요.

```
for i in range(10):
    if i == 5:
        break
    print(i)

print("탈출!")
```

i	i < 10	i == 5	출력
❶ 0	❷ True	❸ False	❹ 0
❺ 1	❻ True	❼ False	❽ 1
❾ 2	❿ True	⓫ False	⓬ 2
⓭ 3	⓮ True	⓯ False	⓰ 3
⓱ 4	⓲ True	⓳ False	⓴ 4
㉑ 5	㉒ True	㉓ True	㉔탈출!

while 반복문의 break

• 다음 코드를 따라가며 값을 하나씩 채워 보세요.

```
i = 0

while i < 10:
    if i == 5:
        break
    print(i)
    i += 1

print("탈출~!")
```

i	i < 10	i == 5	출력

? Quiz !

01 반복문 내에서 break를 만나면 어떻게 되나요?

① 반복을 계속한다.
② 반복을 건너뛴다.
③ 반복문을 탈출한다.
④ 아무 일도 일어나지 않는다.

02 다음 코드의 실행 결과는 무엇인가요?

```
for i in range(12):
    if i == 7:
        break
    print(i, end=" ")
```

① 0 1 2 3 4 5 6
② 0 1 2 3 4 5 6 7
③ 7 8 9 10 11
④ 7 8 9 10 11 12

continue는 현재 반복을 건너뛰어요.

• 반복문 내에서 continue 명령어를 만나면 현재 반복은 건너뛰고 다음 반복에서 계속 실행해요.

 continue는 '계속하다'라는 뜻이에요.

• 예를 들어 "1을 만나면 건너뛰어라"라는 명령을 내릴 수 있어요.

for 반복문의 continue

• 다음 코드를 따라가며 변수와 조건, 출력이 어떻게 실행되는지 확인해 보세요.

```
for i in range(5):
    if i == 2:
        continue
    print(i)

print("탈출!")
```

i	i < 5	i == 2	출력
❶ 0	❷ True	❸ False	❹ 0
❺ 1	❻ True	❼ False	❽ 1
❾ 2	❿ True	⓫ True	
⓬ 3	⓭ True	⓮ False	⓯ 3
⓰ 4	⓱ True	⓲ False	⓳ 4
⓴ 5	㉑ False		㉒ 탈출!

while 반복문의 continue

• 다음 코드를 따라가며 값을 하나씩 채워 보세요.

```
i = 0

while i < 5:
    if i == 2:
        i += 1
        continue
    print(i)
    i += 1

print("탈출~!")
```

i	i < 5	i == 2	출력

? Quiz !

03 반복문 내에서 continue를 만나면 어떻게 되나요?

① 반복을 계속한다.
② 반복을 건너뛴다.
③ 반복문을 탈출한다.
④ 아무 일도 일어나지 않는다.

04 다음 코드의 실행 결과는 무엇인가요?

```
for i in range(5):
    if i == 2:
        continue
    print(i, end=" ")
```

① 0 1 3 4
② 0 1 2 3 4
③ 1 2 3 4
④ 1 2 3 4 5

```
for i in range(10):
    if i == 5:
        break
    print(i)
```

```
for i in range(10):
    if i % 2 == 0:
        continue
    print(i)
```

```
i = 0

while i < 10:
    if i == 5:
        break
    print(i)
    i += 1
```

```
i = 0

while i < 10:
    i += 1
    if i % 2 == 1:
        continue
    print(i)
```

```
total = 0

for i in range(10):
    if i == 6:
        break
    total += i

print("합:", total)
```

```
count = 0

while True:
    print(count)
    count += 1
    if count >= 5:
        break
```

```
for i in range(1, 10):
    if i == 9:
        continue
    print("9 *", i, "=", 9 * i)
```

```
total = 0
num = 0

while num < 10:
    num += 1
    if num % 2 == 0:
        continue
    total += num

print("1부터 10까지의 홀수의 합:", total)
```

1 for, if, break, continue를 모두 사용해서 다음의 내용대로 코드를 작성해요.

1) 1부터 30까지 숫자를 출력하되, 10에 도달하면 "10에 도달했어요!"를 출력하고 반복을 종료해요.

2) 4의 배수일 때는 "4의 배수입니다."를 출력하고 숫자 출력은 건너뛰어요.

> 🔍 **직접 코딩하고 결과를 입력해요!** ☰

```python
        number in range(1, 31):
            number ==        :
        print("10에 도달했어요!")


            number % 4 ==        :
        print("4의 배수입니다.")


    print(number)
```

2 while, if, break, continue를 모두 사용해서 다음의 내용대로 코드를 작성해요.

1) 1부터 15까지 숫자를 출력하되, 7에 도달하면 "7에 도달했어요!"를 출력하고 반복을 종료해요.

2) 3의 배수일 때는 "3의 배수입니다."를 출력하고 숫자 출력은 건너뛰어요.

> 🔍 **직접 코딩하고 결과를 입력해요!** ☰

```python
number = 1

            number <= 15:


        print("7에 도달했어요!")



        print("3의 배수입니다.")
        number += 1

    print(number)
    number += 1
```

 정리하기

1 반복문 내에서 _____ 를 만나면 곧바로 반복문을 탈출해요.

2 반복문 내에서 _____ 를 만나면 현재 반복은 건너뛰고 다음 반복에서 계속해요.

01 해적들이 지도에서 숨겨진 보물을 계속해서 찾고 있다. 만약 그들이 전설의 보물을 찾게 되면, 모든 탐색을 중단하고 축하 파티를 열기로 했다. 전설의 보물을 찾았을 때 탐색을 중단하는 명령어는 무엇인가?

① stop   ② break
③ legend   ④ treasure

02 while 반복문에서 break가 실행되면 어떻게 되는가?

① 다음 반복으로 넘어간다.
② 반복문을 즉시 종료한다.
③ 프로그램이 오류를 발생한다.
④ 아무 일도 일어나지 않는다.

03 다음 코드의 실행 결과로 옳은 것은?

```
for i in range(8):
    if i == 5:
        break
    print(i)
```
① 4
② 5
③ 6
④ 7

04 다음 코드의 실행 결과로 옳은 것은?

```
for i in range(1, 10):
    if i % 3 == 0:
        break
    print(i)
print("반복문 탈출")
```

① 1
  2

② 1
  2
  반복문 탈출

③ 1
  2
  3

④ 1
  2
  3
  반복문 탈출

05 다음 코드의 실행 결과로 옳은 것은?

```
for char in "ball":
    if char == "l":
        break
    print(char, end="")
```
① b
② ba
③ bal
④ ball

06 다음 코드의 실행 결과로 옳은 것은?

```
i = 1
while True:
    if i == 3:
        break
    print(i, end=" ")
    i += 1
```
① 1 2
② 1 2 3
③ 1 2 3 4
④ 무한 반복
  (무한 루프)

07 달리기를 좋아하는 하늘이는 매일 아침마다 달리는데, 비오는 날은 건너뛰기 위해 사용해야 하는 파이썬 명령어는 무엇인가?

① skip   ② jump
③ break   ④ continue

08 다음 코드의 실행 결과로 옳은 것은?

```
i = 0
while i < 5:
    i += 1
    if i == 3:
        continue
    print(i, end='')
```
① 3
② 12
③ 124
④ 1245

09 다음 코드의 실행 결과로 옳은 것은?

```
for i in range(1, 11):
    if i % 2 == 0:
        continue
    print(i, end=" ")
```

① 1 3 5 7 9   ② 1 3 5 7 9 11
③ 2 4 6 8   ④ 2 4 6 8 10

10 다음 코드의 실행 결과로 옳은 것은?

```
while True:
    print("코딩")
    print("활용")
    continue
    print("능력")
```

① 코딩, 활용이 출력된다.
② 코딩, 활용 출력이 반복된다.
③ 코딩, 활용이 출력되고, 능력 출력이 반복된다.
④ 능력 출력이 반복된다.

리스트에 데이터를 담아요

 생각 열기

 다음의 두 사진 중에서 어느 쪽이 그림을 그릴 때 더 편리할까요? 그리고 그 이유는 무엇인가요?

 여러분의 책가방에는 어떤 것들이 들어 있나요?

 여러분의 필통에는 어떤 것들이 들어 있나요?

 여러 물건을 한곳에 모아서 보관하는 것처럼 컴퓨터에서는 여러 값을 하나의 리스트에 저장할 수 있어요.
이번 시간에는 리스트의 개념과 리스트를 만드는 방법, 리스트에서 값을 추가하거나 삭제하는 방법에 대해 배워보겠습니다.

1. 리스트란 무엇인가요?

리스트는 여러 값을 저장하는 공간이에요.

- 리스트는 여러 개의 값을 순서대로 저장할 수 있는 공간을 의미해요.
- 리스트에는 숫자, 글자, 또는 다른 값을 넣을 수 있어요.
- 리스트는 마치 다양한 물건을 담을 수 있는 바구니와 같아요.

변수와 리스트는 무엇이 다를까요?

- 변수는 하나의 값을 저장하는 공간이에요.
- 예를 들어 여러분의 나이, 이름, 키 등을 저장할 때 변수를 사용할 수 있어요.

```
나이 = 10
이름 = "홍길동"
키 = 140.5
```

- 리스트는 여러 개의 값을 한꺼번에 저장할 수 있는 공간이에요.
- 예를 들어 여러분의 책가방 속 물건들을 리스트에 넣을 수 있어요.

```
책가방 = ["책", "필통", "공책", "물통"]
```

리스트를 만들어요.

- 빈 리스트를 만들 수 있어요.

```
빈_리스트 = []
print(빈_리스트)
```

<실행 결과>
```
[]
```

- 숫자가 포함된 리스트를 만들 수 있어요.

```
숫자_리스트 = [1, 2, 3, 4, 5]
print(숫자_리스트)
```

<실행 결과>
```
[1, 2, 3, 4, 5]
```

- 문자열이 포함된 리스트를 만들 수 있어요.

```
문자열_리스트 = ["사과", "바나나", "체리"]
print(문자열_리스트)
```

<실행 결과>
```
['사과', '바나나', '체리']
```

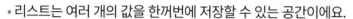

리스트로 변환해요.

- 문자열을 리스트로 변환해요.

```
문자열 = "hello"
문자열_리스트 = list(문자열)
print(문자열_리스트)
```

<실행 결과>
['h', 'e', 'l', 'l', 'o']

```
문자열 = "파이썬"
문자열_리스트 = list(문자열)
print(문자열_리스트)
```

<실행 결과>
['파', '이', '썬']

- 범위(range)를 리스트로 변환해요.

```
범위 = range(1, 6)
범위_리스트 = list(범위)
print(범위_리스트)
```

<실행 결과>
[1, 2, 3, 4, 5]

 range(1, 6)은 '1 이상 6 미만'의 범위를 의미해요.

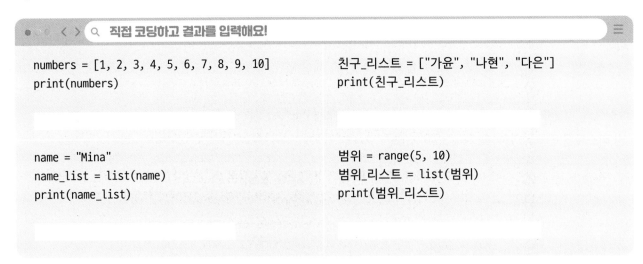

🔍 직접 코딩하고 결과를 입력해요!

```
numbers = [1, 2, 3, 4, 5, 6, 7, 8, 9, 10]
print(numbers)
```

```
친구_리스트 = ["가윤", "나현", "다은"]
print(친구_리스트)
```

```
name = "Mina"
name_list = list(name)
print(name_list)
```

```
범위 = range(5, 10)
범위_리스트 = list(범위)
print(범위_리스트)
```

 ## 2. 리스트의 값을 찾아요.

인덱스로 리스트의 특정 값을 찾아요.

- 리스트의 각 요소는 인덱스(위치 값)로 접근할 수 있어요.
- 인덱스는 0부터 시작해요.

```
numbers = [12, 25, 37, 43, 51]
print(numbers[0])
print(numbers[4])
```

<실행 결과>
12
51

슬라이싱으로 여러 값을 찾아요.

- 리스트의 여러 값을 슬라이싱으로 찾아볼 수 있어요.

```
numbers = [12, 25, 37, 43, 51]
print(numbers[1:3])
print(numbers[2:5])
```

<실행 결과>
[25, 37]
[37, 43, 51]

 슬라이싱(자르기)의 범위를 지정할 때 [1:3]은 인덱스 값이 '1 이상 3 미만'을 의미해요.

```
my_list = [10, 20, 30, 40, 50]
print(my_list[4])
print(my_list[-1])
print(my_list[-2])
```

```
my_list = [10, 20, 30, 40, 50]
print(my_list[5])
```

```
my_list = [10, 20, 30, 40, 50]
print(my_list[0:3])
```

```
my_list = [10, 20, 30, 40, 50]
print(my_list[3:4])
```

3. 리스트에 값을 추가해요.

append(값)으로 맨 뒤에 값을 추가해요.

```
numbers = [10, 20, 30, 40]
numbers.append(100)
print(numbers)
```

◁ **〈실행 결과〉**
[10, 20, 30, 40, 100]

 append는 '덧붙이다'라는 뜻이에요.

insert(인덱스, 값)으로 특정 위치에 값을 추가해요.

```
numbers = [10, 20, 30, 40]
numbers.insert(1, 100)
print(numbers)
```

◁ **〈실행 결과〉**
[10, 100, 20, 30, 40]

 insert는 '끼우다, 삽입하다'라는 뜻이에요.

```
과일 = ["사과", "바나나", "체리"]
과일.append("딸기")
print(과일)
```

```
animals = ["cat", "dog", "fox"]
animals.insert(2, "lion")
print(animals)
```

```
countries = ["Korea", "China", "Japan"]
countries.append("USA")
countries.insert(0, "France")
print(countries)
```

```
숫자_리스트 = []
숫자_리스트.append(10)
숫자_리스트.append(30)
숫자_리스트.insert(1, 20)
print(숫자_리스트)
```

81

pop(인덱스)로 특정 위치의 값을 삭제해요.

• pop(인덱스)를 사용하여 특정 위치의 값을 삭제하고 그 값을 되돌려 받아요.

```
numbers = [10, 20, 30, 40, 50]
item = numbers.pop(2)
print(item)
print(numbers)
```

<실행 결과>
30
[10, 20, 40, 50]

remove(값)로 특정 값을 삭제해요.

• remove(값)을 사용하여 리스트에서 첫 번째로 나타나는 값을 삭제해요.

```
numbers = [10, 20, 30, 20, 10]
numbers.remove(20)
print(numbers)
```

<실행 결과>
[10, 30, 20, 10]

del로 리스트의 특정 값을 삭제해요.

• del로 리스트의 특정 값을 삭제할 수 있어요.

```
numbers = [10, 20, 30, 40, 50]
del numbers[1]
print(numbers)
```

<실행 결과>
[10, 30, 40, 50]

• del로 리스트의 여러 값들을 삭제할 수 있어요.

```
numbers = [10, 20, 30, 40, 50]
del numbers[1:3]
print(numbers)
```

<실행 결과>
[10, 40, 50]

● ● ● ⟨ ⟩ 🔍 **직접 코딩하고 결과를 입력해요!** ≡

```
과일 = ["사과", "바나나", "체리", "딸기"]
item = 과일.pop(3)
print(item)
print(과일)
```

```
과일 = ["사과", "바나나", "체리", "딸기"]
과일.remove("바나나")
print(과일)
```

정리하기

① 리스트는 대괄호([])나 list()로 만들고, 인덱싱이나 슬라이싱으로 값을 찾아요.

② _____()는 맨 뒤에, _____()는 특정 위치에 값을 추가해요.

③ _____()은 값을 삭제하고 되돌려 주고, _____는 처음 나타난 값을 삭제해요.

④ _____은 특정 요소, 여러 요소 등을 삭제해요.

01 다음 중 변수 colors에 리스트 ['red', 'green', 'blue']를 올바르게 할당한 것은?

① colors = 'red', 'green', 'blue'
② colors = ['red', 'green', 'blue']
③ ['red', 'green', 'blue'] = colors
④ colors := ['red', 'green', 'blue']

02 다음 코드의 실행 결과로 옳은 것은?

```
seasons = ['Spring', 'Summer',
    'Autumn', 'Winter']
print(seasons[2])
```

① Spring   ② Summer
③ Autumn   ④ Winter

03 다음 코드의 실행 결과로 옳은 것은?

```
nums = [1, 2, 3, 4]
print(nums[-1])
```

① 1   ② 2   ③ 3   ④ 4

04 다음은 집에 있는 가구 목록을 리스트로 저장하였다. 리스트에 저장된 가구 중 "desk"와 "chair"만 선택하여 새로운 리스트 my_furniture를 만들려고 한다. 코드의 빈칸에 들어갈 내용이 내용으로 옳은 것은?

```
furnitures = ["bed", "desk",
    "chair", "table", "sofa"]
my_furnitures = furnitures[     ]
print(my_furnitures)
```

① 1:2   ② 1:3
③ 2:3   ④ 2:4

05 다음 코드의 실행 결과로 옳은 것은?

```
items = ['코딩', '활용', '능력',
    '1급']
del items[1:3]
print(items)
```

① ['코딩']   ② ['1급']
③ ['능력', '1급']   ④ ['코딩', '1급']

06 다음 코드의 실행 결과로 옳은 것은?

```
kait = ['한국', '정보', '통신', '진
    흥', '협회']
for i in kait:
    print(i)
```

① 한국정보통진흥협회
② 한국 정보 통신 진흥 협회
③ 한국   ④ 한국
   정보   한국
   통신   한국
   진흥   한국
   협회   한국

07 개학을 앞둔 지윤이는 구매해야 하는 학용품 목록을 리스트에 저장하였다. 지우개는 있어서 목록에서 삭제하고, 각도기를 추가하였다. 다음의 코드를 실행한 결과로 옳은 것은?

```
학용품_구매_목록 = ["공책", "샤프", "형
    광펜", "지우개", "자", "테이프"]
학용품_구매_목록.remove("지우개")
학용품_구매_목록.append("각도기")
print(학용품_구매_목록)
```

① ['공책', '샤프', '형광펜', '자', '각도기', '테이프']
② ['공책', '샤프', '형광펜', '각도기', '자', '테이프']
③ ['각도기', '공책', '샤프', '형광펜', '자', '테이프']
④ ['공책', '샤프', '형광펜', '자', '테이프', '각도기']

08 다음 코드의 실행 결과로 옳은 것은?

```
items = [2, 4, 6, 8, 10, 12, 14]
moved_item = items.pop(0)
items.append(moved_item)
items.pop(2)
print(items)
```

① [2, 4, 8, 10, 12, 14, 6]
② [4, 6, 8, 10, 12, 14, 2]
③ [4, 6, 10, 12, 14, 2]
④ [4, 8, 10, 12, 14, 2]

리스트로 데이터를 처리해요

학습 목표

- 리스트를 정렬할 수 있다.
- 여러 리스트를 연결하여 하나의 리스트로 만들 수 있다.
- 리스트를 통째로 삭제할 수 있다.
- 출제 예상 문제를 스스로 풀 수 있다.

생각 열기

 일상생활에서 정렬은 언제 필요할까요?

 여러분의 가족 중에서 키가 작은 사람부터 큰 사람 순으로 정렬해 보세요.

 여러분의 가족 중에서 나이가 많은 사람부터 적은 사람 순으로 정렬해 보세요.

 다음의 이름을 가나다순으로 정렬해 보세요.

이서, 장원영, 리즈, 레이, 안유진, 가을

 일상생활에서 정렬하는 방법이 있듯이, 컴퓨터에서도 데이터를 정리하는 방법이 있어요.
이번 시간에는 리스트를 정렬하고, 여러 리스트를 하나로 연결하는 방법, 그리고 리스트를 통째로 삭제하는 방법에 대해 배워보겠습니다.

1. 리스트를 정렬해요.

정렬이란 무엇일까요?

- 정렬은 데이터를 일정한 순서대로 정리하는 것을 말해요.
- 숫자(점수, 가격, 나이 등)나 문자열(이름, 주소 등) 데이터를 정렬할 수 있어요.
- 오름차순은 값이 작은 것부터 큰 것 순서로 정리하는 것이고, 내림차순은 큰 것부터 작은 것 순서로 정리하는 것이에요.

sort() 메서드

- sort() 메서드를 사용하면 원본 리스트를 직접 변경하여 오름차순으로 정렬할 수 있어요.

```
원본_리스트 = [5, 2, 3, 1, 4]
원본_리스트.sort()
print("sort() 후:", 원본_리스트)
print("원본 리스트:", 원본_리스트)
```

<실행 결과>
```
sort() 후: [1, 2, 3, 4, 5]
원본 리스트: [1, 2, 3, 4, 5]
```

- sort(reverse=True)를 사용하면 원본 리스트를 직접 내림차순으로 정렬할 수 있어요.

```
원본_리스트 = [5, 2, 3, 1, 4]
원본_리스트.sort(reverse=True)
print("sort() 후:", 원본_리스트)
print("원본 리스트:", 원본_리스트)
```

<실행 결과>
```
sort() 후: [5, 4, 3, 2, 1]
원본 리스트: [5, 4, 3, 2, 1]
```

 메서드는 객체에 속해 객체.메서드() 형식으로 사용하고, 함수는 함수() 형식으로 독립적으로 사용할 수 있어요.

sorted() 함수

- sorted() 함수는 원본 리스트를 바꾸지 않고 오름차순으로 정렬된 새로운 리스트를 반환해요.

```
원본_리스트 = [5, 2, 3, 1, 4]
새_리스트 = sorted(원본_리스트)
print("sorted() 후:", 새_리스트)
print("원본 리스트:", 원본_리스트)
```

<실행 결과>
```
sorted() 후: [1, 2, 3, 4, 5]
원본 리스트: [5, 2, 3, 1, 4]
```

- sorted(리스트명, reverse=True)는 내림차순으로 정렬된 새로운 리스트를 반환해요.

```
원본_리스트 = [5, 2, 3, 1, 4]
새_리스트 = sorted(원본_리스트, reverse=True)
print("sorted() 후:", 새_리스트)
print("원본 리스트:", 원본_리스트)
```

<실행 결과>
```
sorted() 후: [5, 4, 3, 2, 1]
원본 리스트: [5, 2, 3, 1, 4]
```

Quiz !

01 sort() 메서드를 사용한 결과로 옳은 것은?

① 값이 사라진다.
② 원본 리스트가 바뀐다.
③ 리스트가 정렬되지 않는다.
④ 새로운 리스트가 만들어진다.

02 sorted() 함수를 사용한 결과로 옳은 것은?

① 원본 리스트를 바꾼다.
② 원본 리스트를 그대로 두고, 정렬된 새로운 리스트를 반환한다.
③ 리스트를 삭제한다.
④ 리스트의 값을 바꾸지 않는다.

```
숫자_리스트 = [10, 3, 7, 1, 5]
숫자_리스트.sort()
print("sort() 후:", 숫자_리스트)
print("원본 리스트:", 숫자_리스트)
```

```
문자열_리스트 = ["토마토", "감자", "양파", "당근"]
새_리스트 = sorted(문자열_리스트)
print("sorted() 후:", 새_리스트)
print("원본 리스트:", 문자열_리스트)
```

```
문자열_리스트 = ["바나나", "사과", "체리", "딸기"]
문자열_리스트.sort(reverse=True)
print("sort() 후:", 문자열_리스트)
print("원본 리스트:", 문자열_리스트)
```

```
숫자_리스트 = [9, 4, 6, 2, 8]
새_리스트 = sorted(숫자_리스트, reverse=True)
print("sorted() 후:", 새_리스트)
print("원본 리스트:", 숫자_리스트)
```

 2. 리스트를 연결해요.

+ 연산자는 두 리스트를 연결하여 새로운 리스트를 만들어요.

```
list_a = [1, 2, 3]
list_b = [4, 5, 6]
new_list = list_a + list_b
print("list_a:", list_a)
print("list_b:", list_b)
print("new_list:", new_list)
```

◢ **〈실행 결과〉**
```
list_a: [1, 2, 3]
list_b: [4, 5, 6]
new_list: [1, 2, 3, 4, 5, 6]
```

extend() 메서드는 한 리스트의 끝에 다른 리스트를 추가해요.

```
list_a = [1, 2, 3]
list_b = [4, 5, 6]
list_a.extend(list_b)
print("list_a:", list_a)
print("list_b:", list_b)
```

◢ **〈실행 결과〉**
```
list_a: [1, 2, 3, 4, 5, 6]
list_b: [4, 5, 6]
```

 extend는 '길게 하다, 연장하다'라는 뜻이에요.

```
리스트1 = ['a', 'b', 'c']
리스트2 = ['d', 'e', 'f']
리스트3 = 리스트1 + 리스트2
print("리스트1:", 리스트1)
print("리스트2:", 리스트2)
print("리스트3:", 리스트3)
```

```
리스트1 = ['a', 'b', 'c']
리스트2 = ['d', 'e', 'f']
리스트1.extend(리스트2)
print("리스트1:", 리스트1)
print("리스트2:", 리스트2)
```

```
과일_리스트1 = ["사과", "바나나"]
과일_리스트2 = ["체리", "딸기"]

새로운_과일_리스트 = 과일_리스트1 + 과일_리스트2
print("과일_리스트1:", 과일_리스트1)
print("과일_리스트2:", 과일_리스트2)
print("새로운_과일_리스트:", 새로운_과일_리스트)

과일_리스트1.extend(과일_리스트2)
print("과일_리스트1:", 과일_리스트1)
print("과일_리스트2:", 과일_리스트2)
```

 3. 리스트를 삭제해요.

리스트를 통째로 삭제할 수 있어요.

- del 명령어를 사용하여 리스트 전체를 삭제할 수 있어요.

```
animals = ['cat', 'dog', 'rabbit']
del animals
```

- 삭제된 리스트를 출력하려고 하면 그런 리스트는 없다고 하는 에러 메시지가 표시돼요.

```
animals = ['cat', 'dog', 'rabbit']
del animals
print(animals)
```

◁실행 결과〉
```
NameError: name 'animals' is not defined
```

1 numbers = [3, 4, 1, 5, 9, 2, 6]을 이용하여 문제를 해결해 보세요.

1) sorted()로 오름차순 정렬하고 출력해요.

> 🔍 **직접 코딩하고 결과를 입력해요!** ≡

2) sort()로 내림차순 정렬하고 출력해요.

> 🔍 **직접 코딩하고 결과를 입력해요!** ≡

2 list_a = ['apple', 'banana'], list_b = ['orange', 'tomato']를 이용하여 문제를 해결해 보세요.

1) + 연산자로 list_a와 list_b를 연결한 새로운 리스트를 생성하고 출력해요.

> 🔍 **직접 코딩하고 결과를 입력해요!** ≡

2) extend()로 list_a에 list_b를 추가하고 list_a를 출력해요.

> 🔍 **직접 코딩하고 결과를 입력해요!** ≡

정리하기

1 리스트 정렬 시 (   )는 리스트 자체를 바꾸고, (   )는 새로운 리스트를 만들어요.

2 리스트 연결 시 (   ) 연산자는 연결된 새로운 리스트를 만들고, (   )는 한 리스트의 끝에 다른 리스트를 연결해요.

01 다음 코드의 실행 결과로 옳은 것은?

```python
numbers = [3, 1, 4, 1, 5]
numbers.sort()
print(numbers)
```

① [1, 1, 3, 4, 5]　　② [1, 3, 1, 4, 5]
③ [3, 1, 4, 1, 5]　　④ [5, 4, 3, 1, 1]

02 다음 코드의 실행 결과로 옳은 것은?

```python
animals = ['cat', 'dog',
  'elephant', 'bear']
animals.sort()
print(animals[0])
```

① 'cat'　　② 'dog'
③ 'elephant'　　④ 'bear'

03 다음 코드의 실행 결과로 옳은 것은?

```python
numbers = [4, 1, 3, 2]
numbers.sort(reverse=True)
print(numbers)
```

① [4, 1, 3, 2]　　② [2, 3, 1, 4]
③ [1, 2, 3, 4]　　④ [4, 3, 2, 1]

04 다음 코드의 실행 결과로 옳은 것은?

```python
numbers = [5, 2, 9, 1]
sorted_numbers = sorted(numbers)
print(sorted_numbers)
```

① [1, 2, 5, 9]　　② [9, 5, 2, 1]
③ [5, 2, 9, 1]　　④ [1, 9, 2, 5]

05 다음 코드의 실행 결과로 옳은 것은?

```python
numbers = [5, 2, 9, 1, 5, 6]
sorted_numbers = sorted(numbers,
  reverse=True)
print(sorted_numbers)
```

① [5, 2, 9, 1, 5, 6]
② [6, 5, 1, 9, 2, 5]
③ [1, 2, 5, 5, 6, 9]
④ [9, 6, 5, 5, 2, 1]

06 다음 코드의 실행 결과로 옳은 것은?

```python
numbers = [3, 1, 4, 1, 5]
sorted_numbers = sorted(numbers)
print(sorted_numbers)
```

① [1, 1, 3, 4, 5]　　② [5, 4, 3, 1, 1]
③ [3, 1, 4, 1, 5]　　④ [5, 1, 4, 1, 3]

07 다음 코드의 실행 결과로 옳은 것은?

```python
list1 = [1, 2, 3]
list2 = [4, 5, 6]
result = list1 + list2
print(result)
```

① [5, 7, 9]　　② [1, 2, 3, 4, 5, 6]
③ [4, 5, 6, 1, 2, 3]　　④ [1, 4, 2, 5, 3, 6]

08 다음 코드의 실행 결과로 옳은 것은?

```python
해외팀 = ['아이언맨', '헐크']
국내팀 = ['마동석', '태권브이']
슈퍼팀 = 국내팀 + 해외팀
print(슈퍼팀)
```

① ['아이언맨', '헐크', '마동석', '태권브이']
② ['마동석', '태권브이', '아이언맨', '헐크']
③ ['아이언맨', '마동석', '헐크', '태권브이']
④ ['마동석', '아이언맨', '태권브이', '헐크']

09 다음 코드의 실행 결과로 옳은 것은?

```python
exam_1 = ['코딩', '활용']
exam_2 = ['능력', '1급']
exam_1.extend(exam_2)
print(exam_1)
print(exam_2)
```

① ['코딩', '활용']
  ['능력', '1급']
② ['능력', '1급']
  ['코딩', '활용']
③ ['코딩', '활용', '능력', '1급']
  ['코딩', '활용']
④ ['코딩', '활용', '능력', '1급']
  ['능력', '1급']

튜플에 데이터를 담아요

학습 목표

- 튜플의 개념을 이해하고, 만들 수 있다.
- 튜플의 요소를 조회할 수 있다.
- 출제 예상 문제를 스스로 풀 수 있다.

생각 열기

 변하지 않는 정보에는 어떤 것들이 있을까요?

 게임이나 스포츠에서 경기 중에 변하지 않는 규칙은 무엇이 있을까요?

 우리 가족에 대한 정보 중 변하지 않는 것에는 무엇이 있나요?

 우리 주변에는 변하지 않는 정보들이 많습니다. 예를 들어, 생년월일이나 주민등록번호는 변하지 않죠. 이와 마찬가지로, 튜플은 한 번 생성되면 그 안의 값이 변하지 않는 특징이 있습니다.
이번 시간에는 변하지 않는 정보를 다루는 튜플에 대해 배워보겠습니다.

튜플은 리스트와 비슷해요.

• 튜플과 리스트는 모두 여러 값을 한곳에 모아 저장할 수 있는 자료형이에요.

```
my_list = [1, 2, 3]
my_tuple = (1, 2, 3)
```

• 튜플과 리스트 모두 인덱스를 사용해서 값에 접근할 수 있어요.

```
print(my_list[0])
print(my_tuple[0])
```

<실행 결과>
```
1
2
```

튜플은 리스트와 이런 점이 달라요!

• 리스트는 대괄호 []를 사용하지만, 튜플은 소괄호 ()를 사용해서 만들어요.

```
my_list = [1, 2, 3]
my_tuple = (1, 2, 3)
```

• 리스트는 값을 추가, 삭제, 변경할 수 있지만, 튜플은 한 번 만들면 값을 바꿀 수 없어요.

```
my_list[0] = 4  # 가능
my_tuple[0] = 4  # 실행하면 오류 발생
```

 #은 실제 실행되는 부분이 아니라 코드를 설명하는 부분으로, '주석'이라고 해요.

튜플은 이럴 때 사용해요.

• 변하지 않아야 하는 값을 저장할 때 튜플을 사용해요.

```
요일 = ('월요일', '화요일', '수요일', '목요일', '금요일', '토요일', '일요일')
계절 = ('봄', '여름', '가을', '겨울')
방위 = ('동', '서', '남', '북')
초등_학년 = (1, 2, 3, 4, 5, 6)
중등_학년 = (1, 2, 3)
고등_학년 = (1, 2, 3)
광복절 = (1945, 8, 15)
my_birthday = (2013, 4, 20)
```

? Quiz !

01 다음 중 튜플의 특징이 아닌 것은?

① 여러 값을 하나로 묶을 수 있다.
② 한 번 정해진 값을 변경할 수 있다.
③ 소괄호 ()를 사용하여 만든다.
④ 요소를 조회할 수 있다.

02 다음 중 튜플을 올바르게 만드는 방법은?

① fruits = '사과', '바나나', '체리'
② fruits = ('사과', '바나나', '체리')
③ fruits = ['사과', '바나나', '체리']
④ fruits = {'사과', '바나나', '체리'}

빈 튜플을 만들어요.

• 빈 튜플을 만들 때는 소괄호 ()를 사용해요.

```
empty_tuple = ()
print(empty_tuple)
```

<실행 결과>
```
()
```

숫자가 포함된 튜플을 만들어요.

```
number_tuple = (1, 2, 3, 4, 5)
print(number_tuple)
```

<실행 결과>
```
(1, 2, 3, 4, 5)
```

문자열이 포함된 튜플을 만들어요.

```
string_tuple = ('봄', '여름', '가을', '겨울')
print(string_tuple)
```

<실행 결과>
```
('봄', '여름', '가을', '겨울')
```

괄호 없이도 튜플을 만들 수 있어요.

• 괄호 없이 콤마(,)로 구분하여 만들 수 있어요.

```
숫자_튜플 = 1, 2, 3, 4, 5
문자열_튜플 = '코딩', '활용', '능력'
print(숫자_튜플)
print(문자열_튜플)
```

<실행 결과>
```
(1, 2, 3, 4, 5)
('코딩', '활용', '능력')
```

● ○ ○ < > 🔍 **직접 코딩하고 결과를 입력해요!** ≡

```
빈_튜플 = ()
print(빈_튜플)
```

```
월_튜플 = (1, 2, 3, 4, 5, 6, 7, 8, 9, 10, 11, 12)
print(월_튜플)
```

```
삼원색 = ('빨강', '초록', '파랑')
print(삼원색)
```

```
지폐_단위 = 1000, 5000, 10000, 50000
print(지폐_단위)
```

? Quiz !

03 튜플을 만들 때 사용하는 기호는?

① 대괄호 [ ]
② 중괄호 { }
③ 소괄호 ( )
④ 꺾쇠괄호 <>

04 다음 중 튜플을 만드는 것으로 옳지 않은 것은?

① tup = (1, 2, 3)
② tup = 'a', 'b', 'c'
③ tup = [1, 2, 3]
④ tup = ()

리스트를 튜플로 변환해요.

```
my_list = [1, 2, 3, 4, 5]
list_tuple = tuple(my_list)
print(list_tuple)
```

<실행 결과>
(1, 2, 3, 4, 5)

문자열을 튜플로 변환해요.

```
my_string = "Hello"
string_tuple = tuple(my_string)
print(string_tuple)
```

<실행 결과>
('H', 'e', 'l', 'l', 'o')

범위(range)를 튜플로 변환해요.

```
my_range = range(1, 6)
range_tuple = tuple(my_range)
print(range_tuple)
```

<실행 결과>
(1, 2, 3, 4, 5)

🔍 **직접 코딩하고 결과를 입력해요!**

```
fruits_list = ["apple", "banana", "cherry"]
fruits_tuple = tuple(fruits_list)
print(fruits_tuple)
```

```
test = "코딩활용능력"
test_tuple = tuple(test)
print(test_tuple)
```

```
my_range = range(1, 11)
range_tuple = tuple(my_range)
print(range_tuple)
```

```
even_range = range(2, 21, 2)
even_tuple = tuple(even_range)
print(even_tuple)
```

? Quiz !

05 다음 중 튜플이 아닌 것은?

① my_tuple = ()
② my_tuple = ('코딩', '활용', '능력')
③ my_tuple = ['코딩', '활용', '능력']
④ my_tuple = '코딩', '활용', '능력'

06 문자열 "Korea"를 튜플로 변환한 결과는?

① 'K', 'o', 'r', 'e', 'a'
② ('K', 'o', 'r', 'e', 'a')
③ {'K', 'o', 'r', 'e', 'a'}
④ ['K', 'o', 'r', 'e', 'a']

인덱스로 튜플의 특정 값을 찾아요.

```
my_tuple = (1, 2, 3, 4, 5)
print(my_tuple[1])
print(my_tuple[4])
print(my_tuple[-1])
print(my_tuple[-2])
```

<실행 결과>
2
5
5
4

슬라이싱으로 튜플의 특정 값을 찾아요.

```
my_tuple = (1, 2, 3, 4, 5)
print(my_tuple[0:5])
print(my_tuple[1:3])
print(my_tuple[:3])
print(my_tuple[2:])
```

<실행 결과>
(1, 2, 3, 4, 5)
(2, 3)
(1, 2, 3)
(3, 4, 5)

 **창의력 팡팡**

① 사계절 = ('봄', '여름', '가을', '겨울') 튜플에서 첫 번째 요소를 출력하고, 마지막 요소를 출력해요.

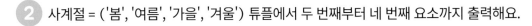
● ‖ ● ● ‹ › ◦ **직접 코딩하고 결과를 입력해요!**

② 사계절 = ('봄', '여름', '가을', '겨울') 튜플에서 두 번째부터 네 번째 요소까지 출력해요.

● ● ● ● ‹ › ◦ **직접 코딩하고 결과를 입력해요!**

 정리하기

① 튜플은 리스트와 비슷하지만, 튜플의 값을 추가, 삭제, 변경할 수 없어요.

② 튜플은 소괄호([])를 사용하거나 괄호 없이   로 구분하여 만들 수 있어요.

③   ()로 리스트, 문자열, 범위(range) 등을 튜플로 변환할 수 있어요.

④ 인덱스나 슬라이싱으로 튜플의 값들을 검색할 수 있어요.

01 자료가 변경되면 안 되는 경우에 사용하기에 가장 적합한 자료형은?

① 리스트(list)
② 튜플(tuple)
③ 딕셔너리(dictionary)
④ 스택(stack)

02 다음 중 튜플(tuple)에 대한 설명으로 옳지 않은 것은?

① 튜플은 소괄호(())를 사용하여 생성할 수 있다.
② 리스트와 비슷하게 데이터를 묶어서 처리한다.
③ 튜플의 요소는 자유롭게 수정할 수 있다.
④ 튜플은 검색(조회) 기능을 주로 사용한다.

03 다음 중 튜플(tuple)이 아닌 것은?

① a = 1, 2, 3
② b = (1, 2, 3)
③ c = [1, 2, 3]
④ d = "1", "2", "3"

04 다음 코드의 실행 결과로 옳은 것은?

```
my_string = "hello"
string_to_tuple = tuple(my_string)
print(string_to_tuple)
```

① 'h', 'e', 'l', 'l', 'o'
② ('h', 'e', 'l', 'l', 'o')
③ {'h', 'e', 'l', 'l', 'o'}
④ ['h', 'e', 'l', 'l', 'o']

05 다음 코드의 실행 결과로 옳은 것은?

```
사일구_혁명 = (1960, 4, 19)
print(사일구_혁명)
```

① 1960, 4, 19
② (1960, 4, 19)
③ {1960, 4, 19}
④ [1960, 4, 19]

06 다음의 '위인들' 리스트의 요소 중에서 조선시대의 세 인물을 골라 튜플로 만든 것은?

```
위인들 = ['단군', '동명왕', '온조왕',
  '세종대왕', '이순신', '장영실']
```

① 조선시대 = ['세종대왕', '이순신', '장영실']
② 조선시대 = ('세종대왕', '이순신', '장영실')
③ 조선시대 = {'세종대왕', '이순신', '장영실'}
④ 조선시대 = <'세종대왕', '이순신', '장영실'>

07 다음 코드의 실행 결과로 옳은 것은?

```
tup = (1, 2, 3, 4)
print(tup[1])
```

① 1
② 2
③ 3
④ 4

08 다음 코드의 실행 결과로 옳은 것은?

```
names = ("Anna", "Elsa", "Olaf")
print(names[-1])
```

① Anna　　　② Elsa
③ Olaf　　　④ Kristoff

09 다음 코드의 실행 결과로 옳은 것은?

```
colors = ("red", "blue", "green",
  "yellow", "black")
selected_colors = colors[2:5]
print(selected_colors)
```

① ("blue", "green", "yellow", "black")
② ("green", "yellow", "black")
③ ("blue", "green", "yellow")
④ ("red", "blue", "green", "yellow")

10 다음 중 나머지 셋과 결괏값이 다른 하나는?

```
my_tuple = (1, 2, 3, 4, 5, 6)
print(my_tuple[3:6]) ......(ㄱ)
print(my_tuple[3:]) ......(ㄴ)
print(my_tuple[-3:]) ......(ㄷ)
print(my_tuple[-3:-1]) ......(ㄹ)
```

① ㄱ　　② ㄴ　　③ ㄷ　　④ ㄹ

14 차시

튜플로 데이터를 처리해요

학습 목표

- 튜플의 요소를 정렬할 수 있다.
- 튜플을 삭제할 수 있다.
- 출제 예상 문제를 스스로 풀 수 있다.

 나무 블록으로 높이가 다르게 3개를 쌓아 올려서 튜플에 오름차순으로 저장한 후에, 다시 내림차순으로 정렬하려면 어떻게 해야 할까요? 단, 튜플의 원소는 변경할 수 없으며, 나무 블록이 충분히 있다고 가정해요.

 지난 시간에 튜플의 특징과 사용법을 배웠죠? 튜플은 한 번 만들면 그 안의 값을 바꿀 수 없지만, 특정 방법을 사용하면 정렬된 새로운 리스트를 얻을 수 있답니다. 또한, 튜플을 통째로 삭제할 수도 있어요.
이번 시간에는 튜플을 정렬하는 방법과 삭제하는 방법을 배워보겠습니다.

리스트의 정렬 방법을 복습해요.

• sort()를 사용하면 원본 리스트를 직접 정렬할 수 있어요.

```
원본_리스트 = [5, 2, 3, 1, 4]
원본_리스트.sort()
print("sort() 후:", 원본_리스트)
print("원본 리스트:", 원본_리스트)
```

◁ **〈실행 결과〉**
sort() 후: [1, 2, 3, 4, 5]
원본 리스트: [1, 2, 3, 4, 5]

• sorted()를 사용하면 원본 리스트를 바꾸지 않고 정렬된 새로운 리스트를 반환해요.

```
원본_리스트 = [5, 2, 3, 1, 4]
새_리스트 = sorted(원본_리스트)
print("sorted() 후:", 새_리스트)
print("원본 리스트:", 원본_리스트)
```

◁ **〈실행 결과〉**
sorted() 후: [1, 2, 3, 4, 5]
원본 리스트: [5, 2, 3, 1, 4]

튜플은 sort()가 없고 sorted()만 있어요.

• 튜플은 요소 자체를 변경할 수 없으므로, sort()가 없고, sorted()만 있어요.

```
튜플 = (3, 8, 9, 5, 2)
정렬 = sorted(튜플)
print("정렬 전:", 튜플)
print("정렬 후:", 정렬)
```

◁ **〈실행 결과〉**
정렬 전: (3, 8, 9, 5, 2)
정렬 후: [2, 3, 5, 8, 9]

● ● ● ‹ › 🔍 **직접 코딩하고 결과를 입력해요!** ≡

```
숫자_튜플 = (5, 3, 1, 4, 2)
정렬된_리스트 = sorted(숫자_튜플)
print("정렬 전:", 숫자_튜플)
print("정렬 후:", 정렬된_리스트)
```

```
숫자_튜플 = (27, 2, 1, 45, 6, 14)
정렬된_리스트 = sorted(숫자_튜플)
print("정렬 전:", 숫자_튜플)
print("정렬 후:", 정렬된_리스트)
```

```
문자열_튜플 = ("Elsa", "Anna", "Kristoff")
정렬된_리스트 = sorted(문자열_튜플)
print("정렬 전:", 문자열_튜플)
print("정렬 후:", 정렬된_리스트)
```

```
문자열_튜플 = ("성춘향", "이몽룡", "변학도")
정렬된_리스트 = sorted(문자열_튜플)
print("정렬 전:", 문자열_튜플)
print("정렬 후:", 정렬된_리스트)
```

튜플의 값을 오름차순으로 정렬해요.

- sorted()에서 튜플 이름 다음에 아무것도 안 적으면 오름차순으로 정렬돼요.

```
튜플 = (3, 8, 9, 5, 2)
정렬 = sorted(튜플)
print("정렬 전:", 튜플)
print("정렬 후:", 정렬)
```

<실행 결과>
정렬 전: (3, 8, 9, 5, 2)
정렬 후: [2, 3, 5, 8, 9]

- reverse 옵션의 값을 False로 입력하면 오름차순으로 정렬돼요.

```
튜플 = (3, 8, 9, 5, 2)
정렬 = sorted(튜플, reverse=False)
print("정렬 전:", 튜플)
print("정렬 후:", 정렬)
```

<실행 결과>
정렬 전: (3, 8, 9, 5, 2)
정렬 후: [2, 3, 5, 8, 9]

튜플의 값을 내림차순으로 정렬해요.

- reverse 옵션의 값을 True로 입력하면 내림차순으로 정렬돼요.

```
튜플 = (3, 8, 9, 5, 2)
정렬 = sorted(튜플, reverse=True)
print("정렬 전:", 튜플)
print("정렬 후:", 정렬)
```

<실행 결과>
정렬 전: (3, 8, 9, 5, 2)
정렬 후: [9, 8, 5, 3, 2]

🔍 **직접 코딩하고 결과를 입력해요!**

```
숫자_튜플 = (5, 3, 1, 4, 2)
정렬된_리스트 = sorted(숫자_튜플, reverse=True)
print("정렬 전:", 숫자_튜플)
print("정렬 후:", 정렬된_리스트)
```

```
숫자_튜플 = (27, 2, 1, 45, 6, 14)
정렬된_리스트 = sorted(숫자_튜플, reverse=True)
print("정렬 전:", 숫자_튜플)
print("정렬 후:", 정렬된_리스트)
```

```
문자열_튜플 = ("Elsa", "Anna", "Kristoff")
정렬된_리스트 = sorted(문자열_튜플, reverse=True)
print("정렬 전:", 문자열_튜플)
print("정렬 후:", 정렬된_리스트)
```

```
문자열_튜플 = ("성춘향", "이몽룡", "변학도")
정렬된_리스트 = sorted(문자열_튜플, reverse=True)
print("정렬 전:", 문자열_튜플)
print("정렬 후:", 정렬된_리스트)
```

2. 튜플을 정렬하고 튜플로 만들어요.

튜플로 변환하는 tuple()을 사용해요.

• sorted()로 튜플을 정렬하면 리스트로 만들어져요.
• 정렬된 리스트를 tuple()로 튜플로 변환할 수 있어요.

```
튜플 = (3, 1, 4, 2, 5)
정렬된_리스트 = sorted(튜플)
정렬된_튜플 = tuple(정렬된_리스트)
print(정렬된_튜플)
```

◁ **<실행 결과>**
(1, 2, 3, 4, 5)

• sorted()로 튜플을 정렬한 후 곧바로 tuple()로 감싸
면 코드가 간단해져요.

```
튜플 = (3, 1, 4, 2, 5)
정렬된_튜플 = tuple(sorted(튜플))
print(정렬된_튜플)
```

◁ **<실행 결과>**
(1, 2, 3, 4, 5)

3. 튜플을 삭제해요.

튜플에서 특정 값은 삭제할 수 없어요.

• 리스트의 특정 값은 del로 삭제할 수 있어요.

```
numbers = [10, 20, 30, 40, 50]
del numbers[1]
print(numbers)
```

◁ **<실행 결과>**
[10, 30, 40, 50]

• 튜플에서 특정 값을 del로 삭제하려고 하면 에러 메시
지가 표시돼요.

```
numbers = (10, 20, 30, 40, 50)
del numbers[1]
print(numbers)
```

◁ **<실행 결과>**
TypeError: 'tuple' object doesn't support
item deletion

튜플을 통째로 삭제할 수 있어요.

• del 명령어를 사용하여 튜플 전체를 삭제할 수 있어요.

```
계절 = ('봄', '여름', '가을', '겨울')
del 계절
```

• 삭제된 튜플을 출력하려고 하면 에러 메시지가 표시
돼요.

```
계절 = ('봄', '여름', '가을', '겨울')
del 계절
print(계절)
```

◁ **<실행 결과>**
NameError: name '계절' is not defined

```
숫자_튜플 = (9, 7, 5, 3, 1)
정렬된_리스트 = sorted(숫자_튜플)
정렬된_튜플 = tuple(정렬된_리스트)
print("정렬된 튜플:", 정렬된_튜플)
```

```
이름_튜플 = ("Tom", "Jerry", "Mickey", "Donald")
정렬된_튜플 = tuple(sorted(이름_튜플))
print("정렬된 튜플:", 정렬된_튜플)
```

```
튜플 = (85, 70, 95, 60, 90)
정렬된_튜플 = tuple(sorted(튜플, reverse=True))
print("역순 정렬된 튜플:", 정렬된_튜플)
```

```
음료수 = ('콜라', '사이다', '환타')
del 음료수
print(음료수)
```

 창의력 팡팡

스폰지밥 = ('스폰지밥', '뚱이', '징징이', '다람이')를 이용하여 다음 문제를 해결해 보세요.

1 주인공 4명을 오름차순으로 정렬하여 출력해요.

2 주인공 4명을 내림차순으로 정렬하여 출력해요.

3 튜플을 삭제해요.

 정리하기

❶ 튜플을 ( )로 정렬하면 새로운 리스트를 되돌려 줘요.

❷ sorted()에서 옵션을 빼거나 reverse=   옵션은 오름차순으로 정렬하고, reverse=   옵션은 내림차순으로 정렬해요.

❸   로 튜플을 통째로 삭제할 수 있어요.

01 다음 코드의 실행 결과로 옳은 것은?

```python
numbers =(5, 2, 3, 4, 1)
print(sorted(numbers))
```

① (1, 2, 3, 4, 5)
② (5, 4, 3, 2, 1)
③ [1, 2, 3, 4, 5]
④ [5, 4, 3, 2, 1]

02 다음 코드의 실행 결과로 옳은 것은?

```python
data =(3, 1, 4, 1, 5, 9, 2)
sorted_data = sorted(data)
print(sorted_data)
```

① (1, 1, 2, 3, 4, 5, 9)
② [1, 1, 2, 3, 4, 5, 9]
③ (9, 5, 4, 3, 2, 1, 1)
④ [9, 5, 4, 3, 2, 1, 1]

03 다음은 colors라는 튜플에 저장된 색상들을 정렬한 후 출력하는 코드이다. 코드의 실행 결과로 옳은 것은?

```python
colors =("blue", "red", "green",
    "yellow")
colors_sorted = sorted(colors)
print(colors_sorted)
```

① ("blue", "green", "red", "yellow")
② ("yellow", "red", "green", "blue")
③ ["blue", "green", "red", "yellow"]
④ ["yellow", "red", "green", "blue"]

04 다음 코드의 실행 결과로 옳은 것은?

```python
words =('orange', 'banana', 'apple')
sorted_words = sorted(words,
    reverse=True)
print(sorted_words)
```

① ['apple', 'banana', 'orange']
② ('apple', 'banana', 'orange')
③ ['orange', 'banana', 'apple']
④ ('orange', 'banana', 'apple')

05 다음은 화폐 속 인물들을 튜플에 저장한 후 정렬하여 출력하는 코드이다. 코드를 실행한 결과로 옳은 것은?

```python
화폐인물 = ('신사임당', '세종대왕',
    '이황', '이이', '이순신')
화폐인물_정렬 = sorted(화폐인물,
    reverse=False)
print(화폐인물_정렬)
```

① ('세종대왕', '신사임당', '이순신', '이이', '이황')
② ['세종대왕', '신사임당', '이순신', '이이', '이황']
③ ('이황', '이이', '이순신', '신사임당', '세종대왕')
④ ['이황', '이이', '이순신', '신사임당', '세종대왕']

06 자두네 가족이 튜플에 저장되어 있다. 다음의 코드를 실행한 결과로 옳은 것은?

```python
자두네_가족 =("최호돌", "김난향", "최
    자두", "최미미", "최승기")
del 자두네_가족
print(자두네_가족)
```

① [ ]
② None
③ 에러 발생
④ ("최호돌", "김난향", "최자두", "최미미", "최승기")

07 다음 코드의 실행 결과로 옳은 것은?(단, end 옵션의 작은따옴표 사이에 공백이 한 칸 있음)

```python
도서명_단어 =('누가', '내', '머리
    에', '똥', '쌌어?')
for 단어 in sorted(도서명_단어):
    print(단어, end=' ')
```

① 누가 내 머리에 똥 쌌어?
② 내 누가 똥 머리에 쌌어?
③ 누가, 내, 머리에, 똥, 쌌어?
④ 누가
   내
   머리에
   똥
   쌌어?

15 차시

딕셔너리에 데이터를 담아요

학습 목표

- 딕셔너리의 개념을 이해하고, 리스트를 만들거나 변환할 수 있다.
- 딕셔너리의 값을 조회할 수 있다.
- 출제 예상 문제를 스스로 풀 수 있다.

 생각 열기

 분식집에는 맛있는 메뉴들이 많아요. 어떤 메뉴들이 있는지 5개 이상 적어 보세요.

 분식집의 메뉴판을 만들어 보세요. 단, 메뉴판 형식은 {'김밥': 3000, '떡볶이': 4000}과 같은 형식으로 적기로 해요.

 여러분이 만든 메뉴판에서 중복되는 메뉴는 있는지, 중복되는 가격은 있는지 확인해 보세요.

 오늘 배울 내용은 딕셔너리라는 파이썬의 자료구조예요. 딕셔너리는 물건에 이름표를 붙여서 쉽게 찾을 수 있도록 도와주는 역할을 해요.
이 시간에는 딕셔너리의 개념을 이해하고, 딕셔너리를 사용하여 데이터를 저장하고 조회하는 방법을 배워보겠습니다.

1. 딕셔너리란 무엇일까요?

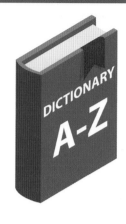

- 딕셔너리(dictionary)는 우리말로 '사전'이라는 뜻이에요.
- 사전은 단어를 검색하면 그 뜻을 찾을 수 있듯이, 딕셔너리는 '키(Key)'를 사용해서 그에 해당하는 '값(Value)'을 찾을 수 있어요.
- 딕셔너리는 키(Key)와 값(Value)의 쌍으로 이루어진 데이터 구조예요.
- 예를 들어 '영어사전'이라는 딕셔너리에서 키는 '사과', '곰', '사탕'이고, 값은 'apple', 'bear', 'candy'예요.

```
영어사전 = {'사과': 'apple', '곰': 'bear', '사탕': 'candy'}
```

 2. 딕셔너리를 만들어요.

빈 딕셔너리를 만들어요.

- 딕셔너리는 중괄호 {}를 사용하여 만들어요.
- 빈 딕셔너리는 다음과 같이 만들 수 있어요.

```
빈_딕셔너리 = {}
print(빈_딕셔너리)
```

<실행 결과>
```
{}
```

- 빈 딕셔너리를 만든 후에는 나중에 키와 값을 추가할 수 있어요.

딕셔너리를 만들어요.

- 딕셔너리는 중괄호 안에 '키: 값' 형태로 데이터를 넣어서 만들어요.

```
메뉴 = {'김밥': 3000, '떡볶이': 4000, '순대': 4000}
```

 딕셔너리에서는 키와 값의 문자열을 표현할 때 작은따옴표(' ')와 큰따옴표(" ") 모두 사용 가능해요.

- 딕셔너리의 항목을 잘 구분하기 위해서 다음과 같이 작성하는 경우가 많아요.

```
메뉴 = {
    '김밥': 3000,
    '떡볶이': 4000,
    '순대': 4000
}
```

- 메뉴판에서 메뉴는 중복될 수 없지만, 가격은 중복될 수 있듯이, 딕셔너리에서는 키는 중복될 수 없지만, 값은 중복될 수 있어요.

dict()로 딕셔너리를 만들어요.

- dict()를 사용하여 딕셔너리를 만들 수 있는데, 이때 키를 변수 이름처럼 작성할 수 있어요.
- 예를 들어 '이름'이라는 키에 '홍길동'이라는 값을 넣고, '나이'라는 키에 '30'이라는 값을 넣으면 이렇게 쓸 수 있어요.

```
딕셔너리 = dict(이름='홍길동', 나이=30)
print(딕셔너리)
```

<실행 결과>
```
{'이름': '홍길동', '나이': 30}
```

● ● ● < > 　Q 직접 코딩하고 결과를 입력해요! 　　　　　　　　　　　≡

```
empty_dict = {}
print(empty_dict)
```

```
fruits = dict(apple=5, banana=10)
print(fruits)
```

```
학생 = {'이름': '홍길동', '학년': 5, '반': 2}
print(학생)
```

```
학생 = dict(이름='홍길동', 학년=5, 반=2)
print(학생)
```

 ## 3. 딕셔너리 값을 조회해요.

딕셔너리명[키]로 값을 조회해요.

- 딕셔너리의 값을 조회할 때는 '딕셔너리명[키]'를 사용해요.
- 아래 코드에서 '떡볶이'라는 키를 사용하여 4000이라는 값을 얻을 수 있어요.

```
메뉴 = {'김밥': 3000, '떡볶이': 4000, '순대': 4000}
print(메뉴['떡볶이'])
```

<실행 결과>
```
4000
```

키가 존재하지 않으면 어떻게 될까요?

- 만약 존재하지 않는 키로 값을 조회하려고 하면 키 에러가 발생해요.
- 아래 코드에서 존재하지 않는 '라면'이라는 키로 조회를 시도하면 키 에러가 발생해요.

```
메뉴 = {'김밥': 3000, '떡볶이': 4000, '순대': 4000}
print(메뉴['라면'])
```

<실행 결과>
```
KeyError: '라면'
```

키가 없어도 get()으로 에러 발생을 막을 수 있어요.

- 키가 없어도 에러를 막으려면 '딕셔너리명.get(키)'를 사용하면 돼요.

```
메뉴 = {'김밥': 3000, '떡볶이': 4000, '순대': 4000}
print(메뉴.get('라면'))
```

<실행 결과>
```
None
```

 　None은 '값이 없음'을 의미해요.

• 'None' 대신에 다른 메시지를 표시하려면 'get(키, 메시지)'를 사용하면 돼요.

```
메뉴 = {'김밥': 3000, '떡볶이': 4000, '순대': 4000}
print(메뉴.get('라면', '라면 준비중'))
```

<실행 결과>
라면 준비중

🔍 직접 코딩하고 결과를 입력해요!

```
과일_가격 = {
    '사과': 1000,
    '바나나': 800,
    '체리': 1200
}
print(과일_가격['바나나'])
```

```
과일_가격 = {
    '사과': 1000,
    '바나나': 800,
    '체리': 1200
}
print(과일_가격['포도'])
```

```
과일_가격 = {
    '사과': 1000,
    '바나나': 800,
    '체리': 1200
}
print(과일_가격.get('포도'))
```

```
과일_가격 = {
    '사과': 1000,
    '바나나': 800,
    '체리': 1200
}
print(과일_가격.get('포도', '포도 준비중'))
```

```
student = {
    'name': 'Siwoo',
    'age': 12,
    'city': 'Seoul'
}
print(student['name'])
```

```
student = {
    'name': 'Siwoo',
    'age': 12,
    'city': 'Seoul'
}
print(student['email'])
```

```
student = {
    'name': 'Siwoo',
    'age': 12,
    'city': 'Seoul'
}
print(student.get('email'))
```

```
student = {
    'name': 'Siwoo',
    'age': 12,
    'city': 'Seoul'
}
print(student.get('email', "no email"))
```

① '귤', '딸기', '바나나'의 가격인 각각 3000, 5000, 1500인 '과일_가격' 딕셔너리를 만들어요.

② '딸기'의 가격을 조회하여 출력해요.

③ '파인애플'을 조회하면 '파인애플 품절'이 출력되도록 해요.

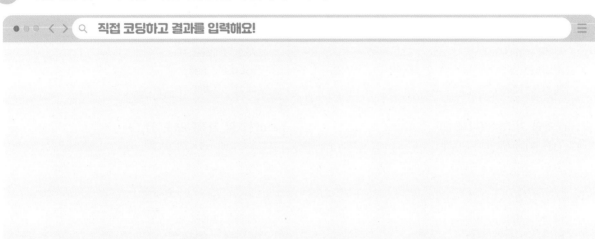

④ '햄버거', '피자', '치킨'의 가격인 각각 4500, 10000, 12000인 '메뉴' 딕셔너리를 만들어요.

⑤ '피자'의 가격을 조회하여 출력해요.

⑥ '제로콜라'를 조회하면 '제로콜라는 품절입니다'가 출력되도록 해요.

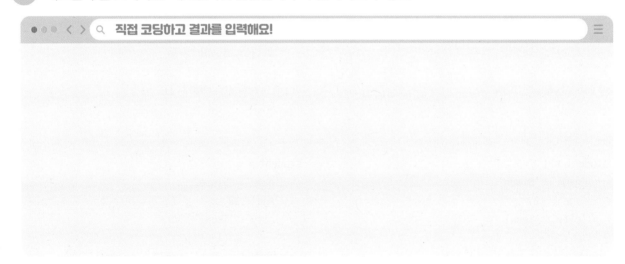

📎 정리하기

① 딕셔너리는 중괄호({}) 안에 '키: 값'의 쌍을 넣어 만들어요.

②   ( )로 딕셔너리로 변환해요.

③ 딕셔너리명[키]로 값을 조회해요.

④ 키가 없더라도   ( )으로 에러 발생을 막아요.

⑤ get(키, 메시지)로 원하는 메시지를 출력할 수 있어요.

01 다음 중 딕셔너리에 대한 설명으로 옳지 않은 것은?

① 딕셔너리는 키(key)와 값(value)의 쌍으로 이루어진 데이터 구조이다.

② 딕셔너리 내에서 각 키는 중복될 수 없다.

③ 딕셔너리 내에서 각 값은 중복될 수 없다.

④ 딕셔너리에 항목을 추가하거나 제거할 수 있고, 값도 변경할 수 있다.

02 다음 중 딕셔너리를 생성하는 코드로 옳은 것은?

① fruits =('apple': 5, 'banana': 3)

② fruits = {'apple': 5, 'banana': 3}

③ fruits = ['apple': 5, 'banana': 3]

④ fruits = {'apple', 5, 'banana', 3}

03 다음 중 딕셔너리를 생성하는 코드로 옳은 것은?

① fruits = dict('apple': 100, 'banana': 80)

② fruits = dict(apple=100, banana=80)

③ fruits =('apple': 100, 'banana': 80)

④ fruits = [apple=100, banana=80]

04 다음 코드의 실행 결과로 옳은 것은?

```
my_dict = dict(a=1, b=2)
print(my_dict)
```

① {a=1, b=2}

② {a: 1, b: 2}

③ {'a': 1, 'b': 2}

④ {'a': '1', 'b': '2'}

05 다음 코드의 실행 결과로 옳은 것은?

```
food_prices = {'김밥': 3000, '떡볶
  이': 4000}
print(food_prices['김밥'])
```

① 3000   ② 4000

③ '3000'   ④ '4000'

06 다음 코드의 실행 결과로 옳은 것은?

```
data = {'name': 'Mina', 'age': 12,
  'city': 'Seoul'}
print(data['name'])
```

① 'name'   ② Mina

③ 'age'   ④ 15

07 다음 코드의 실행 결과로 옳은 것은?

```
info = {'id': 1, 'name': 'Lee',
  'age': 22}
print(info['email'])
```

① 1   ② 'Lee'

③ None   ④ 에러 발생

08 다음 코드의 실행 결과로 옳은 것은?

```
person = {'name': 'John', 'age': 15}
print(person.get('height'))
```

① John

② 15

③ 160

④ None

09 다음 코드의 실행 결과로 옳은 것은?

```
person = {'name': 'Jiwoo', 'age': 20}
print(person.get('name'))
```

① Jiwoo

② age

③ 20

④ None

10 다음 코드의 실행 결과로 옳은 것은?

```
pets = {'dog': 'bark', 'cat': 'meow'}
print(pets.get('fish', 'No sound'))
```

① 'bark'

② 'meow'

③ 'No sound'

④ None

딕셔너리로 데이터를 처리해요

 생각 열기

 다음의 분식집 메뉴판에서 여러분이 좋아하는 메뉴와 가격을 추가해 보세요.

메뉴

'김밥' : 3000

'떡볶이' : 4000

'순대' : 4000

 여러분이 추가한 메뉴가 포함된 메뉴판에서 모든 메뉴와 가격을 적어 보세요.

- 메뉴 :
- 가격 :

 지난 시간에 딕셔너리를 만들고, 딕셔너리의 요소를 조회하는 방법을 배웠어요.
이번 시간에는 메뉴판에 메뉴와 가격을 추가하거나 삭제하고, 모든 메뉴와 모든 가격을 조회하듯이, 딕셔너리에 요소를 추가하거나 삭제하고, 딕셔너리의 키와 값을 조회하고, 딕셔너리 자체를 삭제하는 방법을 배워보겠습니다.

1. 딕셔너리에 요소를 추가해요.

- 딕셔너리에 새로운 요소를 추가할 때는 '딕셔너리명[키] = 값'의 형식을 사용해요.
- 예를 들어 메뉴에 새로운 음식을 추가하고 싶다면 '메뉴['라면'] = 3500'을 입력하면 돼요.

```
메뉴 = {
    '김밥': 3000,
    '떡볶이': 4000,
    '순대': 4000
}
메뉴['라면'] = 3500
print(메뉴)
```

<실행 결과>
{'김밥': 3000, '떡볶이': 4000, '순대': 4000, '라면': 3500}

🔍 **직접 코딩하고 결과를 입력해요!**

```
학용품 = {
    '연필': 500,
    '지우개': 800,
    '자': 1000
}
학용품['볼펜'] = 1300
print(학용품)
```

```
fruits = {
    "apple": 1000,
    "banana": 500,
    "cherry": 1500
}
fruits["orange"] = 1000
print(fruits)
```

---

 2. 딕셔너리에서 요소를 삭제해요.

'del 딕셔너리명[키]'로 요소를 삭제해요.

- 'del 딕셔너리명[키]'로 요소를 삭제할 수 있어요.
- 예를 들어 메뉴에서 순대를 삭제하고 싶다면 'del 메뉴['순대']'를 입력하면 돼요.

- 존재하지 않는 키로 삭제하려고 하면 에러가 발생해요.
- 예를 들어 메뉴에 존재하지 않는 튀김을 삭제하려고 하면 키 에러가 발생해요.

```
메뉴 = {
    '김밥': 3000,
    '떡볶이': 4000,
    '순대': 4000
}
del 메뉴['순대']
print(메뉴)
```

<실행 결과>
{'김밥': 3000, '떡볶이': 4000}

```
메뉴 = {
    '김밥': 3000,
    '떡볶이': 4000,
    '순대': 4000
}
del 메뉴['튀김']
print(메뉴)
```

<실행 결과>
KeyError: '튀김'

pop(키)로 요소를 삭제해요.

- '딕셔너리명.pop(키)'로 특정 요소를 삭제하고, 삭제한 요소의 값을 되돌려 받아요.
- 예를 들어 메뉴에서 떡볶이를 삭제하고 가격을 되돌려 받고 싶다면 '메뉴.pop('떡볶이')'를 입력하면 돼요.

```
메뉴 = {
    '김밥': 3000,
    '떡볶이': 4000,
    '순대': 4000
}
삭제_메뉴 = 메뉴.pop('떡볶이')
print(삭제_메뉴)
print(메뉴)
```

＜실행 결과＞
```
4000
{'김밥': 3000, '순대': 4000}
```

- 삭제할 키가 없어도 pop()에 반환값을 설정할 수 있어요.

```
메뉴 = {
    '김밥': 3000,
    '떡볶이': 4000,
    '순대': 4000
}
삭제_메뉴 = 메뉴.pop('튀김', '메뉴에 없습니다.')
print(삭제_메뉴)
```

＜실행 결과＞
```
메뉴에 없습니다.
```

직접 코딩하고 결과를 입력해요!

```
score = {'english': 90, 'math': 95}
score['coding'] = 100
del score['math']
print(score)
```

```
score = {'english': 90, 'math': 95}
score['coding'] = 100
del score['science']
print(score)
```

```
메뉴 = {'피자': 8000, '치킨': 10000}
메뉴['햄버거'] = 4000
삭제_메뉴 = 메뉴.pop('치킨')
print(삭제_메뉴)
```

```
메뉴 = {'피자': 8000, '치킨': 10000}
메뉴['햄버거'] = 4000
삭제_메뉴 = 메뉴.pop('돈까스', '메뉴에 없음')
print(삭제_메뉴)
```

---

3. 딕셔너리의 키와 값을 조회해요.

딕셔너리의 모든 키를 조회해요.

- '딕셔너리명.keys()'로 모든 키를 조회할 수 있어요.

```
메뉴 = {'김밥': 3000, '떡볶이': 4000, '순대': 4000}
print(메뉴.keys())
```

＜실행 결과＞
```
dict_keys(['김밥', '떡볶이', '순대'])
```

- 키 조회 결과를 리스트에 저장할 수 있어요.

```
메뉴 = {'김밥': 3000, '떡볶이': 4000, '순대': 4000}
메뉴_리스트 = list(메뉴.keys())
print(메뉴_리스트)
```

<실행 결과>
['김밥', '떡볶이', '순대']

- 키 조회 결과를 튜플에 저장할 수 있어요.

```
메뉴 = {'김밥': 3000, '떡볶이': 4000, '순대': 4000}
메뉴_튜플 = tuple(메뉴.keys())
print(메뉴_튜플)
```

<실행 결과>
('김밥', '떡볶이', '순대')

딕셔너리의 모든 값을 조회해요.

- '딕셔너리명.values()'로 모든 값을 조회할 수 있어요.

```
메뉴 = {'김밥': 3000, '떡볶이': 4000, '순대': 4000}
print(메뉴.values())
```

<실행 결과>
dict_values([3000, 4000, 4000])

- 값 조회 결과를 리스트에 저장할 수 있어요.

```
메뉴 = {'김밥': 3000, '떡볶이': 4000, '순대': 4000}
값_리스트 = list(메뉴.values())
print(값_리스트)
```

<실행 결과>
[3000, 4000, 4000]

- 값 조회 결과를 튜플에 저장할 수 있어요.

```
메뉴 = {'김밥': 3000, '떡볶이': 4000, '순대': 4000}
값_리스트 = tuple(메뉴.values())
print(값_리스트)
```

<실행 결과>
(3000, 4000, 4000)

딕셔너리의 모든 키-값 쌍을 조회해요.

- '딕셔너리명.items()'로 모든 키-값 쌍을 조회할 수 있어요.

```
메뉴 = {'김밥': 3000, '떡볶이': 4000, '순대': 4000}
print(메뉴.items())
```

<실행 결과>
dict_items([('김밥', 3000), ('떡볶이', 4000), ('순대', 4000)])

- 키-값 쌍 조회 결과를 리스트에 저장할 수 있어요.

```
메뉴 = {'김밥': 3000, '떡볶이': 4000, '순대': 4000}
메뉴_항목_리스트 = list(메뉴.items())
print(메뉴_항목_리스트)
```

<실행 결과>
[('김밥', 3000), ('떡볶이', 4000), ('순대', 4000)]

• 키-값 쌍 조회 결과를 튜플에 저장할 수 있어요.

```
메뉴 = {'김밥': 3000, '떡볶이': 4000, '순대': 4000}
메뉴_항목_리스트 = tuple(메뉴.items())
print(메뉴_항목_리스트)
```

<실행 결과>
```
(('김밥', 3000), ('떡볶이', 4000), ('순대', 4000))
```

🔍 **직접 코딩하고 결과를 입력해요!**

```
학용품 = {'연필': 500, '지우개': 800, '자': 1000}
학용품_이름 = list(학용품.keys())
print(학용품_이름)
```

```
학용품 = {'연필': 500, '지우개': 800, '자': 1000}
학용품_가격 = tuple(학용품.values())
print(학용품_가격)
```

```
학용품 = {'연필': 500, '지우개': 800, '자': 1000}
학용품_항목 = list(학용품.items())
print(학용품_항목)
```

```
학용품 = {'연필': 500, '지우개': 800, '자': 1000}
학용품_항목 = tuple(학용품.items())
print(학용품_항목)
```

---

4. 딕셔너리를 삭제해요.

• del로 딕셔너리를 통째로 삭제할 수 있어요.

```
메뉴 = {'김밥': 3000, '떡볶이': 4000, '순대': 4000}
del 메뉴
print(메뉴)
```

<실행 결과>
```
NameError: name '메뉴' is not defined
```

정리하기

① '딕셔너리명[키]=값'으로 요소를 추가해요.

② '　　　　　　　딕셔너리명[키]'로 요소를 삭제하거나 '　　　　　　　딕셔너리명'으로 딕셔너리 자체를 삭제
할 수 있어요.

③ '　　　　　　　'로 요소를 삭제하고, 삭제된 요소를 반환해요.

④ 　　　　　　()로 모든 키를, 　　　　　　()로 모든 값을, 　　　　　　()로 모든 키-값 쌍을 조회해요.

01 다음 중 4500원짜리 순대를 'menu'에 추가하는 코드로 옳은 것은?

```
menu = {'김밥': 3000, '떡볶이': 4000}
```

① menu.add('순대': 4500)
② menu['순대'] = 4500
③ menu.set('순대', 4500)
④ menu.append('순대': 4500)

02 다음 코드의 실행 결과로 옳은 것은?

```
반려동물 = {'강아지': '멍멍', '고양
  이': '야옹'}
반려동물['물고기'] = '뻐끔'
print(반려동물['물고기'])
```

① 멍멍
② 야옹
③ 뻐끔
④ 에러 발생

03 다음 코드의 실행 결과로 옳은 것은?

```
score = {'math': 95, 'science': 90}
score['english'] = 88
del score['science']
print(score)
```

① {'english': 88}
② {'math': 95, 'english': 88}
③ {'math': 95, 'science': 90}
④ {'math': 95, 'english': 88, 'science': 90}

04 다음 코드의 실행 결과로 옳은 것은?

```
책정보 = {'제목': '파이썬 기초', '저
  자': '김코딩', '가격': 20000}
for key, value in 책정보.items():
    print(key, ":", value)
```

① key : value
② {'제목': '파이썬 기초', '저자': '김코딩', '
  가격': 20000}
③ 제목: 파이썬 기초, 저자: 김코딩, 가격:
  20000
④ 제목 : 파이썬 기초
  저자 : 김코딩
  가격 : 20000

05 다음 코드의 실행 결과로 옳은 것은?

```
메뉴 = {'피자': 8000, '햄버거':
  4000}
메뉴['치킨'] = 10000
삭제_메뉴 = 메뉴.pop('햄버거')
print(삭제_메뉴)
```

① 8000
② 4000
③ 10000
④ 햄버거

06 다음 코드의 실행 결과로 옳은 것은?

```
색상 = {'빨강': 'red', '초록':
  'green', '파랑': 'blue'}
파랑_영어 = 색상.pop('파랑', '없음')
print(파랑_영어)
print(len(색상))
```

① blue
  2
② blue
  3
③ 없음
  2
④ 없음
  3

07 다음 코드의 실행 결과로 옳은 것은?

```
과일가격 = {'사과': 1000, '바나나':
  500, '체리': 1500}
print(과일가격.keys())
```

① ['사과', '바나나', '체리']
② ('사과', '바나나', '체리')
③ dict_keys(['사과', '바나나', '체리'])
④ {'사과': 1000, '바나나': 500, '체리':
  1500}

08 다음 코드의 실행 결과로 옳은 것은?

```
교통수단별_속도 = {'지하철': 80, '고
  속버스': 110, 'KTX': 300, '비행기':
  900}
교통수단 = list(교통수단별_속
  도.keys())
print(교통수단[1])
```

① 지하철
② 고속버스
③ 80
④ 110

다양한 함수로 쉽게 코딩해요

- 함수의 개념을 이해할 수 있다.
- print(), input(), len(), max(), min(), sum(), round(), abs(), exit() 함수의 기능을 이해하고 사용할 수 있다.
- 출제 예상 문제를 스스로 풀 수 있다.

| 직접 쓰면서 계산 | 계산기로 계산 | 스마트폰으로 계산 | 파이썬 함수로 계산 |

 생각 열기

 여러분은 자판기(자동판매기)에서 어떤 것들을 구입해 봤나요?

 자판기를 사용하는 과정에 대해서 자세하게 적어 보세요.

 자판기처럼 버튼 하나로 원하는 결과를 얻을 수 있는 것이 바로 '함수'예요.
파이썬에서는 우리가 자주 사용하는 기능들을 쉽게 실행할 수 있도록 여러 가지 함수를 제공하고 있어요.
이번 시간에는 다양한 함수를 배워보고, 이 함수들을 어떻게 사용하는지 알아보겠습니다.

1. 함수란 무엇인가요?

함수는 정해진 동작을 자동으로 수행하도록 미리 만든 코드예요.

- 함수는 우리가 자주 사용하는 동작을 손쉽게 할 수 있도록 미리 만들어 놓은 코드예요.
- 자판기에서 음료를 고르고 버튼을 누르는 것처럼, 함수를 사용하면 여러 복잡한 일을 쉽게 할 수 있어요.
- 파이썬에는 이미 많은 함수가 준비되어 있어서, 우리가 필요한 동작을 쉽게 수행할 수 있답니다.
- 파이썬에 내장된 함수를 '내장 함수'라고 해요.

자주 사용하는 내장 함수들이에요.

- print(): 화면에 텍스트를 출력할 때 사용해요.
- input(): 사용자로부터 값을 입력받을 때 사용해요.
- len(): 문자열, 리스트, 튜플 등의 요소 개수를 구해요.
- max(),min(): 가장 큰 값과 작은 값을 찾아요.
- sum(): 모든 숫자를 더해요.
- round(): 수를 반올림해요.
- abs(): 수의 절댓값을 구해요.
- exit(): 프로그램을 종료할 때 사용해요.

2. 내장 함수들을 배워요!

print()

- print() 함수는 괄호 안에 있는 내용을 화면에 출력해요.

```
print(100)
print("Hello!")
print("안녕하세요!")
```

◁ **<실행 결과>**
```
100
Hello!
안녕하세요!
```

- 콤마(,)를 사용하면 여러 값을 한 번에 출력해요.

```
이름 = "홍길순"
나이 = 12
성별 = "여성"
print(이름, 나이, 성별)
```

◁ **<실행 결과>**
```
홍길순 12 여성
```

 콤마를 사용하면 각 값이 공백으로 구분되어 출력돼요.

- '+' 연산자를 사용하면 문자열을 연결할 수 있어요.
- 문자열만 연결이 가능하기 때문에 문자열이 아닌 것은 str()로 문자열로 변환해야 돼요.

```
이름 = "홍길순"
나이 = 12
성별 = "여성"
print(이름 + "은 " + str(나이) + "세의 " + 성별 + "입니다.")
```

◁ **<실행 결과>**
홍길순은 12세의 여성입니다.

●●● ‹ › 🔍 **직접 코딩하고 결과를 입력해요!** ☰

```
이름 = "이시우"
나이 = 13
print(이름, "는", 나이, "세입니다.")
```

```
이름 = "이시우"
나이 = 13
print(이름 + "는 " + str(나이) + "세입니다.")
```

input()

- input() 함수는 사용자가 입력하는 내용을 문자열로 반환해요.

 굵게 표시된 부분은 사용자가 입력한 내용이에요.

```
이름 = input("이름이 뭐예요? ")
print("안녕하세요, " + 이름 + "님!")
```

<실행 결과>
이름이 뭐예요? **홍길동**
안녕하세요, 홍길동님!

- 입력한 내용이 숫자, 문자, 공백 등이든 상관없이 그 값을 항상 문자열로 처리해요.

```
나이 = input("몇 살이에요? ")
삼년후_나이 = 나이 + 3
print("3년 후 나이:", 삼년후_나이)
```

<실행 결과>
몇 살이에요? **12**
에러 발생

```
나이 = input("몇 살이에요? ")
삼년후_나이 = int(나이) + 3
print("3년 후 나이:", 삼년후_나이)
```

<실행 결과>
몇 살이에요? **12**
3년 후 나이: 15

🔍 **직접 코딩하고 결과를 입력해요!**

```
name = input("이름이 뭐예요? ")
age = input("몇 살이에요? ")
print("안녕하세요, " + name + "님!")
print("당신은 " + age + "살입니다.")
```

```
수1 = input("첫 번째 수를 입력하세요: ")
수2 = input("두 번째 수를 입력하세요: ")
두_수의_합 = int(수1) + int(수2)
print("두 수의 합은:", 두_수의_합)
```

---

len()

- len() 함수는 문자열, 리스트, 튜플 등의 요소 개수를 구해줘요.

```
문장 = "파이썬은 재미있어요!"
print(len(문장))
```

<실행 결과>
11

```
리스트 = [1, 2, 3, 4, 5]
print(len(리스트))
```

<실행 결과>
5

🔍 **직접 코딩하고 결과를 입력해요!**

```
별명 = input("별명을 입력하세요: ")
print("별명의 길이:", len(별명))
```

```
message = "Hello World!"
print(len(message))
```

max()

- max() 함수는 숫자, 문자열, 리스트 등에서 가장 큰 값을 찾아줘요.

```
numbers = [10, 20, 30, 40, 50]
print(max(numbers))
```

<실행 결과>
50

```
fruits = ['apple', 'banana', 'orange']
print(max(fruits))
```

<실행 결과>
orange

```
nations = ['한국', '중국', '일본']
print(max(nations))
```

<실행 결과>
한국

min()

- max() 함수는 숫자, 문자열, 리스트 등에서 가장 작은 값을 찾아줘요.

```
numbers = [10, 20, 30, 40, 50]
print(min(numbers))
```

<실행 결과>
10

```
fruits = ['apple', 'banana', 'orange']
print(min(fruits))
```

<실행 결과>
apple

```
nations = ['한국', '중국', '일본']
print(min(nations))
```

<실행 결과>
일본

🔍 **직접 코딩하고 결과를 입력해요!**

```
수1 = int(input("첫 번째 수를 입력해요: "))
수2 = int(input("두 번째 수를 입력해요: "))
수3 = int(input("세 번째 수를 입력해요: "))
print("최댓값:",                    )
```
<실행 결과>
첫 번째 수를 입력해요: 50
두 번째 수를 입력해요: 30
세 번째 수를 입력해요: 70
최댓값: 70

```
수1 = int(input("첫 번째 수를 입력해요: "))
수2 = int(input("두 번째 수를 입력해요: "))
수3 = int(input("세 번째 수를 입력해요: "))
print("최솟값:",                    )
```
<실행 결과>
첫 번째 수를 입력해요: 50
두 번째 수를 입력해요: 30
세 번째 수를 입력해요: 70
최솟값: 30

sum()

- sum() 함수는 괄호 안의 모든 수(리스트, 튜플 등)를 더해요.

```
numbers = [1, 2, 3, 4, 5]
print(sum(numbers))
```

<실행 결과>
15

```
numbers = range(1, 11)
print("1부터 10까지의 합:", sum(numbers))
```

<실행 결과>
55

🔍 **직접 코딩하고 결과를 입력해요!**

```
numbers = (7, 14, 21)
print("튜플의 합:", sum(numbers))
```

```
numbers = [-5, 15, -10, 20]
print("리스트의 합:", sum(numbers))
```

round()

- round() 함수는 괄호 안의 수를 지정한 소숫점 자리까지 반올림해요.
- 괄호 안의 첫 번째 수는 반올림하려는 수이고, 두 번째 수는 소수 몇째 자리에서 반올림할지 지정해요.
- 두 번째 수가 생략되면 소수 첫째 자리에서 반올림해요.
- 소수 첫째 자리가 0이고, 아래로 내려갈수록 1, 2, 3, …이 되고, 위로 올라갈수록 –1, –2, –3이 돼요.

```
print(round(2.3))
print(round(34.5))
print(round(456.789))
```

<실행 결과>
2
34
457

 반올림은 구하려는 자리의 바로 아래 숫자가 0, 1, 2, 3, 4이면 버리고, 5, 6, 7, 8, 9이면 올려요.

```
number = 536.819
print(round(number, 0))
print(round(number, 1))
print(round(number, 2))
print(round(number, -1))
print(round(number, -2))
```

<실행 결과>
537.0
536.8
536.82
540.0
500.0

🔍 **직접 코딩하고 결과를 입력해요!**

```
number = 129.876
print("반올림 결과:", round(number, 2))
```

```
number = 129.876
print("반올림 결과:", round(number, -2))
```

abs()

- abs() 함수는 괄호 안의 수의 절댓값을 구해요.

```
print(abs(5))
print(abs(-5))
print(abs(3.8))
print(abs(-3.8))
```

<실행 결과>
```
5
5
3.8
3.8
```

 절댓값은 부호를 떼어버린 수를 말해요.

●●● ‹ › Q **직접 코딩하고 결과를 입력해요!** ☰

```
number = 25
abs_number = abs(number)
print("절댓값:", abs_number)
```

```
number = -25
abs_number = abs(number)
print("절댓값:", abs_number)
```

exit()

- exit() 함수는 프로그램을 종료하는 함수예요.

```
while True:
    command = input("종료하려면 'exit'를 입력하세요: ")
    if command == 'exit':
        print("프로그램을 종료합니다.")
        exit()
```

<실행 결과>
```
종료하려면 'exit'를 입력하세요: exit
프로그램을 종료합니다.
```

 정리하기

❶   ( )는 화면에 출력하고,   ( )은 입력받은 내용을 문자열로 저장해요.

❷   ( )은 요소 개수를 구하고,   ( )와   ( ),   ( )은 최댓값, 최
솟값, 합계를 구해요.

❸   ( )는 수를 지정한 자릿수에서 반올림해요.

❹   ( )는 절댓값을 구하고,   ( )는 프로그램을 종료해요.

01 다음 코드를 실행하여 사용자가 123을 입력했을 때 출력되는 결과로 옳은 것은?

```
number = input("수를 입력하세요: ")
print(type(number))
```

① <class 'int'>
② <class 'str'>
③ <class 'float'>
④ <class 'list'>

02 다음 코드를 실행하여 각각 2, 3, 5를 입력하였을 경우 출력되는 결과는?

```
일학년_대출 = input("1학년이 대출한
    책의 수량: ")
이학년_대출 = input("2학년이 대출한
    책의 수량: ")
삼학년_대출 = input("3학년이 대출한
    책의 수량: ")
저학년_대출 = 일학년_대출 + 이학
    년_대출 + 삼학년_대출
print(저학년_대출)
```

① 6
② 10
③ 235
④ 에러 발생

03 다음 코드의 실행 결과로 옳은 것은?

```
print(len("Hello World!"))
```

① 10
② 11
③ 12
④ 13

04 다음 코드의 실행 결과로 옳은 것은?

```
print(max(1, 3, 2, 5, 4))
```

① 1
② 3
③ 4
④ 5

05 다음 코드의 실행 결과로 옳은 것은?

```
print(max('apple', 'banana',
    'cherry', 'orange'))
```

① apple
② banana
③ cherry
④ orange

06 다음 코드의 실행 결과로 옳은 것은?

```
사육신 =("성삼문", "박팽년", "하위
    지", "이개", "유성원", "유응부")
print(min(사육신))
```

① 성삼문   ② 박팽년
③ 이개   ④ 하위지

07 다음 코드의 실행 결과로 옳은 것은?

```
numbers = [1, 2, 3, 4, 5]
print(sum(numbers))
```

① 10   ② 14   ③ 15   ④ 20

08 다음 코드의 실행 결과로 옳은 것은?

```
print(round(42.195))
```

① 40
② 42
③ 42.1
④ 42.2

09 다음 코드의 실행 결과로 옳은 것은?

```
round(3.14159, 2)
```

① 3   ② 3.14
③ 3.1   ④ 3.15

10 다음 코드의 실행 결과로 옳은 것은?

```
print(abs(-10))
```

① -10   ② 0   ③ 10   ④ 20

문자열을
내 마음대로 다뤄요

학습 목표

- split(), replace(), upper(), lower(), capitalize() 의 기능을 이해하고 사용할 수 있다.
- 출제 예상 문제를 스스로 풀 수 있다.

 **생각 열기**

 "파이썬은 쉽고 파이썬은 재미있어요!"라는 문장을 공백(빈칸)으로 나누되, 각각을 콤마(,)로 연결해 보세요.

 "파이썬은 쉽고 파이썬은 재미있어요!"라는 문장에서 '파이썬'을 'python'으로 교체해 보세요.

 "python is easy, and python is fun!"이라는 문장에서 모든 문자를 대문자로 바꿔 보세요.

 "PYTHON IS EASY, AND PYTHON IS FUN!"이라는 문장에서 모든 문자를 소문자로 바꿔 보세요.

 "Python Is Easy, And Python Is Fun!"이라는 문장에서 첫 번째 문자만 대문자로 바꾸고, 나머지는 모두 소문자로 바꿔 보세요.

 문자열에서 글자를 나누고, 다른 글자로 교체하고, 대문자나 소문자로 바꾸고, 첫 글자만 대문자로 바꿔보니 시간이 많이 걸리고 실수할 수도 있겠죠? 그래서 파이썬에서는 문자열을 쉽게 다룰 수 있는 다양한 기능을 제공해요. 이번 시간에는 문자열을 어떻게 나누고, 바꾸고, 모양을 바꿀 수 있는지 배워보겠습니다.

1. 문자열을 나눠요.

공백을 기준으로 나눠요.

- split()은 문자열을 공백(빈칸)을 기준으로 나누어 리스트로 반환해요.

```
문자열 = "오늘 날씨가 정말 좋아요."
어절 = 문자열.split()
print(어절)
```

  <실행 결과>
  ['오늘', '날씨가', '정말', '좋아요.']

  split은 '나누다, 분할하다'라는 뜻이고, 어절은 문장에서 띄어쓰기를 기준으로 구분되는 단위예요.

- split()의 괄호 안에 공백을 직접 입력해도 돼요.

```
문자열 = "오늘 날씨가 정말 좋아요."
어절 = 문자열.split(" ")
print(어절)
```

  <실행 결과>
  ['오늘', '날씨가', '정말', '좋아요.']

쉼표(,)를 기준으로 나눠요.

- split()의 괄호 안에 특정 기호를 입력하면 그 기호를 기준으로 나눠요.

```
과일 = "사과, 바나나, 체리"
과일_리스트 = 과일.split(", ")
print(과일_리스트)
```

  <실행 결과>
  ['사과', '바나나', '체리']

● ● ● 〈 〉 🔍 직접 코딩하고 결과를 입력해요!

```
text = "I am a student."
words = text.split()
print(words)
```

```
song = "Twinkle twinkle little star"
words = song.split(" ")
print(words)
```

```
sentence = "I like Python coding."
words = sentence.split()
print(len(words))
```

```
text = "one-two-three-four"
parts = text.split('-')
print(parts)
```

2. 특정 문자열을 교체해요.

• replace()는 문자열에서 특정 글자나 단어를 다른 글자나 단어로 바꿀 수 있어요.

```
동요 = "파리야 파리야 이리 날아오너라"
수정_동요 = 동요.replace("파리", "나비")
print(수정_동요)
```

<실행 결과>
나비야 나비야 이리 날아오너라

replace는 '바꾸다, 교체하다'라는 뜻이에요.

```
text = "low, low, low your boat"
new_text = text.replace("low", "row")
print(new_text)
```

<실행 결과>
row, row, row your boat

• • • < > ○ **직접 코딩하고 결과를 입력해요!** ≡

```
문자열 = "파이썬은 쉽고, 파이썬은 재미있어요!"
수정_문자열 = 문자열.replace("파이썬", "python")
print(수정_문자열)
```

```
diary = "It's a rainy day. I like the rain."
diary = diary.replace("rain", "cloud")
print(diary)
```

```
속담 = "강아지도 나무에서 떨어진다."
수정_속담 = 속담.replace("강아지", "원숭이")
print(수정_속담)
```

```
wrong_proverb = "yes pain, yes gain"
right_proverb = wrong_proverb.replace("yes", "no")
print(right_proverb)
```

---

3. 문자열을 대문자나 소문자로 변환해요.

• upper()로 문자열의 모든 알파벳을 대문자로 변환해요.

upper는 '위쪽의'라는 뜻이고, upper case는 '대문자'라는 뜻이에요.

• lower()로 문자열의 모든 알파벳을 소문자로 변환해요.

lower는 '아래쪽의'라는 뜻이고, lower case는 '소문자'라는 뜻이에요.

```
문자열 = "Hello Python!"
대문자_문자열 = 문자열.upper()
소문자_문자열 = 문자열.lower()
print(대문자_문자열)
print(소문자_문자열)
```

<실행 결과>
HELLO PYTHON!
hello python!

• 특정 문장의 일부만 대문자나 소문자로 변환할 수 있어요.

```
sentence = "I like Python."
modified_sentence = sentence[:7] + sentence[7:].upper()
print("변경된 문장:", modified_sentence)
```

<실행 결과>
변경된 문장: I like PYTHON.

● ❚ ● ‹ › Q 직접 코딩하고 결과를 입력해요!

```
text = "hello world"
upper_text = text.upper()
print(upper_text)  # "HELLO WORLD"
```

```
text = "HELLO WORLD"
lower_text = text.lower()
print(lower_text)
```

```
text = "welcome to Python"
modified_text = text[:11] + text[11:].upper()
print(modified_text)
```

```
text = "Welcome To Python"
modified_text = text[:11].lower() + text[11:]
print(modified_text)
```

4. 문자열의 첫 글자만 대문자로 변환해요.

• capitalize()는 문자열의 첫 글자를 대문자로, 나머지를 소문자로 변환해요.

capitalize는 '(단어의 첫 글자를)대문자로 쓰다'라는 뜻이에요.

```
문자열 = "i love you."
새_문자열 = 문자열.capitalize()
print(새_문자열)
```

<실행 결과>
I love you.

```
문자열 = "GOOD MORNING!"
새_문자열 = 문자열.capitalize()
print(새_문자열)
```

<실행 결과>
Good morning!

● ● ● ‹ › Q 직접 코딩하고 결과를 입력해요!

```
sentence = "PYTHON IS GREAT."
new_sentence = sentence.capitalize()
print(new_sentence)
```

```
sentence = "coding is awesome!"
new_sentence = sentence.capitalize()
print(new_sentence)
```

```
문장 = "python은 쉽고 재미있습니다."
새_문장 = 문장.capitalize()
print(새_문장)
```

```
문장 = "seoul은 대한민국의 수도입니다."
새_문장 = 문장.capitalize()
print(새_문장)
```

명언 = "start HUNGRY, start FOOLISH."를 이용하여 다음의 문제들을 해결해 보세요.

1 '명언' 문자열을 모두 소문자로 바꾸고, "start"를 "stay"로 교체한 후 출력해요.

직접 코딩하고 결과를 입력해요!

2 문자열의 첫 글자를 대문자로 바꾸고, 문자열을 출력해요.

직접 코딩하고 결과를 입력해요!

3 문자열을 ", "로 분할하여 '명언_분할'에 저장한 후 출력해요.

직접 코딩하고 결과를 입력해요!

📎 정리하기

1 (   )은 문자열을 지정된 구분자로 분할하여 리스트를 반환해요.
2 (   )는 문자열 내의 특정 문자(열)을 다른 문자(열)로 교체해요.
3 (   )는 문자열의 모든 알파벳을 대문자로,   (   )는 소문자로 변환해요.
4 (   )는 문자열의 첫 글자를 대문자로, 나머지는 소문자로 변환해요.

01 다음 코드의 실행 결과로 옳은 것은?

```
오대양_문자열 = "태평양, 대서양, 인
    도양, 북극해, 남극해"
오대양_리스트 = 오대양_문자
    열.split(", ")
print(오대양_리스트[1] + ": 북아메리
    카, 남아메리카, 유럽, 아프리카 사
    이에 있음")
```

① 태평양: 북아메리카, 남아메리카, 유럽,
아프리카 사이에 있음

② 대서양: 북아메리카, 남아메리카, 유럽,
아프리카 사이에 있음

③ 북극해: 북아메리카, 남아메리카, 유럽,
아프리카 사이에 있음

④ 남극해: 북아메리카, 남아메리카, 유럽,
아프리카 사이에 있음

02 다음 코드의 실행 결과로 옳은 것은?

```
sentence = "I like ice cream."
words = sentence.split()
print(len(words))
```

① 2   ② 3   ③ 4   ④ 5

03 다음 코드의 실행 결과로 옳은 것은?

```
message = "cats are cute."
print(message.replace("cats",
    "dogs"))
```

① "dogs are cute."
② "cats are dogs."
③ "cats are cute."
④ "dogs are dogs."

04 다음 문자열을 대문자로 변경하는 코드는?

```
greeting = "Good morning!"
```

① greeting.upper()
② greeting.lower()
③ greeting.capitalize()
④ greeting.format()

05 부산에서 전학 온 지원이는 영어 수업 시간에 친구들에게 자기소개를 하기 위해 영어로 소개 내용을 작성하였다. 그런데 원어민 선생님 Susan이 부산은 Pusan이 아니라 Busan이라고 하셨다. 그래서 파이썬 코드로 한꺼번에 수정하고자 한다. 빈칸에 들어갈 내용으로 옳은 것은?

```
intro = "I was born in Pusan. Pusan
    is a beautiful city."
intro_new = intro.          ("Pusan",
    "Busan")
```

① split   ② replace
③ upper   ④ lower

06 다음 코드의 실행 결과로 옳은 것은?

```
text = "HELLO"
print(text.lower())
```

① hello
② Hello
③ hELLO
④ HELLO

07 다음 코드의 실행 결과로 옳은 것은?

```
shout = "I CAN'T HEAR YOU!"
quiet = shout.lower()
print(quiet == "i can't hear you!")
```

① True
② False
③ i can't hear you!
④ I can't hear you!

08 다음 코드의 실행 결과로 옳은 것은?

```
animal = "elePHAnt"
print(animal.capitalize())
```

① Elephant
② elePHAnt
③ ELEPHANT
④ eLEPHAnt

두 가지 비법으로
예쁘게 출력해요

학습 목표

- format()의 기능을 이해하고 사용할 수 있다.
- f-문자열의 기능을 이해하고 사용할 수 있다.
- 출제 예상 문제를 스스로 풀 수 있다.

 생각 열기

 똑같은 상장을 여러 사람이 받으면 달라지는 부분은 어디일까요?

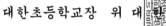

 친구들에게 보내는 문자 메시지에 친구들의 이름을 자동으로 넣을 수 있다면, 어떤 메시지를 만들고 싶나요?

 상장처럼 일정한 형식에 여러분의 이름이나 학년, 반 같은 정보가 들어가면 훨씬 멋지게 보일 거예요.
이번 시간에는 format()과 f-문자열을 사용해 이렇게 정보를 예쁘게 넣는 방법을 배워보겠습니다.

1. 문장에 변수가 많으면 복잡해요.

- 여러 변수를 결합하여 문장을 만들면 매우 복잡해요.
- 각 변수와 문자열을 일일이 더하고, 숫자는 문자열로 변환해야 해요.
- 다음은 "김누리의 코딩 점수는 90점입니다."라는 문장을 출력하는 코드예요.

```
이름 = "김누리"
과목 = "코딩"
점수 = 90
결과 = 이름 + "의 " + 과목 + " 점수는 " + str(점수) + "점입니다."
print(결과)
```

〈실행 결과〉
김누리의 코딩 점수는 90점입니다.

- 다음은 "5학년 3반 김누리의 코딩 점수는 90점입니다."라는 문장을 출력하는 코드예요.

```
학년 = 5
반 = 3
이름 = "김누리"
과목 = "코딩"
점수 = 90
결과 = str(학년) + "학년 " + str(반) + "반 " + 이름 + "의 " + 과목 + " 점수는 " + str(점수) + "점입니다."
print(결과)
```

〈실행 결과〉
5학년 3반 김누리의 코딩 점수는 90점입니다.

2. format( )을 사용해요.

- 문자열 내에 중괄호 {}를 사용하고, 뒤에 ".format(변수)"을 입력하면 변숫값을 삽입할 수 있어요.

```
이름 = "김누리"
소개 = "내 이름은 {}입니다.".format(이름)
print(소개)
```

〈실행 결과〉
내 이름은 김누리입니다.

 format은 "포맷, 서식, 형식"이라는 뜻이에요.

- 다음은 변수를 2개 사용한 코드예요.

```
이름 = "김누리"
점수 = 90
결과 = "{}의 점수는 {}점입니다.".format(이름, 점수)
print(결과)
```

〈실행 결과〉
김누리의 점수는 90점입니다.

• 다음은 변수를 5개 사용한 코드예요.

```
학년 = 5
반 = 3
이름 = "김누리"
과목 = "코딩"
점수 = 90
결과 = "{}학년 {}반 {}의 {} 점수는 {}점입니다.".format(학년, 반, 이름, 과목, 점수)
print(결과)
```

◁ **〈실행 결과〉**
5학년 3반 김누리의 코딩 점수는 90점입니다.

• 형식을 지정할 수 있어요. '.f'에서 '.'은 소수점을 의미하고, 그 뒤에 오는 숫자는 소수점 이하 몇째 자리까지 표시할 지를 나타내요.

```
실수 = 12.3456
print("소수점 이하 삭제하면 {:.0f}입니다.".format(실수))
print("소수 첫째 자리까지는 {:.1f}입니다.".format(실수))
print("소수 둘째 자리까지는 {:.2f}입니다.".format(실수))
```

◁ **〈실행 결과〉**
소수점 이하 삭제하면 12입니다.
소수 첫째 자리까지는 12.3입니다.
소수 둘째 자리까지는 12.35입니다.

● ● ● 〈 〉 🔍 **직접 코딩하고 결과를 입력해요!** ☰

```
pet = "dog"
color = "brown"
sentence = "I have a {}. It is {}.".format(pet, color)
print(sentence)
```

```
물건 = "책"
색상 = "파란색"
가격 = 15000
소개 = "{}의 색상은 {}이고, 가격은 {}원입니다.".format(물건, 색상, 가격)
print(소개)
```

```
number = 1234.5678
formatted_number = "{:.2f}".format(number)
print(formatted_number)
```

• format()과 비슷한 기능으로, 문자열 앞에 f를 붙이고, 중괄호 {} 안에 직접 변수명을 넣어요.

```
이름 = "이하늘"
소개 = f"내 이름은 {이름}입니다."
print(소개)
```

〈실행 결과〉
내 이름은 이하늘입니다.

• 다음은 변수를 2개 사용한 코드예요.

```
이름 = "이하늘"
점수 = 85
결과 = f"{이름}의 점수는 {점수}점입니다."
print(결과)
```

〈실행 결과〉
이하늘의 점수는 85점입니다.

• 다음은 변수를 5개 사용한 코드예요.

```
학년 = 5
반 = 1
이름 = "이하늘"
과목 = "수학"
점수 = 85
결과 = f"{학년}학년 {반}반 {이름}의 {과목} 점수는 {점수}점입니다."
print(결과)
```

〈실행 결과〉
5학년 1반 이하늘의 수학 점수는 85점입니다.

• 형식을 지정할 수 있어요. '.f'에서 '.'은 소수점을 의미하고, 그 뒤에 오는 숫자는 소수점 이하 몇째 자리까지 표시할지를 나타내요.

```
실수 = 12.3456
print(f"소수점 이하 삭제하면 {실수:.0f}입니다.")
print(f"소수 첫째 자리까지는 {실수:.1f}입니다.")
print(f"소수 둘째 자리까지는 {실수:.2f}입니다.")
```

〈실행 결과〉
소수점 이하 삭제하면 12입니다.
소수 첫째 자리까지는 12.3입니다.
소수 둘째 자리까지는 12.35입니다.

• format()과 f-문자열의 차이를 비교해 보세요.

```이름 = "이하늘"```
```점수 = 85```
```결과 = "{}의 점수는 {}점입니다.".format(이름, 점수)```
```print(결과)```
	```이름 = "이하늘"```
	```점수 = 85```
	```결과 = f"{이름}의 점수는 {점수}점입니다."```
	```print(결과)```

• 어떤 방식이 더 간편하게 느껴지나요? 두 방법의 차이점을 말해 보세요.

```
학교 = "푸른초등학교"
학년 = 3
소개 = f"저는 {학교} {학년}학년입니다."
print(소개)
```

```
name = "Jenny"
animal = "rabbit"
sentence = f"{name}'s favorite animal is a {animal}."
print(sentence)
```

```
number = 3.141592
formatted_number = f"{number:.3f}"
print(formatted_number)
```

 창의력 팡팡

"5학년 1반 이하늘의 과학 점수는 85점입니다."를 다양한 방법으로 출력해 보세요.

① 이름, 과목, 점수 변수에 각각 "이하늘", "과학", 85를 저장해요.

② 문자열의 결합으로 출력해요.

③ format()으로 출력해요.

④ f-문자열로 출력해요.

 정리하기

❶   ()은 문자열 내에 중괄호 {}를 사용하여 변수나 값을 삽입해요.

❷   은 문자열 앞에 f를 붙이고, {} 안에 변수명을 넣어요.

❸ .f 형식 지정자는 실수(부동소수점 수)의 형식을 지정하며, '.f'에서 '.'은 소수점을 의미하고, 그 뒤에 오는 숫자는 소수점 이하의 자릿수를 나타내요.

01 다음 코드의 실행 결과로 옳은 것은?

```
월=3
일=5
print("오늘은 {}월 {}일입니다."
    .format(월, 일))
```

① 오늘은 5월 3일입니다.
② 오늘은 3월 5일입니다.
③ 오늘은 {5}월 {3}일입니다.
④ 오늘은 {3}월 {5}일입니다.

02 다음 코드의 실행 결과로 옳은 것은?

```
이름 = "철수"
나이 = 20
문자열 = "{}살인 {}는 파이썬을 배우
    고 있습니다."
print(문자열.format(나이, 이름))
```

① 20살인 철수는 파이썬을 배우고 있습니다.
② 철수살인 20는 파이썬을 배우고 있습니다.
③ {20}살인 {철수}는 파이썬을 배우고 있
　습니다.
④ {철수}살인 {20}는 파이썬을 배우고 있
　습니다.

03 다음 코드의 실행 결과로 옳은 것은?

```
num1 = 5
num2 = 3
result = "{} + {} = {}".
    format(num1, num2, num1 + num2)
print(result)
```

① "{} + {} = {}".format(5, 3, 8)
② {} + {} = {}.format(5, 3, 8)
③ {5} + {3} = {8}
④ 5 + 3 = 8

04 다음 코드의 실행 결과로 옳은 것은?

```
온도 = 25.5678
문자열 = "현재 온도는 {:.2f}도입니다."
print(문자열.format(온도))
```

① 현재 온도는 25도입니다.
② 현재 온도는 25.5도입니다.

③ 현재 온도는 25.56도입니다.
④ 현재 온도는 25.57도입니다.

05 다음 코드의 실행 결과로 옳은 것은?

```
수학 = 92
과학 = 83
print(f"수학은 {수학}점, 과학은 {과
    학}점입니다.")
```

① 수학은 점, 과학은 점입니다.
② 수학은 92, 과학은 83입니다.
③ 수학은 92점, 과학은 83점입니다.
④ 수학은 {수학}점, 과학은 {과학}점입니다.

06 다음 코드의 실행 결과로 옳은 것은?

```
name = "지우"
age = 13
print(f"{name}는 {age}세입니다. 내
    년에는 {age + 1}세가 됩니다.")
```

① 지우는 13세입니다. 내년에는 14세가 됩
　니다.
② 지우는 13세입니다. 내년에는 13 + 1세가
　됩니다.
③ name는 age세입니다. 내년에는 age + 1세
　가 됩니다.
④ {name}는 {age}세입니다. 내년에는 {age
　+ 1}세가 됩니다.

07 다음 코드의 실행 결과로 옳은 것은?

```
마라톤 = 42.195
print(f"마라톤 거리를 소수 첫째 자리까
    지 표현하면 {마라톤:.1f}km입니다.")
```

① 마라톤 거리를 소수 첫째 자리까지 표현
　하면 42.1㎞입니다.
② 마라톤 거리를 소수 첫째 자리까지 표현
　하면 42.2㎞입니다.
③ 마라톤 거리를 소수 첫째 자리까지 표현
　하면 42.19㎞입니다.
④ 마라톤 거리를 소수 첫째 자리까지 표현
　하면 42.20㎞입니다.

마법사처럼 함수를 만들어요

 **생각 열기**

 여러분의 스마트폰에는 구매했을 당시 처음부터 내장된 앱은 어떤 것들이 있었나요?

 여러분이 설치한 앱은 어떤 것들인가요?

 스마트폰 앱을 개발한다면 어떤 앱을 개발하고 싶나요?

 앱을 설치하고 실행하듯이, 파이썬에서는 함수를 정의하고 호출할 수 있어요.
함수는 프로그래밍에서 여러 번 사용되는 코드를 미리 만들어 두고, 필요할 때마다 불러서 사용하는 도구예요.
이번 시간에는 함수를 만들어 보고, 함수를 사용하는 방법을 배워볼 거예요. 마치 마법사가 주문을 외우듯이, 우리가 만든 함수를 불러 멋진 프로그램을 만들어 봅시다!

1. 함수의 종류

스마트폰의 내장 앱과 사용자 설치 앱

• 스마트폰에는 다음과 같은 내장 앱들이 있어요.

> 전화, 메시지, 카메라, 시계,
> 달력, 계산기, 이메일, 설정 등

• 그리고 다음과 같은 사용자 설치 앱들이 있어요.

> 카카오톡, YouTube, 네이버,
> 크롬, 인스타그램, 각종 게임 앱 등

파이썬의 내장 함수와 사용자 정의 함수

• 파이썬에는 다음과 같은 내장 함수들이 있어요.

> print(), input(), len(), max(), min(), sum(), round(), abs(), exit() 등

• 그리고 사용자가 직접 만들어서(정의해서) 사용하는 사용자 정의 함수도 있어요.

 2. 함수를 정의하고 호출해요.

함수를 정의해요.

• 사용자 함수를 만드는 것을 '함수를 정의한다'라고 표현해요.
• 함수를 정의하려면 def라는 키워드 뒤에 함수 이름과 괄호를 입력하고, 콜론(:)을 입력해요.

 def는 define의 줄임말로, '정의하다'라는 뜻이에요.

• 함수의 본문은 들여쓰기를 해서 작성해요.

```
def 카카오톡_알림():
    print("카톡!")
```

함수를 호출해요.

• 함수를 불러와 실행시키는 것을 '함수를 호출한다'라고 표현해요.
• 함수를 정의한 후에는 그 함수를 호출할 수 있어요.
• 함수를 호출하려면 '함수이름()'을 입력해요.

```
def 카카오톡_알림():
    print("카톡!")

카카오톡_알림()
```

<실행 결과>
카톡!

? Quiz !

01 함수를 정의할 때 사용하는 키워드는 무엇인가요?

① print
② def
③ for
④ input

02 다음 코드의 실행 결과는 무엇일까요?

```
def 인사():
    print("안녕하세요!")

인사()
```

① def
② 인사
③ 안녕하세요!
④ 오류 발생

```python
def say_hello():
    print("Hello!")

say_hello()
```

```python
def print_heart():
    print("♥")

print_heart()
```

```python
def print_banner():
    print("*********")
    print("환영합니다!")
    print("*********")

print_banner()
```

```python
def daily_routine():
    print("1. 일어나기")
    print("2. 학교 가기")
    print("3. 학원 가기")
    print("4. 숙제하기")
    print("5. 게임하기")
    print("6. 책 읽기")

daily_routine()
```

```python
def draw_house():
    print("   /\\")
    print("  /  \\")
    print(" /    \\")
    print("/_____\\")
    print("|      |")
    print("|  []  |")
    print("|_____|")

draw_house()
```

 백슬래시(\)는 특별한 문자를 표시할 때 사용돼요. 예를 들어, \"를 쓰면 문자열 안에서 큰따옴표를 그대로 출력해요. 그래서 백슬래시(\)를 출력하려면 \\처럼 두 번 입력해야 돼요.

```python
# 함수 이름은 greet, 함수 호출시 Hello!를 출력해요.
```

<실행 결과>
```
Hello!
```

• 함수를 정의할 때 함수 이름 뒤에 괄호를 빠뜨리면 안 돼요.

```
def cat_sound:
    print("고양이는 이렇게 울어요.")
    print("야옹~")

cat_sound()
```

<실행 결과>
SyntaxError: expected '('

• 함수를 정의할 때 함수 이름과 괄호 뒤에 콜론을 빠뜨리면 안 돼요.

```
def dog_sound()
    print("강아지는 이렇게 짖어요.")
    print("멍!멍!")

dog_sound()
```

<실행 결과>
SyntaxError: expected ':'

• 함수를 정의할 때 본문은 반드시 들여쓰기를 해야 돼요.

```
def chicken_sound():
print("암탉은 이렇게 울어요.")
    print("꼬꼬댁~")

chicken_sound()
```

<실행 결과>
IndentationError: expected an indented block after function definition on line 1

? Quiz !

03 다음의 코드를 실행하였더니 오류가 발생했어요. 오류가 발생한 곳은 어디일까요?

```
def use_camera_app:                  (ㄱ)
    print("카메라 앱을 실행합니다.")    (ㄴ)
    print("사진을 찍을 수 있습니다.")   (ㄷ)

use_camera_app()                     (ㄹ)
```

① ㄱ   ② ㄴ   ③ ㄷ   ④ ㄹ

04 다음의 코드를 실행하였더니 오류가 발생했어요. 오류가 발생한 곳은 어디일까요?

```
def find_location()                  (ㄱ)
    print("지도 앱을 실행합니다.")      (ㄴ)
    print("현재 위치를 확인합니다.")    (ㄷ)

find_location()                      (ㄹ)
```

① ㄱ   ② ㄴ   ③ ㄷ   ④ ㄹ

05 다음의 코드를 실행하였더니 오류가 발생했어요. 오류가 발생한 곳은 어디일까요?

```
def set_alarm():                     (ㄱ)
print("알람 앱을 열었습니다.")          (ㄴ)
    print("아침 7시 알람을 설정합니다.") (ㄷ)

set_alarm()                          (ㄹ)
```

① ㄱ   ② ㄴ   ③ ㄷ   ④ ㄹ

06 다음의 코드를 실행하였더니 오류가 발생했어요. 오류가 발생한 곳은 어디일까요?

```
def open_messaging_app():            (ㄱ)
    print("메시지 앱을 열었습니다.")    (ㄴ)
    print("새로운 메시지를 작성하세요.") (ㄷ)

open_messaging_app                   (ㄹ)
```

① ㄱ   ② ㄴ   ③ ㄷ   ④ ㄹ

• 함수를 호출할 때 함수 이름 뒤에 괄호를 빠뜨리면 함수가 실행되지 않아요.

```
def goose_sound():
    print("거위는 이렇게 울어요.")
    print("꽥꽥~")

goose_sound
```

<실행 결과>
(아무런 변화 없음)

 창의력 팡팡

1 "Good morning."을 출력하는 morning_greeting 함수를 정의해요.

2 "Good afternoon."을 출력하는 afternoon_greeting 함수를 정의해요.

3 "Good evening."을 출력하는 evening_greeting 함수를 정의해요.

4 모든 함수를 한 번씩 호출해요.

● ● ○ ○ ‹ › 🔍 **직접 코딩하고 결과를 입력해요!**   ☰

 정리하기

❶ _____ 는 사용자가 직접 만들어서(정의해서) 사용하는 함수예요.

❷ '_____ 함수이름():'으로 함수를 정의해요.

❸ 함수 본문은 들여쓰기 후에 실행할 코드를 작성해요.

❹ '_____ ()'으로 함수를 호출해요.

01 다음 중 함수를 정의하는 키워드(예약어)로 옳은 것은?

① def
② del
③ if
④ for

02 다음의 코드를 실행하였더니 오류가 발생하였다. 오류가 발생한 곳으로 옳은 것은?

```
def make_laugh()          (ㄱ)
    print("정말 웃겨!")    (ㄴ)
    print("ㅋㅋㅋ")        (ㄷ)
make_laugh()              (ㄹ)
```

① ㄱ   ② ㄴ   ③ ㄷ   ④ ㄹ

03 다음의 코드를 실행하였더니 오류가 발생하였다. 오류가 발생한 곳으로 옳은 것은?

```
def say_goodbye():        (ㄱ)
print("안녕히 가세요.")   (ㄴ)
    print("또 만나요!")    (ㄷ)
say_goodbye()             (ㄹ)
```

① ㄱ   ② ㄴ   ③ ㄷ   ④ ㄹ

04 다음의 코드를 실행하였더니 오류가 발생하였다. 오류가 발생한 곳으로 옳은 것은?

```
def show_heart():         (ㄱ)
    print("heart")        (ㄴ)
    print("♡♥♥♡")        (ㄷ)
show_heart                (ㄹ)
```

① ㄱ   ② ㄴ   ③ ㄷ   ④ ㄹ

05 다음 코드의 실행 결과로 옳은 것은?

```
def 인사():
    print("안녕")
인사()
```

① def
② 안녕
③ 인사
④ 인사()

06 다음 코드의 실행 결과로 옳은 것은?

```
def display_star():
    print("★★★★★")
print("star")
display_star()
```

① ★★★★★
   star

② star
   ★★★★★

③ ★★★★★

④ star

07 다음 코드의 실행 결과로 옳은 것은?

```
def greet():
    print(Hello)
greet()
```

① greet
② greet()
③ Hello
④ 에러 발생

08 다음 코드의 실행 결과로 옳은 것은?

```
def user_func():
    print("a")
    print("b")
print("c")
user_func()
```

① a
  b
  c

② c
  a
  b

③ a
  b

④ c

09 다음 코드의 실행 결과로 옳은 것은?

```
def korea():
    print("대한")
    print("민국")
korea()
print("만세")
```

① 대한
  민국
  만세

② 만세
  대한
  민국

③ 만세

④ 대한
  민국

함수를 자유자재로 다뤄요

- 매개 변수와 인수의 개념을 이해하고 사용할 수 있다.
- return 키워드로 반환값을 지정할 수 있다.
- 출제 예상 문제를 스스로 풀 수 있다.

 생각 열기

 자판기에서 음료 버튼을 누를 때 입력되는 것과 출력되는 것은 각각 무엇일까요?

 계산기에 나만의 버튼을 만든다면 어떤 기능을 가진 버튼을 만들고 싶나요? 이때 이 기능을 수행하려면 어떤 값을 입력해야 하고, 어떤 결괏값이 나오는지도 적어 보세요.

 앞에서 함수를 정의하고 호출하는 방법에 대해 배웠습니다. 함수를 호출할 때에는 함수 이름만 입력하는 것이 아니라 어떤 값들을 함께 전달하는 경우도 있고, 함수가 실행되면 어떤 값을 반환하기도 해요. 마치 자판기에 돈을 투입하고 버튼을 누르면 음료수가 나오는 것처럼 말이죠.
이번 시간에는 매개 변수와 인수를 사용해 함수를 만들고, return 키워드로 값을 반환하는 방법을 배워보겠습니다.

139

매개 변수와 인수에 대해 알아봐요.

- 우리는 지금까지 함수를 정의할 때 함수 이름 뒤에 빈 괄호를 입력했고, 함수를 호출할 때에도 함수 이름 뒤에 빈 괄호를 입력했어요.
- 함수가 실행할 때 어떤 값이 필요할 수 있어요. 예를 들어 두 수의 합을 구하는 함수가 있다고 할 때 함수를 호출할 때 두 수를 함수로 전달해야 하고, 함수는 두 수를 받을 자리가 필요해요.
- 아래의 코드에서 add_numbers 함수를 정의할 때 a와 b는 숫자를 받을 자리(매개 변수)를 의미하고, 3과 5는 함수에 전달된 수(인수)를 의미해요.

```python
def add_numbers(a, b):  # a와 b는 매개 변수예요.
    result = a + b
    print(result)


add_numbers(3, 5)  # 3과 5는 인수예요.
```

<실행 결과>
8

- 아래의 코드에서 매개 변수는 num1, num2이고, 인수는 2, 4예요.

```python
def 거듭제곱(num1, num2):
    result = num1 ** num2
    print(result)


거듭제곱(2, 4)
```

<실행 결과>
16

 ** 연산자는 거듭제곱을 하는 연산자예요. 예를 들어 2 ** 3 = 2 * 2 * 2 = 8이에요.

매개 변수가 포함된 함수를 정의하고 호출해요.

```python
def 인사말(이름):
    print(f"안녕하세요, {이름}님!")


인사말("누리")
인사말("하늘")
```

<실행 결과>
안녕하세요, 누리님!
안녕하세요, 하늘님

 ? Quiz !

01 함수를 정의할 때 입력하는 변수를 무엇이라고 하는가?

① 인수 　　　　　② 매개 변수
③ 함수 정의 변수 　④ 함수 호출 변수

02 함수를 호출할 때 전달하는 값을 무엇이라고 하는가?

① 인수 　　　　　② 매개 변수
③ 함수 정의 변수 　④ 함수 호출 변수

```python
def 사각형넓이(가로, 세로):  # 가로, 세로는 매개 변수예요.
    넓이 = 가로 * 세로
    print(f"사각형의 넓이는 {넓이}입니다.")

사각형넓이(5, 10)  # 5, 10은 인수예요.
```


```python
def 최댓값(수1, 수2):  # 수1, 수2는 매개 변수예요.
    if 수1 > 수2:
        print(f"최댓값은 {수1}입니다.")
    else:
        print(f"최댓값은 {수2}입니다.")

최댓값(12, 8)  # 12, 8은 인수예요.
```


```python
def animal_sound(animal):  # animal은 매개 변수예요.
    if animal == "고양이":
        print("야옹!")
    elif animal == "강아지":
        print("멍멍!")
    else:
        print("소리를 알 수 없는 동물이군요")

animal_sound("고양이")  # "고양이"는 인수예요.
animal_sound("강아지")  # "강아지"는 인수예요.
animal_sound("금붕어")  # "금붕어"는 인수예요.
```


```python
def 구구단(dan):
    print(f"=== {dan}단 ===")
    for i in range(1, 10):
        print(f"{dan} x {i} = {dan*i}")

dan = int(input("몇 단을 계산할까요? "))

구구단(dan)
```

141

2. 반환값을 지정해요.

- 함수는 작업을 수행한 결과를 반환할 수도 있어요.
- 이때 return 키워드를 사용하여 반환값을 지정해요.

 return은 '반환하다, 돌려주다'라는 의미예요.

- 반환값은 함수 호출 후에 함수 외부에서 사용할 수 있어요.

```
def 덧셈(수1, 수2):
    결과 = 수1 + 수2
    return 결과


합계 = 덧셈(10, 20)
print(f"10 + 20 = {합계}")
```

<실행 결과>
10 + 20 = 30

- 다음은 곱셈을 수행하여 곱셈 결과를 반환하는 코드예요.

```
def multiply(x, y):
    return x * y


result = multiply(4, 6)
print(result)
```

<실행 결과>
24

●●● < > ⚲ **직접 코딩하고 결과를 입력해요!** ≡

```
def 뺄셈(수1, 수2):
    결과 = 수1 - 수2
    return 결과

차이 = 뺄셈(15, 5)
print(f"15 - 5 = {차이}")
```

```
def 최댓값(수1, 수2):
    if 수1 > 수2:
        return 수1
    else:
        return 수2


최대 = 최댓값(7, 14)
print(f"7과 14 중 최댓값은 {최대}입니다.")
```

```
def 원의넓이(반지름):
    넓이 = 3.14 * 반지름 ** 2
    return 넓이

넓이 = 원의넓이(5)
print(f"반지름이 5인 원의 넓이는 {넓이}입니다.")
```

```
def 짝수판단(수):
    if 수 % 2 == 0:
        return "짝수"
    else:
        return "홀수"

결과 = 짝수판단(7)
print(f"7은 {결과}입니다.")
```

• 인수를 변수로 사용하더라도 매개 변수와 인수의 이름이 같지 않아도 돼요.

```
def min_value(a, b, c):
    return min(a, b, c)

num1 = int(input("첫 번째 수를 입력해 주세요: "))
num2 = int(input("두 번째 수를 입력해 주세요: "))
num3 = int(input("세 번째 수를 입력해 주세요: "))

print("최솟값: ", min_value(num1, num2, num3))
```

<실행 결과>
첫 번째 수를 입력해 주세요: 80
두 번째 수를 입력해 주세요: 90
세 번째 수를 입력해 주세요: 70
최솟값: 70

🔍 **직접 코딩하고 결과를 입력해요!**

```
def 합계(x, y):
    return x + y

숫자1 = int(input("첫 번째 숫자를 입력하세요: "))
숫자2 = int(input("두 번째 숫자를 입력하세요: "))

print(f"두 수의 합: {합계(숫자1, 숫자2)}")



def 원의둘레(radius):
    return 2 * 3.14 * radius

반지름 = float(input("원의 반지름을 입력하세요: "))

print(f"원의 둘레: {원의둘레(반지름)}")
```

📎 **정리하기**

❶ 함수를 정의할 때 사용되는 변수를 _____ 라고 하고, 'def 함수이름(_____):'로 함수를 정의해요.

❷ 함수를 호출할 때 전달하는 값을 _____ 라고 하고, '함수이름(_____)'로 함수를 호출해요.

❸ _____ 으로 함수 실행 결과를 반환해요.

01 다음 함수에서 오류가 발생하는 이유는?

```
def multiply(x, y):
    print(x * y)
multiply(2)
```

① 함수 정의의 선언 부분에 함수 이름이 틀렸다.
② 함수 정의의 실행 부분에 들여쓰기가 잘못되었다.
③ 함수에 return 문이 없다.
④ 함수 호출 시 인수가 부족하다.

02 다음 코드의 실행 결과로 옳은 것은?

```
def greet():
    return "Hello"
print(greet())
```

① def
② greet
③ greet()
④ Hello

03 다음 코드의 실행 결과로 옳은 것은?

```
def add(x, y):
    return x + y
result = add(3, 7)
print(result)
```

① 3
② 7
③ 10
④ 21

04 다음 코드의 실행 결과로 옳은 것은?

```
def square(number):
    return number *
number
print(square(4))
```

① 2
② 4
③ 8
④ 16

05 다음 코드를 실행하여 첫 번째 수와 두 번째 수에 각각 1.2, 3.4를 입력하였을 때 출력되는 값은?

```
def 합계(수1, 수2):
    return 수1 + 수2
수1 = float(input("첫 번째 수: "))
수2 = float(input("두 번째 수: "))
결과 = 합계(수1, 수2)
print("결과:", 결과)
```

① 1.2
② 2.2
③ 3.4
④ 4.6

06 다음 코드의 실행 결과로 옳은 것은?

```
def bigger_number(a, b):
    if a > b:
        return a
    else:
        return b
print(bigger_number(1, 2))
```

① 1
② 2
③ True
④ False

07 다음 코드의 실행 결과로 옳은 것은?

```
def check_even(number):
    if number % 2 == 0:
        return True
    else:
        return False
print(check_even(4))
```

① 0
② 1
③ True
④ False

08 다음은 삼각형의 밑변과 높이를 입력받아 삼각형의 넓이를 계산하여 출력하는 코드와 <실행 결과>이다. 코드의 빈칸에 들어갈 표현식으로 옳은 것은?

```
def calculate_area(b, h):
    print("삼각형의 넓이:", b * h / 2)
    print("사각형의 넓이:", b * h)
base = float(input("밑변을 입력하세요: "))
height = float(input("높이를 입력하세요: "))
calculate_area(        ,        )
```

<실행 결과>
밑변을 입력하세요: 5
높이를 입력하세요: 4
삼각형의 넓이: 10.0
사각형의 넓이: 20.0

① b, h
② base, height
③ 밑변, 높이
④ 삼각형, 사각형

22 차시

거북이와 함께 그림 그려요

학습 목표

- turtle 모듈을 불러올 수 있다.
- turtle.Turtle(), shape(), forward(), backward(), right(), left(), turtle.done()의 기능을 이해하고 사용할 수 있다.
- 출제 예상 문제를 스스로 풀 수 있다.

 생각 열기

 여러분은 컴퓨터(데스크톱, 노트북, 태블릿PC, 스마트폰)로 그림을 그려본 적이 있나요? 그렇다면 어떤 프로그램을 사용했었나요?

 컴퓨터로 어떤 그림을 그렸었나요?

 엉금엉금 기어가는 거북에게 그림을 그리도록 한다면 어떤 그림을 그리고 싶은가요?

 컴퓨터로 그림을 그릴 수 있는 다양한 프로그램이나 앱이 있는 것처럼, 파이썬에서는 거북이를 사용해 그림을 그릴 수 있어요.
이번 시간에는 거북이를 움직이며 여러분이 상상하는 멋진 그림을 컴퓨터 화면에 그려보는 시간을 가져볼 거예요.

145

1. 모듈에 대해 알아봐요.

엔트리나 스크래치의 확장 블록/기능

- 엔트리의 확장 블록이나 스크래치의 확장 기능은 기본 블록 외에 특정한 기능을 추가로 사용할 수 있게 해 줘요.
- 예를 들어 엔트리에서 특정 하드웨어를 제어하는 블록이나, 외부 서비스와 연동하는 블록들을 추가할 수 있어요.

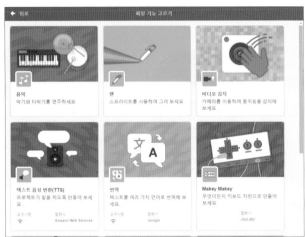

모듈이란?

- 모듈은 관련된 함수들과 코드의 묶음으로, 필요한 모듈을 불러와서 사용할 수 있어요.
- 마치 엔트리나 스크래치에서 확장 블록/기능을 불러오는 것과 마찬가지예요.
- 파이썬은 매우 다양한 모듈을 제공하고 있으며, 대표적인 모듈은 다음과 같아요.
  - turtle: 화면에 거북이를 움직여 도형을 그리거나 간단한 그래픽을 만드는 데 사용되는 모듈이에요.
  - random: 난수를 생성하거나 리스트에서 무작위로 값을 선택하는 등 무작위 요소를 다루는 기능을 제공하는 모듈이에요.
  - datetime: 날짜와 시간 관련 작업을 수행할 수 있는 모듈이에요.
  - time: 시간과 관련된 작업을 처리하는 모듈이에요.

2. turtle 모듈을 불러와요.

- import로 모듈을 불러와요.

```
import turtle
```

- turtle 모듈의 Turtle() 함수로 거북 한 마리를 만들어요. 코드를 실행하면 빈 화면에 화살표 모양이 나타나요.

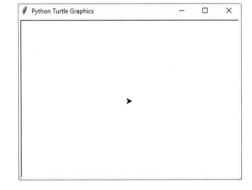

```
import turtle

거북 = turtle.Turtle()
```

 그래픽 창이 자동으로 닫히는 경우 코드 맨 뒤에 turtle.done()을 추가하여 창을 닫히지 않게 해요.

- shape()로 모양을 거북(turtle)로 바꿔요. 코드를 실행하면 빈 화면에 세모 모양이 거북 모양으로 변해요.

```
import turtle

거북 = turtle.Turtle()
거북.shape('turtle')
```

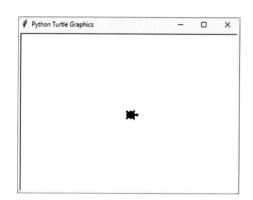

```
# 빈칸에 오른쪽의 모양 이름을 입력하여 실행해 보
고, 어떤 모양인지 적어 보세요.

import turtle

거북 = turtle.Turtle()
거북.shape('           ')
```

classic :	
turtle :	
arrow :	
triangle :	
square :	
circle :	

 3. 거북을 움직여요.

앞으로 이동시켜요.

- forward()로 지정한 길이만큼 직진하며 그려요.

```
import turtle

거북 = turtle.Turtle()
거북.shape('turtle')
거북.forward(100)
```

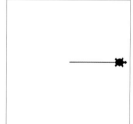

 길이는 픽셀(pixel) 단위로 측정되며, 대부분의 모니터에서 전체 화면의 해상도는 보통 가로가 1920픽셀, 세로가 1080픽셀이에요.

뒤로 이동시켜요.

- backward()로 지정한 길이만큼 직진하며 그려요.

```
import turtle

거북 = turtle.Turtle()
거북.shape('turtle')
거북.backward(100)
```

오른쪽으로 회전시켜요.

- right()로 지정한 각도만큼 오른쪽으로
  회전해요.

```
import turtle

거북 = turtle.Turtle()
거북.shape('turtle')
거북.right(90)
```

왼쪽으로 회전시켜요.

- left()로 지정한 각도만큼 왼쪽으로 회전
  해요.

```
import turtle

거북 = turtle.Turtle()
거북.shape('turtle')
거북.left(90)
```

🔍 직접 코딩하고 결과를 확인해요!

```
# 길이를 다양하게 입력해 봐요.
import turtle

거북 = turtle.Turtle()
거북.shape('turtle')
거북.forward(        )
```

```
# 길이를 다양하게 입력해 봐요.
import turtle

거북 = turtle.Turtle()
거북.shape('turtle')
거북.backward(        )
```

```
# 각도를 다양하게 입력해 봐요.
import turtle

거북 = turtle.Turtle()
거북.shape('turtle')
거북.right(        )
```

```
# 각도를 다양하게 입력해 봐요.
import turtle

거북 = turtle.Turtle()
거북.shape('turtle')
거북.left(        )
```

4. 다양한 도형을 그려 보아요.

사각형 그리기

- 100픽셀만큼 그리고 왼쪽으로 회전하기를
  4번 반복해요.

 '거북'이라는 이름 대신에 't'로 이름을
지정했어요.

```python
import turtle

t = turtle.Turtle()
t.shape('turtle')

for i in range(4):
    t.forward(100)
    t.left(90)
```

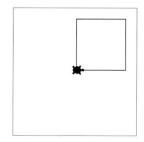

삼각형 그리기

```python
import turtle

t = turtle.Turtle()
t.shape('turtle')

for i in range(3):
    t.forward(100)
    t.left(120)
```

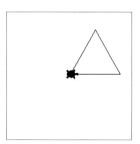

창의력 팡팡

1 거북으로 계단 모양을 만들어 보세요.

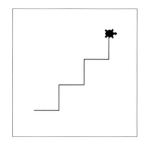

🔍 직접 코딩하고 결과를 입력해요!

정리하기

① _____ turtle로 그리기 모듈을 불러와요.

② turtle.Turtle()로 거북을 만들어요.

③ _____ ( )로 모양을 바꿀 수 있어요.

④ _____ ( )는 괄호 안 길이만큼 직진하고, _____ ( )는 후진해요.

⑤ _____ ( )는 괄호 안 각도만큼 우회전하고, _____ ( )는 좌회전해요.

01 다음 코드의 실행 결과로 옳은 것은?

```python
import turtle
t = turtle.Turtle()
t.shape('turtle')
```

①   ②   ③   ④

02 다음 코드의 실행 결과로 옳은 것은?

```python
import turtle
거북 = turtle.Turtle()
거북.shape('turtle')
거북.forward(100)
```

03 다음 코드의 실행 결과로 옳은 것은?

```python
import turtle
t = turtle.Turtle()
t.shape('turtle')
t.backward(100)
```

04 다음 코드의 실행 결과로 옳은 것은?

```python
import turtle
t = turtle.Turtle()
t.shape('turtle')
t.left(90)
```

①   ②   ③   ④

05 다음 코드의 실행 결과로 옳은 것은?

```python
import turtle
t = turtle.Turtle()
t.forward(100)
t.left(120)
t.forward(100)
t.left(120)
t.forward(100)
t.left(120)
```

06 다음 코드의 실행 결과로 옳은 것은?

```python
import turtle
t = turtle.Turtle()
t.shape('turtle')
t.right(180)
```

①   ②   ③   ④

07 다음 코드의 실행 결과로 옳은 것은?

```python
import turtle
t = turtle.Turtle()
t.shape('turtle')
t.left(270)
```

①   ②   ③   ④

08 다음 코드의 실행 결과로 옳은 것은?

```python
import turtle
t = turtle.Turtle()
t.shape('turtle')
for i in range(2):
    t.forward(50)
    t.left(90)
    t.forward(100)
    t.left(90)
```

①
②
③
④

09 다음 코드의 실행 결과로 옳은 것은?

```python
import turtle
t = turtle.Turtle()
t.shape('turtle')
for i in range(8):
    t.forward(50)
    t.left(45)
```

①
②
③
④

랜덤과 수학으로 놀아 보아요

학습 목표

- random 모듈의 randint(), choice(), sample() 의 기능을 이해하고 사용할 수 있다.
- math 모듈의 pow(), sqrt()의 기능을 이해하고 사용할 수 있다.
- 출제 예상 문제를 스스로 풀 수 있다.

 생각 열기

 주사위를 던지면 수가 어떻게 나올까요?

 일상생활에서 난수(무작위수)가 사용되는 경우는 어떤 것들이 있을까요?

 주사위를 던지거나 복권 번호를 추첨할 때 어떤 수가 나올지 모르는데, 이처럼 특정한 순서나 규칙을 가지지 않는 수를 난수 또는 무작위수라고 해요.
이번 시간에는 난수를 만드는 다양한 방법과 수학의 거듭제곱과 제곱근을 구하는 방법에 대해 알아보겠습니다.

• random 모듈은 난수를 생성하는 함수를 제공해요.

randint(a, b)로 두 수 사이의 난수를 생성해요.

• randint(a, b)로 a와 b를 포함한 범위 내의 랜덤한 정수를 반환해요.

```
import random

난수 = random.randint(1, 10)
print(난수)
```

<실행 결과>
3

🔍 직접 코딩하고 결과를 입력해요!

```
import random

난수 = random.randint(1, 10)
print(난수)
```

```
import random

난수 = random.randint(1, 100)
print(난수)
```

randint(a, b)로 주사위 굴리기 게임을 만들어요.

```
import random

def 주사위_굴리기():
    return random.randint(1, 6)

주사위_수 = 주사위_굴리기()
print("주사위를 굴려서 나온 수:", 주사위_수)
```

<실행 결과>
주사위를 굴려서 나온 수: 1

🔍 직접 코딩하고 결과를 입력해요!

```
# 주사위 2개를 굴려요.
import random

def 주사위_굴리기():
    return

주사위_1 = 주사위_굴리기()
주사위_2 = 주사위_굴리기()
합계 = 주사위_1 + 주사위_2
print("두 주사위의 합계:", 합계)
```

```
# for 문을 이용해 주사위를 10번 굴려요.
import random

for i in range(        ):
    print(random.randint(1, 6), end=" ")
```

152

```
# 주사위를 6000번 굴린 결과를 오른쪽에 적어 보세요.
import random

숫자별_횟수 = {1: 0, 2: 0, 3: 0, 4: 0, 5: 0, 6: 0}

for i in range(          ):
    난수 = random.randint(1, 6)
    숫자별_횟수[난수] += 

for 숫자, 횟수 in 숫자별_횟수.items() :
    print(f"{숫자}이(가) 나온 횟수: {횟수}")
```

1이(가) 나온 횟수: ⬜
2이(가) 나온 횟수: ⬜
3이(가) 나온 횟수: ⬜
4이(가) 나온 횟수: ⬜
5이(가) 나온 횟수: ⬜
6이(가) 나온 횟수: ⬜

여러 개 중에서 하나를 골라요.

• choice()로 튜플에서 랜덤한 하나의 요소를 반환해요.

```
import random

요일 = ("월", "화", "수", "목", "금", "토", "일")
print(random.choice(요일))
```

<실행 결과>
화

 choice는 '고르다, 선택하다'라는 뜻이에요.

• choice()로 문자열에서 랜덤한 하나의 요소를 반환해요.

```
import random

알파벳 = "abcdefghijklmnopqrstuvwxyz"
print(random.choice(알파벳))
```

<실행 결과>
w

🔍 **직접 코딩하고 결과를 입력해요!**

```
import random

def 간식_고르기():
    간식_리스트 = ["과자", "초콜릿", "젤리", "빵", "우유", "사과", "바나나", "아이스크림"]
    선택된_간식 = 
    print(f"오늘의 간식은 {선택된_간식}입니다!")

간식_고르기()
```

여러 개 중에서 여러 개를 골라요.

• sample()로 괄호 안의 시퀀스(리스트나 문자열 등)에서 랜덤한 여러 개의 요소를 중복 없이 반환해요.

```
import random
def 로또번호_뽑기():
    return random.sample(range(1, 46), 6)
print(sorted(로또번호_뽑기()))
```

<실행 결과>
[17, 20, 23, 25, 36, 38]

153

```
# 메뉴에서 아무거나 2개를 골라요.
import random

메뉴 = ("짜장면", "짬뽕", "볶음밥", "잡채밥", "탕수육", "팔보채")
선택된_메뉴 =

print("아무 메뉴 2개:", 선택된_메뉴)                              아무 메뉴 2개:
```

2. math 모듈을 활용해요.

거듭제곱을 해요.

- 거듭제곱이란?
  - 같은 수를 여러 번 곱한 것을 간단히 나타낸 것을 거듭제곱이라고 해요.
  - 예를 들어 2 * 2 * 2 * 2는 2의 네제곱이라 읽고, 2^4으로 표기해요. 이때 2를 밑, 4를 지수라고 해요.
- pow(밑, 지수)로 같은 수를 여러 번 곱할 수 있어요.
  - pow(2, 3): 2^3 = 2 * 2 * 2 = 8.0
  - pow(3, 4): 3^4 = 3 * 3 * 3 * 3 = 81.0

```
import math

결과 = math.pow(2, 3)
print("2의 3승:", 결과)
```

◤ **〈실행 결과〉**
2의 3승: 8.0

```
import math

결과 =
print("2의 4승:", 결과)

2의 4승:
```

```
import math

결과 =
print("4의 3승:", 결과)

4의 3승:
```

제곱근 구하기

- 제곱근이란?
  - 어떤 수 x를 제곱하여 a가 될 때, x를 a의 제곱근이라고 해요.
  - 즉, x^2 = a가 돼요.
  - 예를 들어 3을 제곱하면 9가 되므로, 3은 9의 제곱근이에요.
- sqrt()로 입력받은 수의 제곱근을 구할 수 있어요.
  - sqrt(16): 4^2=16이므로 16의 제곱근은 4.0임
  - sqrt(81): 9^2=81이므로 16의 제곱근은 9.0임

```
import math

num = float(input("수를 입력하세요: "))
sqrt_num = math.sqrt(num)

print(f"{num}의 제곱근은 {sqrt_num}입니다.")
```

◤ **〈실행 결과〉**
수를 입력하세요: 25
25.0의 제곱근은 5.0입니다.

```
import math

def 제곱근_구하기(숫자):
    결과 =
    print(f"{숫자}의 제곱근은 {int(결과)}입니다.")

제곱근_구하기(36)
```

창의력 팡팡

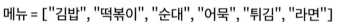

메뉴 = ["김밥", "떡볶이", "순대", "어묵", "튀김", "라면"]

1 choice()로 메뉴 1개만 정해서 "추천 메뉴: " 다음에 무작위로 선택된 메뉴를 출력해요.

2 randint()로 1개부터 3개까지 몇 개 먹을지 정해서 '개수' 변수에 저장해요.

3 sample()로 메뉴 중에서 '개수'만큼 랜덤하게 정한 후 "[,]을 먹고 싶어요."를 출력해요.

정리하기

1 random.　　　　　(a, b)는 a, b 사이의 랜덤한 정수를 반환해요.

2 random.　　　　　(시퀀스)는 시퀀스에서 랜덤한 하나의 요소를 반환해요.

3 random.　　　　　(시퀀스, k)는 시퀀스에서 랜덤한 k개의 요소를 반환해요.

4 math.　　　　　(a, b)는 a의 b승을 반환해요.

5 math.　　　　　( )는 제곱근을 반환해요.

01 다음 코드의 'result' 변수가 가질 수 있는 값을 모두 나열한 것으로 옳은 것은?

```
import random
result = random.randint(1, 6)
```

① 1, 6
② 2, 3, 4, 5
③ 1, 2, 3, 4, 5
④ 1, 2, 3, 4, 5, 6

02 다음 코드의 '총_학년' 변수가 가질 수 있는 최댓값으로 옳은 것은?

```
import random
초등_학년 = random.randint(1, 6)
중등_학년 = random.randint(1, 3)
총_학년 = 초등_학년 + 중등_학년
```

① 2   ② 3   ③ 6   ④ 9

03 다음 코드의 '뽑기' 변숫값이 2가 될 확률은 얼마인가?

```
import random
뽑기 = random.randint(1, 2)
```

① 0%   ② 25%
③ 50%   ④ 100%

04 다음은 정육면체 모양의 주사위를 굴려서 나온 수를 출력하는 코드이다. 코드의 빈칸에 들어갈 내용으로 옳은 것은?

```
import random
def roll_dice():
    return random.randint(    )
dice_number = roll_dice()
print("주사위 굴린 결과:", dice_number)
```

① 0, 5
② 0, 6
③ 1, 6
④ 1, 7

05 다음 코드에서 '주인공'이 될 수 없는 인물은?

```
import random
삼총사 = ['아토스', '아라미스', '포르
    토스']
주인공 = random.choice(삼총사)
```

① 달타냥
② 아토스
③ 아라미스
④ 포르토스

06 다음은 메뉴 중에서 2개를 고르는 코드와 <실행 결과>이다. 코드의 빈칸에 들어갈 내용으로 옳은 것은?

```
import random
메뉴 = ["짜장면", "짬뽕", "볶음밥", "
    잡채밥", "탕수육", "팔보채"]
선택된_메뉴 = random.sample(        )
print("선택된 메뉴:", 선택된_메뉴)
```

<실행 결과>
선택된 메뉴: ['탕수육', '짬뽕']

① 중국집, 1
② 중국집, 2
③ 메뉴, 1
④ 메뉴, 2

07 다음은 1부터 45까지의 수 중 6개를 무작위로 뽑는 코드와 <실행 결과>이다. 코드의 빈칸에 들어갈 내용으로 옳은 것은?

```
import random
def generate_lotto_numbers():
    return random.sample(        , 6)
print(sorted(generate_lotto_
numbers()))
```

<실행 결과>
[14, 19, 29, 30, 31, 42]

① range(1, 45)
② range(1, 46)
③ range(0, 45)
④ range(0, 46)

08 math 모듈의 pow(a, b) 함수는 a의 b승을 계산하여 반환한다. 예를 들어 pow(2, 3)은 2를 세제곱(2 * 2 * 2)한 값인 8.0을 반환한다. 다음 코드를 실행하였을 때 출력되는 결과로 옳은 것은?

```
import math
value = math.pow(2, 4)
print(value)
```

① 2.0　　　　② 4.0
③ 8.0　　　　④ 16.0

09 다음 코드를 실행하여 밑과 지수를 모두 3으로 입력한 경우 출력 결과로 옳은 것은?

```
import math
x = int(input("밑 x를 입력하세요: "))
y = int(input("지수 y를 입력하세요: "))
result = int(math.pow(x, y))
print(f"{x}의 {y}승은 {result}입니다.")
```

① 3의 3승은 9입니다.
② 3의 3승은 27입니다.
③ 3의 세제곱은 9입니다.
④ 3의 세제곱은 27입니다.

10 math.sqrt(x)는 x의 제곱근을 구하여 실수 형태로 반환한다. 예를 들어 math.sqrt(16)은 16의 제곱근인 4의 실수 형태인 4.0을 반환한다. 다음 코드를 실행하여 25를 입력한 경우 출력 결과로 옳은 것은?

```
import math
num = float(input("제곱근을 구할 수: "))
sqrt_num = math.sqrt(num)
print(f"{num}의 제곱근: {sqrt_num}")
```

① 25의 제곱근: 5　　② 25.0의 제곱근: 5.0
③ 5의 제곱근: 25　　④ 5.0의 제곱근: 25.0

시각과 시간을 다루어요

학습 목표

- datetime 모듈의 datetime.now()와 date.today()의 기능을 이해하고 사용할 수 있다.
- time 모듈의 sleep(), ctime()의 기능을 이해하고 사용할 수 있다.
- 출제 예상 문제를 스스로 풀 수 있다.

 생각 열기

 지금 몇 시 몇 분인지 적어 보세요.

 어떤 일이든 시간을 맞추는 것이 얼마나 중요한지 생각해 본 적이 있나요?

 시간에 맞춰 행동해야 할 때, 컴퓨터가 도움을 줄 수 있는 방법은 무엇일까요?

 시간과 시각은 우리 일상생활에서 정말 중요해요. 우리가 시간을 관리하고 계획할 수 있도록 도와주는 것이 바로 컴퓨터 프로그램이에요.
이번 시간에는 파이썬을 사용해서 현재 날짜와 시각을 확인하고, 잠깐의 시간을 기다리는 기능을 알아보겠습니다.

• datetime 모듈은 날짜(date)와 시간(time)을 다루는 기능들을 제공해요.

datetime.datetime.now()

• datetime.datetime.now()는 현재 날짜와 시각을 반환해요.

```
import datetime

print("현재:", datetime.datetime.now())
```

<실행 결과>
현재: 2024-08-01 10:50:25.638752

• 현재 시각, 시, 분, 초를 따로 알 수 있어요.

```
import datetime

print("현재:", datetime.datetime.now())
print("시각:", datetime.datetime.now().time())
```

<실행 결과>
현재: 2024-08-01 10:50:25.638752
시각: 10:50:25.638752

```
import datetime

print("현재:", datetime.datetime.now())
print("시:", datetime.datetime.now().hour)
```

<실행 결과>
현재: 2024-08-01 10:50:25.638752
시: 10

```
import datetime

print("현재:", datetime.datetime.now())
print("분:", datetime.datetime.now().minute)
```

<실행 결과>
현재: 2024-08-01 10:50:25.638752
분: 50

```
import datetime

print("현재:", datetime.datetime.now())
print("초:", datetime.datetime.now().second)
```

<실행 결과>
현재: 2024-08-01 10:50:25.638752
초: 25

● ● ● ⟨ ⟩ Q **직접 코딩하고 결과를 입력해요!** ☰

```
import datetime

print("현재:", datetime.datetime.          )
print("시각:", datetime.datetime.now().          )
print("시:", datetime.datetime.now().          )
print("분:", datetime.datetime.now().          )
print("초:", datetime.datetime.now().          )
```

현재:
시각:
시:
분:
초:

datetime.date.today()

• datetime.date.today()는 '년-월-일' 형식으로 오늘 날짜를 반환해요.

```
import datetime

print("날짜:", datetime.date.today())
```

<실행 결과>
날짜: 2024-08-01

• 연, 월, 일을 따로 알 수 있어요.

```
import datetime

print("날짜:", datetime.date.today())
print("연:", datetime.date.today().year)
```

<실행 결과>
날짜: 2024-08-01
연: 2024

```
import datetime

print("날짜:", datetime.date.today())
print("월:", datetime.date.today().month)
```

<실행 결과>
날짜: 2024-08-01
월: 8

```
import datetime

print("날짜:", datetime.date.today())
print("일:", datetime.date.today().day)
```

<실행 결과>
날짜: 2024-08-01
일: 1

🔍 직접 코딩하고 결과를 입력해요!

```
import datetime

print("날짜:", datetime.date.              )
print("연:", datetime.date.today().          )
print("월:", datetime.date.today().          )
print("일:", datetime.date.today().          )
```

날짜:
연:
월:
일:

2. time 모듈을 활용해요.

- time 모듈은 시간(time)과 관련된 함수를 제공하여 시간을 측정하고 조작할 수 있어요.

time.sleep()

- time.sleep()은 프로그램을 지정한 초 동안 일시 중지해요.

```
import time

time.sleep(3)
print("안녕하세요!")
```

<실행 결과>
(3초 후...)
안녕하세요!

🔍 직접 코딩하고 결과를 입력해요!

```
import time

print("5초 뒤에 깨워줘~")


print("기상!!")
```

<실행 결과>
5초 뒤에 깨워줘~
(5초 후...)
기상!!

time.ctime()

- time.ctime()은 '요일 월 일 시:분:초 연도' 형식으로 현재 시각을 반환해요.

```
import time

print(time.ctime())
```

<실행 결과>
Thu Aug 1 10:50:25 2024

🔍 직접 코딩하고 결과를 입력해요!

```
import time

print(time.ctime())
```

1 현재 날짜와 시각을 now 변수에 저장한 후 화면에 출력해요.

2 프로그램을 5초 동안 일시 중지해요.

3 5초가 지난 후, 현재 시각을 time.ctime()을 사용하여 later 변수에 저장한 후 화면에 출력해요.

● ● ● 〈 〉 Q **직접 코딩하고 결과를 입력해요!** ☰

정리하기

❶ datetime.datetime.   ()는 현재 날짜와 시각을 반환해요.

❷ datetime.date.   ()는 오늘 날짜를 반환해요.

❸ time.   ()은 지정한 초 동안 대기해요.

❹ time.   ()은 '요일 월 일 시:분:초 연도'로 읽기 쉽게 출력해요.

01 다음은 현재 날짜와 시각을 출력하는 코드와 <실행 결과>이다. 코드의 빈칸에 들어갈 모듈로 옳은 것은?

```
import
print("현재:", datetime.datetime.
  now())
```

<실행 결과>
현재: 2024-10-08 09:37:12.447628

① now　　　　　② date
③ time　　　　　④ datetime

02 datetime.datetime.now()를 사용하여 얻을 수 없는 정보는 무엇인가?

① 현재 날짜　　　② 현재 요일
③ 현재 시　　　　④ 현재 분

03 현재 시각의 '시'만 출력하려고 할 때 코드의 빈칸에 들어갈 내용으로 옳은 것은?

```
import datetime
print(datetime.datetime.now().    )
```

① city
② hour
③ minute
④ second

04 다음의 코드를 실행하였을 때 <실행 결과>의 빈칸에 들어갈 내용으로 옳은 것은?

```
import datetime
print(datetime.datetime.now().
  time())
print(datetime.datetime.now().
  second)
```

<실행 결과>
09:35:21.457472

① 9
② 35
③ 21
④ 457472

05 datetime.datetime.now()와 datetime.date.today()의 주요 차이점으로 옳은 것은?

① 두 함수 모두 동일한 결과를 반환한다.
② 하나는 파이썬 내장 함수이고 다른 하나는 datetime 모듈의 함수이다.
③ datetime.datetime.now()는 문자열을 반환하고, datetime.date.today()는 날짜 객체를 반환한다.
④ datetime.datetime.now()는 현재 날짜와 시간을 반환하고, datetime.date.today()는 현재 날짜만 반환한다.

06 다음 코드의 실행 결과로 옳은 것은?

```
import datetime
print(datetime.date.today().month)
```

① 현재 연도
② 현재 월
③ 현재 일
④ 현재 시각

07 다음은 사용자가 입력한 시간(초)만큼 "대기 중..."을 출력 후, "완료!"를 출력하는 코드이다. 빈칸에 들어갈 내용으로 옳은 것은?

```
import time
대기시간 = int(input("대기 시간(초)
  을 입력하세요: "))
print("대기중......")
time.sleep(        )
print("완료!")
```

① 1　　　　　　② 대기시간 - 1
③ 대기시간　　　④ "대기중......"

08 다음 중 ctime() 함수의 출력 형식과 일치하는 것은?

① YYYY-MM-DD HH:MM:SS
② DD-MM-YYYY HH:MM
③ 요일 월 일 시:분:초 연도
④ MM/DD/YYYY

PART 2

공개 및 기출문제

코딩활용능력 시험이 새롭게 시작되면서 공개된 샘플문제 2세트와

최신기출문제 2세트를 통해서 시험이 어떻게 출제되는지 파악할 수 있습니다.

자, 그럼 다함께 어떤 시험인지 한 문제씩 풀어볼까요?

01 파이썬 변수명은 문자(A~Z, a~z), 숫자(0~9), 언더바(_)를 사용하되, 숫자로 시작하거나 공백을 포함할 수 없다. 다음 중 파이썬 변수명으로 옳은 것은?

① _myVariable

② 7lucky

③ this-is-variable

④ my variable

02 다음은 이름과 성을 입력받아 전체 이름을 출력하는 코드와 <실행 결과>이다. 코드의 (ㄱ), (ㄴ)에 들어갈 변수가 순서대로 나열된 것은?

```
first_name = input("이름을 입력하세요> ")
last_name = input("성을 입력하세요> ")

full_name = "당신의 이름은 " +    ㄱ    +    ㄴ    + "입니다."
print(full_name)
```

<실행 결과>
이름을 입력하세요> 길동
성을 입력하세요> 홍
당신의 이름은 홍길동입니다.

① first_name, last_name

② last_name, first_name

③ 이름, 성

④ 길동, 홍

03 다음은 이동 거리와 걸린 시간을 입력받아 속도를 계산하고 출력하는 파이썬 코드와 엔트리 코드이다. 코드의 빈칸에 들어갈 내용으로 옳은 것은?

```
대답 = input("이동 거리(km)를 입력하세요: ")
이동_거리 = int(대답)

대답 = input("걸린 시간(h)을 입력하세요: ")
걸린_시간 = int(대답)



print("속력은", 속력, "km/h 입니다.")
```

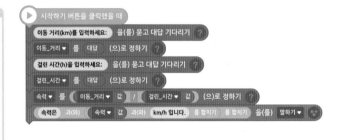

① 속력 = 이동_거리 / 걸린_시간

② 속력 = 걸린_시간 / 이동_거리

③ 이동_거리 / 걸린_시간 = 속력

④ 속력 = 걸린_시간 / 이동_거리

04 다음 논리 연산자를 사용하여 출력한 결과가 옳지 않은 것은?

① print(10 == 10 and 10 != 5), 결과 : False

② print(10 > 5 or 10 < 3), 결과 : True

③ print(not 10 > 5), 결과 : False

④ print(not 1 is 1.0), 결과 : True

05 다음은 입력받은 정수가 양수이고 2의 배수인지 판별하는 코드이다. 빈칸에 들어갈 논리 연산자로 옳은 것은?

```
number = int(input("정수를 입력하세요: "))

if number > 0                  number % 2 == 0:
    print(f"{number}은(는) 양수이고, 2의 배수입니다.")
else:
    print(f"{number}은(는) 양수가 아니거나, 2의 배수가 아닙니다.")
```

① and
② or
③ not
④ but

06 다음 코드의 실행 결과로 옳은 것은?

① A
② B
③ C
④ D

```
score = 80

if score >= 90:
    grade = "A"
elif score >= 80:
    grade = "B"
else:
    grade = "C"

print(grade)
```

07 다음은 1부터 10까지의 자연수의 합을 계산하는 코드이다. 빈칸에 들어갈 수 있는 조건식으로 옳지 않은 것은?

① i < 10
② i <= 9
③ i > 9
④ i != 10

```
total = 0
i = 0

while               :
    i = i + 1
    total = total + i

print(total)
```

08 다음은 사용자로부터 단 수를 입력받아 해당 단의 구구단을 출력하는 코드와 <실행 결과>이다. 코드의 빈칸에 들어갈 수 있는 것을 모두 고르시오.

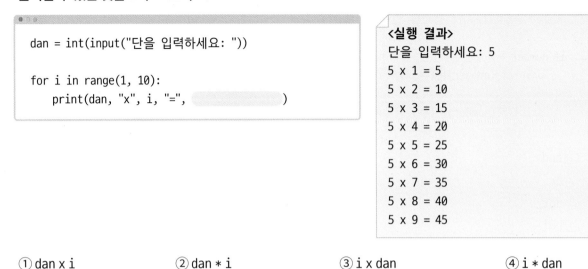

```python
dan = int(input("단을 입력하세요: "))

for i in range(1, 10):
    print(dan, "x", i, "=",              )
```

<실행 결과>
```
단을 입력하세요: 5
5 x 1 = 5
5 x 2 = 10
5 x 3 = 15
5 x 4 = 20
5 x 5 = 25
5 x 6 = 30
5 x 7 = 35
5 x 8 = 40
5 x 9 = 45
```

① dan x i　　　　② dan * i　　　　③ i x dan　　　　④ i * dan

09 다음은 놀이기구의 종류를 리스트에 저장한 후 첫 번째와 마지막 놀이기구를 출력하는 코드와 <실행 결과>이다. 코드의 빈칸에 들어갈 수 없는 것은?

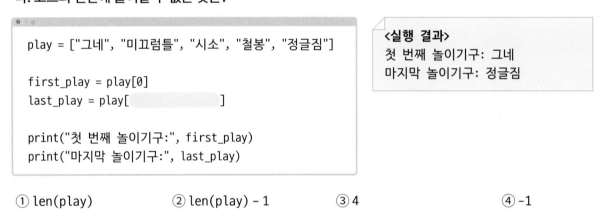

```python
play = ["그네", "미끄럼틀", "시소", "철봉", "정글짐"]

first_play = play[0]
last_play = play[              ]

print("첫 번째 놀이기구:", first_play)
print("마지막 놀이기구:", last_play)
```

<실행 결과>
```
첫 번째 놀이기구: 그네
마지막 놀이기구: 정글짐
```

① len(play)　　　　② len(play) - 1　　　　③ 4　　　　④ -1

10 자료가 변경되면 안 되는 경우에 사용하기에 가장 적합한 자료형은?

① 리스트(list)　　　　　　　　② 튜플(tuple)
③ 딕셔너리(dictionary)　　　　④ 스택(stack)

11 다음은 영화 이름이 저장된 movies 리스트의 첫 번째 영화 이름을 제거하여 <실행 결과>와 같이 만드는 코드이다. 코드의 빈칸에 들어갈 내용으로 옳지 않은 것은?

```python
movies = ["Titanic", "Avatar", "Aladdin"]



print(movies)
```

<실행 결과>
```
['Avatar', 'Aladdin']
```

① movies.remove("Titanic")　　　　② movies.append("Titanic")
③ movies.pop(0)　　　　　　　　　④ del movies[0]

12 사육신은 조선 세조 2년(1456)에 단종의 복위를 꾀하다가 처형된 여섯 명의 충신을 일컫는다. 다음 코드는 사육신의 이름이 튜플에 정렬되어 있고, 정렬하여 출력하고, 원래의 튜플을 출력한다. 코드의 실행 결과로 옳은 것은?

```
사육신 = ("성삼문", "박팽년", "하위지", "이개", "유성원", "유응부")

사육신_정렬 = sorted(사육신)
print(사육신_정렬)

print(사육신)
```

① ('박팽년', '성삼문', '유성원', '유응부', '이개', '하위지')
　 ('성삼문', '박팽년', '하위지', '이개', '유성원', '유응부')
② ['박팽년', '성삼문', '유성원', '유응부', '이개', '하위지']
　 ('성삼문', '박팽년', '하위지', '이개', '유성원', '유응부')
③ ('하위지', '이개', '유응부', '유성원', '성삼문', '박팽년')
　 ('성삼문', '박팽년', '하위지', '이개', '유성원', '유응부')
④ ['하위지', '이개', '유응부', '유성원', '성삼문', '박팽년']
　 ('성삼문', '박팽년', '하위지', '이개', '유성원', '유응부')

13 다음 코드의 실행 결과로 옳은 것은?

① 3000
② 4000
③ '3000
④ '4000'

```
food_prices = {'김밥': 3000, '떡볶이': 4000}
print(food_prices['김밥'])
```

14 다음 코드의 실행 결과로 옳은 것은?

① 10
② 11
③ 12
④ 13

```
print(len("Hello World!"))
```

15 다음 코드의 실행 결과로 옳은 것은?

```
season = {"봄": "spring", "여름": "summer", "가을": "fall", "겨울": "winter"}

season["가을"] = "autumn"

korean_season = list(season.keys())
print(korean_season)

english_season = list(season.values())
print(english_season)
```

① ['봄', '여름', '가을', '겨울']
　 ['spring', 'summer', 'fall', 'winter']
② ['봄', '여름', '가을', '겨울']
　 ['spring', 'summer', 'autumn', 'winter']
③ ['spring', 'summer', 'fall', 'winter']
　 ['봄', '여름', '가을', '겨울']
④ ['spring', 'summer', 'autumn', 'winter']
　 ['봄', '여름', '가을', '겨울']

16 다음 코드의 실행 결과는? (단, split()은 문자열을 괄호 안의 구분자를 기준으로 나누어 리스트로 반환하는데, 괄호 안에 아무런 내용이 없을 경우, 공백을 기준으로 문자열을 나눔)

```
song = "Twinkle twinkle little star"
parts = song.split()
print(parts[2])
```

① Twinkle

② twinkle

③ little

④ star

17 우리나라에는 한 사건에 대해 재판을 최대 세 번까지 받을 수 있는 '3심 제도'가 있다. 다음은 몇 번째 재판인지 재판 심급을 입력받으면 해당 심급에 맞는 법원의 이름을 출력하는 코드이다. 코드를 실행하여 4를 입력하였을 때 출력되는 결과로 옳은 것은?

```
def 재판_심급_설명(심급):
    if 심급 == "1":
        return "지방법원 또는 가정법원"
    elif 심급 == "2":
        return "고등법원"
    elif 심급 == "3":
        return "대법원"
    else:
        return "유효한 심급이 아닙니다."

재판_심급 = input("재판 심급을 입력하세요(1, 2, 3 중 하나): ")
법원_종류 = 재판_심급_설명(재판_심급)

print(재판_심급 + "심 법원: " + 법원_종류)
```

① 4심 법원: 대법원

② 4심 법원: 유효한 심급이 아닙니다.

③ 유효한 심급이 아닙니다.

④ 에러 발생

18 다음은 원의 반지름을 입력받아 원의 넓이를 구하는 코드와 <실행 결과>이다. 코드의 빈칸에 들어갈 내용으로 옳지 않은 것은?(단, 원의 넓이를 구하는 공식은 '반지름 × 반지름 × 원주율(pi)'임)

```
def circle_area(radius):
    pi = 3.14
    return
radius = float(input("원의 반지름: "))
area = circle_area(radius)

print("원의 넓이:", area)
```

① 2 * pi * radius

② radius * radius * pi

③ (radius ** 2) * pi

④ pow(radius, 2) * pi

<실행 결과>
원의 반지름: 3
원의 넓이: 28.26

19 다음 코드를 실행한 결과로 옳은 것은?

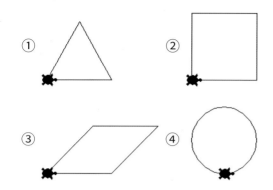

```
import turtle

t = turtle.Turtle()
t.shape('turtle')

for i in range(4):
    t.forward(100)
    t.left(90)
```

20 다음은 정육면체 모양의 주사위를 굴려서 나온 수를 출력하는 코드와 여러 번 실행한 <실행 결과>이다. 코드의 빈칸에 들어갈 내용으로 가장 옳은 것은?(단, random 모듈의 randint(n1, n2)는 n1과 n2 사이(둘 다 포함)의 정수를 무작위로 반환함)

```
import random

def roll_dice():
    return random.randint(          )
dice_number = roll_dice()

print("주사위를 굴려서 나온 수: ", dice_number)
```

<실행 결과>
주사위를 굴려서 나온 수: 4

주사위를 굴려서 나온 수: 1

주사위를 굴려서 나온 수: 5

① 0, 5　　　　② 0, 6　　　　③ 1, 6　　　　④ 1, 7

01 다음 중 파이썬의 변수에 대한 설명으로 옳지 않은 것은?

① 변수는 이름을 가진다.

② korea와 KOREA는 다른 변수이다.

③ 값을 저장할 때에는 등호(=)를 사용한다.

④ 프로그램이 동작하는 동안 값이 바뀌지 않는다.

02 현진이는 올해 연도를 year라는 변수에 저장했는데, 변수 year가 어떤 자료형(data type)인지 궁금해서 다음과 같이 코드를 작성하였다. 코드를 실행한 결과로 옳은 것은?

```python
year = 2024

print(type(year))
```

① <class 'int'>

② <class 'str'>

③ <class 'bool'>

④ <class 'float'>

03 '발 없는 말이 천 리 간다'라는 속담이 있는데, 여기서 '리'는 길이의 단위이다. 다음은 천 리의 길이를 계산하는 코드와 <실행 결과>이다. 코드의 빈칸에 들어갈 표현식으로 옳은 것은?

```python
일_리 = 0.4        # 1리는 약 0.4km임

천_리 = ▓▓▓▓▓▓▓▓▓▓▓▓▓▓▓▓

print("천 리의 길이는", 천_리, "km이다.")
```

<실행 결과>
천 리의 길이는 400.0 km이다.

① 일_리 + 1000

② 일_리 - 1000

③ 일_리 * 1000

④ 일_리 / 1000

04 다음 코드의 실행 결과로 옳은 것은?

```python
피제수 = 20
제수 = 3
몫 = 피제수 // 제수
print(몫)
```

① 2

② 3

③ 6

④ 7

05 다음 중 if 문을 올바르게 사용한 것은?

① if score = 100:

② if (score > 60)

③ if score > 60:

④ if score > 60 then

06 다음은 1부터 10까지 자연수의 합을 계산하는 코드 블록(엔트리, 스크래치)과 파이썬 코드이다. 파이썬 코드의 빈칸에 들어갈 내용으로 옳지 않은 것은?

```
자연수 = 0
합계 = 0

for i in                    :
    자연수 = 자연수 + 1
    합계 = 합계 + 자연수

print(합계)
```

① range(10)

② range(0, 10)

③ range(1, 10)

④ range(1, 11, 1)

07 문장은 마침표(.), 물음표(?), 느낌표(!) 중에서 하나로 끝나야 한다. 다음은 문장의 끝을 조사하여 어떤 문장인지 출력하는 코드와 <실행 결과>이다. 코드의 (ㄱ) ~ (ㄹ)에 들어갈 내용이 순서대로 나열된 것은?

① if, elif, elif, else

② if, else, else, elif

③ if, else if, else if, else

④ if, else, else if, else if

```
sentence = input("문장을 입력하세요: ")
    ㄱ        sentence[-1] == '.':
    print("평서문입니다.")
    ㄴ        sentence[-1] == '?':
    print("의문문입니다.")
    ㄷ        sentence[-1] == '!':
    print("감탄문입니다.")
    ㄹ        :
    print("문장이 아닙니다.")
```

<실행 결과>
문장을 입력하세요: 아직도 밖에 비가 오나요?
의문문입니다.

08 어떤 수를 나누어떨어지게 하는 수를 그 수의 약수라고 한다. 약수를 구하는 방법은 1부터 자기 자신까지 나누면서 나머지가 0이 되는 수가 약수가 된다. 다음은 입력받은 수의 약수를 구하는 코드와 <실행 결과>이다. 코드의 빈칸에 들어갈 조건식으로 옳은 것은?

```
num = int(input("약수를 구할 수를 입력하세요: "))

print(num, "의 약수")

for i in range(1, num + 1):
    if               :
        print(i)
```

<실행 결과>
약수를 구할 수를 입력하세요: 10
10 의 약수
1
2
5
10

① num / i = 0

② num % i = 0

③ num / i == 0

④ num % i == 0

09 다음 코드를 실행한 결과로 옳은 것은?

① 한국정보통진흥협회

② 한국 정보 통신 진흥 협회

③ 한국
   정보
   통신
   진흥
   협회

④ 한국
   한국
   한국
   한국
   한국

```
kait = ['한국', '정보', '통신', '진흥', '협회']
for i in kait:
    print(i)
```

10 튜플(tuple)에 대한 설명으로 옳지 않은 것은?

① 튜플은 소괄호(())를 사용하여 생성할 수 있다.

② 리스트와 비슷하게 데이터를 묶어서 처리한다.

③ 튜플의 요소는 자유롭게 수정할 수 있다.

④ 튜플은 검색(조회) 기능을 주로 사용한다.

11 다음 코드의 출력 결과로 옳은 것은?

① 도

② 개

③ 걸

④ 윷

```
items = ['도', '개', '걸', '윷', '모']
items.reverse()

print(items[2])
```

12 다음은 태양계의 행성들을 튜플에 저장한 후 7번째 위치에 '명왕성'을 추가하기 위해 다음과 같이 코드를 작성하였다. 다음 코드를 실행한 결과로 옳은 것은?

```
태양계 = ('수성', '금성', '지구', '화성', '목성', '토성', '천왕성', '해왕성')
태양계[7] = '명왕성'

print(태양계)
```

① ('수성', '금성', '지구', '화성', '목성', '토성', '천왕성', '해왕성', '명왕성')

② ('수성', '금성', '지구', '화성', '목성', '토성', '천왕성', '명왕성', '해왕성')

③ ('수성', '금성', '지구', '화성', '목성', '토성', '천왕성', '명왕성')

④ 에러 발생

13 다음 중 딕셔너리를 생성하는 코드로 옳은 것은?

① fruits = ('apple': 5, 'banana': 3)

② fruits = {'apple': 5, 'banana': 3}

③ fruits = ['apple': 5, 'banana': 3]

④ fruits = {'apple', 5, 'banana', 3}

14 다음 코드의 실행 결과로 옳은 것은?

```
capitals = {"대한민국": "서울", "중국": "베이징", "일본": "교토"}

capitals["일본"] = "도쿄"
capitals["미국"] = "워싱턴 D.C."

print(list(capitals.values()))
```

① ['서울', '베이징', '교토']

② ['서울', '베이징, '도쿄']

③ ['서울', '베이징', '교토', '워싱턴 D.C.']

④ ['서울', '베이징', '도쿄', '워싱턴 D.C.']

15 다음은 알파벳 문자의 개수를 출력하는 코드와 <실행 결과>이다. 코드의 빈칸에 들어갈 내용으로 옳은 것은?

```
alphabets = 'abcdefghijklmnopqrstuvwxyz'

print("알파벳은 모두 " + str(          (alphabets)) + "자입니다.")
```

<실행 결과>
알파벳은 모두 26자입니다.

① len

② length

③ long

④ size

16 부산에서 전학 온 지원이는 영어 수업 시간에 친구들에게 자기소개를 하기 위해 영어로 소개 내용을 작성하였다. 그런데 원어민 선생님 Susan이 부산은 Pusan이 아니라 Busan이라고 하셨다. 그래서 파이썬 코드로 한꺼번에 수정하고자 한다. 빈칸에 들어갈 내용으로 옳은 것은?

```
intro = "I was born in Pusan. Pusan is a beautiful city."
intro_new = intro.          ("Pusan", "Busan")
```

① split

② replace

③ upper

④ lower

17 '십 년이면 강산도 변한다'라는 속담은 세월이 흐르면 모든 것이 다 변한다는 뜻이다. 다음은 십 년마다 강산이 한 번씩 변한다고 가정했을 때, 연수를 입력받아 강산이 총 몇 번 변했는지 알려주는 코드와 <실행 결과>이다. 코드의 빈칸에 들어갈 내용으로 옳은 것은?

```
def count_changes(years):
    return years // 10

years = int(input("연수를 입력하세요: "))
changes =

print(years, "년 동안 강산은", changes, "번 변합니다.")
```

<실행 결과>
연수를 입력하세요: 59
59 년 동안 강산은 5 번 변합니다.

① count_changes
② count_changes()
③ count_changes(10)
④ count_changes(years)

18 다음은 사각형의 넓이를 구하는 코드이다. 빈칸에 들어갈 내용으로 옳은 것은?

① 가로 + 세로
② 가로 * 세로
③ 밑변 + 높이
④ 밑변 * 높이

```
def 사각형_넓이(가로, 세로):
    return
가로 = 10
세로 = 5

넓이 = 사각형_넓이(가로, 세로)
print("사각형의 넓이:", 넓이)
```

19 다음 코드를 실행한 결과로 옳은 것은?

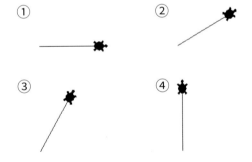

① ② ③ ④

```
import turtle

t = turtle.Turtle()
t.shape('turtle')

t.left(60)
t.forward(100)
```

20 math 모듈의 pow(a, b) 함수는 a의 b승을 계산하여 반환한다. 예를 들어 pow(2, 3)은 2를 세제곱(2 * 2 * 2)한 값인 8.0을 반환한다. 다음 코드를 실행하였을 때 출력되는 결과로 옳은 것은?

① 2.0
② 4.0
③ 8.0
④ 16.0

```
import math

value = math.pow(2, 4)

print(value)
```

01 다음 중 파이썬의 str 자료형과 관련 없는 설명은?

① 문자열은 변경할 수 없는 자료형이다.

② 문자열은 + 연산자를 사용하여 연결할 수 없다.

③ 문자열은 큰따옴표("")또는 작은따옴표('')로 둘러싸여 있다.

④ 문자열을 숫자로 변환하려면 int() 또는 float() 함수를 사용할 수 있다.

02 다음 중 파이썬의 변수명으로 사용할 수 있는 것은?(단, 파이썬 3임)

① 2NE1

② 2025년

③ 1st_player

④ level5_stage2

03 다음은 소금(salt)과 물(water)의 양을 입력받아 소금물의 농도(concentration)를 구하는 코드와 <실행 결과>이다. 코드의 빈칸에 들어갈 표현식으로 옳은 것은? (단, 소금물의 농도를 구하는 공식은 '소금물의 농도 = (소금의 양 / 소금물의 양) × 100(%)'임)

```python
salt = float(input("소금의 양(g)을 입력하세요: "))
water = float(input("물의 양(g)을 입력하세요: "))
concentration =

print("소금물의 농도:", concentration, "%")
```

<실행 결과>
소금의 양(g)을 입력하세요: 10
물의 양(g)을 입력하세요: 190
소금물의 농도: 5.0 %

① (salt / water) * 100

② (salt / salt + water) * 100

③ (salt / (salt + water)) * 100

④ (salt / (salt + water)) * 100(%)

04 다음 코드의 실행 결과로 옳은 것은?

① true

② false

③ True

④ False

```python
number = 24

print((number % 3 == 0) and (number % 4 == 0))
```

05 다음은 1부터 10까지의 자연수의 합을 계산하는 코드이다. 빈칸에 들어갈 수 있는 조건식으로 옳지 않은 것은?

① num < 10

② num <= 10

③ num < 11

④ num != 11

```python
num = 1
total = 0

while                    :
    total += num
    num += 1

print(total)
```

06 다음 코드의 실행 결과로 옳은 것은?

① A만 출력된다.
② B만 출력된다.
③ C만 출력된다.
④ A와 B가 모두 출력된다.

```
x = 20

if x > 15:
    print("A")
elif x > 10:
    print("B")
else:
    print("C")
```

07 다음 코드의 실행 결과로 옳은 것은?

① x는 y보다 크다.
② y는 x보다 크다.
③ x와 y는 같다.
④ 에러 발생

```
x = 12
y = 20

if x > y:
    print("x는 y보다 크다.")
elif y > x:
    print("y는 x보다 크다.")
```

08 다음 코드의 실행 결과로 옳은 것은?

```
for i in range(3):
print(i)
```

① 0	② 0	③ 1	④ 1
1	2	2	2
2	3	3	3
			4

09 리스트에 '+' 연산자를 사용하면 두 개의 리스트를 연결하여 새로운 리스트를 만든다. 다음 코드의 실행 결과는?

① 3
② 6
③ 9
④ 12

```
list1 = [1, 2, 3]
list2 = [4, 5, 6]

combined_list = list1 + list2

print(len(combined_list))
```

10 다음 중 변수 colors에 리스트 ['red', 'green', 'blue']를 올바르게 할당한 것은?

① colors = 'red', 'green', 'blue'
② colors = ['red', 'green', 'blue']
③ ['red', 'green', 'blue'] = colors
④ colors := ['red', 'green', 'blue']

11 다음 코드의 실행 결과는?

```
colors = ("red", "blue", "green", "yellow", "black")

selected_colors = colors[2:5]

print(selected_colors)
```

① ("blue", "green", "yellow", "black")
② ("green", "yellow", "black")
③ ("blue", "green", "yellow")
④ ("red", "blue", "green", "yellow")

12 다음 코드의 실행 결과로 옳은 것은?

① 1
② 2
③ 3
④ 4

```
튜플 = (1, 2, 3, 4)
print(len(튜플))
```

13 우리나라의 국경일은 삼일절 (3·1절), 제헌절, 광복절, 개천절, 한글날이며, 법률로 정해져 있다. 다음은 국경일 이름을 입력하면 해당 날짜를 알려주는 코드와 <실행 결과>이다. 코드의 빈칸에 들어갈 내용으로 옳은 것은?

```
국경일 = {
    "삼일절": "3월 1일",
    "제헌절": "7월 17일",
    "광복절": "8월 15일",
    "개천절": "10월 3일",
    "한글날": "10월 9일"
}
선택_국경일 = input("국경일을 입력하세요(삼일절, 제헌절, 광복절, 개천절, 한글날): ")

if 선택_국경일 in 국경일:
    날짜 = 
    print(선택_국경일, ":", 날짜)
else:
    print("올바른 국경일을 입력해주세요.")
```

<실행 결과>
국경일을 입력하세요(삼일절, 제헌절, 광복절, 개천절, 한글날): 제헌절
제헌절 : 7월 17일

① 날짜   ② 선택_국경일   ③ 국경일[날짜]   ④ 국경일[선택_국경일]

14 다음 중 4500원짜리 순대를 'menu'에 추가하는 코드로 옳은 것은?

```
menu = {'김밥': 3000, '떡볶이': 4000}
```

① menu.add('순대': 4500)

② menu['순대'] = 4500

③ menu.set('순대', 4500)

④ menu.append('순대': 4500)

15 다음은 사용자로부터 입력받은 텍스트의 길이를 출력하는 코드와 <실행 결과>이다. 코드의 빈칸에 들어갈 내용으로 옳은 것은? (단, str() 함수는 주어진 값을 문자열로 변환함)

```
text = input("텍스트를 입력하세요: ")
message = "입력한 텍스트의 길이는 " + str(          (text)) + "자입니다."
print(message)
```

<실행 결과>
텍스트를 입력하세요: 파이썬은 정말 멋진 언어야!
입력한 텍스트의 길이는 15자입니다.

① len   ② length   ③ long   ④ size

16 다음 코드를 실행하여 사용자가 123을 입력했을 때 출력되는 결과로 옳은 것은?

```
number = input("수를 입력하세요: ")
print(type(number))
```

① <class 'int'>

② <class 'str'>

③ <class 'float'>

④ <class 'list'>

17 다음 코드의 실행 결과로 옳은 것은?

```
def 인사():
    print("안녕")

인사()
```

① def

② 안녕

③ 인사

④ 인사()

18 다음 함수에서 오류가 발생하는 이유는?

```
def print_number():
    print(number)

print_number()
```

① 함수에 return 문이 없다.

② 함수에 매개 변수가 너무 많다.

③ 함수 내부에서 정의되지 않은 변수를 사용했다.

④ 함수가 잘못 호출되었다.

19 다음은 현재 날짜와 시각을 출력하는 코드와 <실행 결과>이다. 코드의 빈칸에 들어갈 모듈로 옳은 것은?

① now
② date
③ time
④ datetime

```
import ▨▨▨▨

print("현재:", datetime.datetime.now())
```

<실행 결과>
현재: 2024-10-08 09:37:12.447628

20 다음은 1부터 45까지의 수 중 6개를 무작위로 뽑는 로또 프로그램 코드와 <실행 결과>이다. 코드의 빈칸에 들어갈 내용으로 옳은 것은? (단, random 모듈의 sample(range(n1, n2), n3) 함수는 n1 이상 n2 미만의 난수 n3개 발생함)

① generate_lotto_numbers
② generate_lotto_numbers()
③ random.generate_lotto_numbers
④ random.generate_lotto_numbers()

```
import random

def generate_lotto_numbers():
    return random.sample(range(1, 46), 6)

print(sorted(▨▨▨▨))
```

<실행 결과>
[14, 19, 29, 30, 31, 42]

01 다음의 자동차 모델명 중 파이썬 언어에서 변수명으로 사용할 수 없는 것은?

① K5　　　　　　　② S500　　　　　　　③ AVANTE　　　　　　　④ Model 3

02 다음 코드를 실행한 결과로 옳은 것은?

① <class 'int'>
② <class 'str'>
③ <class 'bool'>
④ <class 'float'>

```
value = "12345"
print(type(value))
```

03 다음의 코드를 실행하여 <실행 결과>와 같이 출력되게 할 때 코드의 빈칸에 들어갈 연산자가 순서대로 나열된 것은?

```
피제수 = 29
제수 = 9
몫 = 피제수 ▢▢▢ 제수
나머지 = 피제수 ▢▢▢ 제수

print(피제수, "를", 제수, "로 나누면 몫은", 몫, "이고, 나머지는", 나머지, "입니다.")
```

> **<실행 결과>**
> 29 를 9 로 나누면 몫은 3 이고, 나머지는 2 입니다.

① **, %　　　　　　② %, **　　　　　　③ //, %　　　　　　④ %, //

04 다음 코드의 실행 결과로 옳은 것은?

① Yes
② No
③ True
④ False

```
x = 8
y = 9

print(x != y)
```

05 다음 코드의 실행 결과로 옳은 것은?

① 더워요
② 추워요
③ 따뜻해요
④ 시원해요

```
temperature = 30

if temperature > 25:
    print("더워요")
else:
    print("추워요")
```

06 다음 코드의 실행 결과로 옳은 것은?

① 코력

② 코딩활용능력

③ 코
　력

④ 코
　딩
　활
　용
　능
　력

```
for i in '코딩활용능력':
    print(i, end='')
```

07 다음 코드를 실행하였을 때 True를 출력되도록 하는 자연수 x는 모두 몇 개인가?

① 9개

② 10개

③ 11개

④ 12개

```
if x > 10 and x < 20:
    print("True")
else:
    print("False")
```

08 다음은 1을 입력하면 '게임 진행'을 표시하고 다시 묻고, 2를 입력하면 '게임 종료'를 표시하고 프로그램을 종료하고, 1과 2 외에 다른 것을 입력하면 안내 메시지 출력 후 다시 묻는 코드와 <실행 결과>이다. 코드의 빈칸에 들어갈 내용으로 옳은 것은?

```
while True:
    inputData = int(input('1: 진행, 2: 종료 '))
    if inputData == 1:
        print('게임 진행')
    elif inputData == 2:
        print('게임 종료')

    else:
        print('1 또는 2를 입력하세요.')
```

<실행 결과>
게임 진행은 1, 종료는 2를 누르세요: 1
게임 진행
게임 진행은 1, 종료는 2를 누르세요: 3
1 또는 2를 입력하세요.
게임 진행은 1, 종료는 2를 누르세요: 1
게임 진행
게임 진행은 1, 종료는 2를 누르세요: 2
게임 종료

① continue

② break

③ stop

④ False

09 다음 코드의 실행 결과로 옳은 것은?

① [1, 2, 3]

② [1, 2, 3, 4]

③ [4, 1, 2, 3]

④ [1, 2, 3, 1, 2, 3, 1, 2, 3, 1, 2, 3]

```
num_list = [1, 2, 3]
copy_list = num_list
copy_list.append(4)
print(copy_list)
```

10 가족과 함께 일본 여행을 준비 중인 선영이는 여행가방에 짐을 꾸리기 위해 물품들을 'carrier'에 차곡차곡 넣었다. 그런데 "칫솔"을 빠뜨려서 중간에 넣고, 어머니가 "만화책"은 가져가지 말자고 하셔서 빼고, 비가 올 거 같아 맨 위에 "우산"은 넣었다. 물품을 모두 정리한 후 'carrier'를 출력한 결과로 옳은 것은?

```
carrier = ["여벌옷", "양말", "아이패드", "충전기", "만화책", "여권"]
carrier.insert(2, "칫솔")
carrier.remove("만화책")
carrier.append("우산")
print(carrier)
```

① ['여벌옷', '칫솔', '양말', '아이패드', '충전기', '여권', '우산']
② ['여벌옷', '양말', '칫솔', '아이패드', '충전기', '여권', '우산']
③ ['우산', '칫솔', '여벌옷', '양말', '아이패드', '충전기', '여권']
④ ['우산', '여벌옷', '칫솔', '양말', '아이패드', '충전기', '여권']

11 다음 코드의 실행 결과로 옳은 것은?

① 1
② 2
③ 3
④ 4

```
tup = (1, 2, 3, 4)
print(tup[1])
```

12 다음의 튜플을 오름차순으로 정렬하여 출력한 결과(리스트)로 옳은 것은?

```
태양계_행성 = ('수성', '금성', '지구', '화성', '목성', '토성', '천왕성', '해왕성')
```

① ('금성', '목성', '수성', '지구', '천왕성', '토성', '해왕성', '화성')
② ('화성', '해왕성', '토성', '천왕성', '지구', '수성', '목성', '금성')
③ ['금성', '목성', '수성', '지구', '천왕성', '토성', '해왕성', '화성']
④ ['화성', '해왕성', '토성', '천왕성', '지구', '수성', '목성', '금성']

13 다음 코드의 실행 결과로 옳은 것은?

```
data = {'name': 'Mina', 'age': 12, 'city': 'Seoul'}
print(data['name'])
```

① 'name'   ② Mina   ③ 'age'   ④ 15

14 다음은 국경일의 월을 입력하면 해당 국경일 이름을 알려주는 코드와 <실행 결과>이다. 코드의 빈칸에 공통으로 들어갈 내용으로 옳은 것은?

```
월별_국경일 = {
    "3월": "삼일절",
    "7월": "제헌절",
    "8월": "광복절",
    "10월": ["개천절", "한글날"]
}

선택_월 = input("월을 입력하세요(예: 3월): ")

if 선택_월 in              :
    국경일 =              [선택_월]
    print(f"{선택_월}의 국경일은 {국경일}입니다.")
else:
    print("해당 월에는 국경일이 없습니다.")
```

<실행 결과>
월을 입력하세요(예: 3월): 8월
8월의 국경일은 광복절입니다.

① 월별_국경일　　　② 선택_월　　　③ 국경일　　　④ 선택_국경일

15 다음 코드의 실행 결과로 옳은 것은?

① 10
② 11
③ 12
④ 13

```
print(len("Hello World!"))
```

16 다음 코드의 실행 결과는?

```
오대양_문자열 = "태평양, 대서양, 인도양, 북극해, 남극해"
오대양_리스트 = 오대양_문자열.split(", ")
print(오대양_리스트[1] + ": 북아메리카, 남아메리카, 유럽, 아프리카 사이에 있음")
```

① 태평양: 북아메리카, 남아메리카, 유럽, 아프리카 사이에 있음
② 대서양: 북아메리카, 남아메리카, 유럽, 아프리카 사이에 있음
③ 북극해: 북아메리카, 남아메리카, 유럽, 아프리카 사이에 있음
④ 남극해: 북아메리카, 남아메리카, 유럽, 아프리카 사이에 있음

17 다음 코드의 실행 결과로 옳은 것은?

① 1
② 2
③ 3
④ 5

```
def 합계(a, b):
    return a + b

결과 = 합계(2, 3)
print(결과)
```

18 다음은 사다리꼴의 윗변, 아랫변, 높이를 입력받아 사다리꼴의 넓이를 계산하여 출력하는 코드와 <실행 결과>이다. 코드의 빈칸에 들어갈 표현식으로 옳은 것은? (단, 사다리꼴의 넓이는 '(윗변 + 아랫변) × 높이 ÷ 2'로 구할 수 있음)

```
def 사다리꼴_넓이_계산(윗변, 아랫변, 높이):
    return

윗변 = float(input("사다리꼴의 윗변 길이를 입력하세요: "))
아랫변 = float(input("사다리꼴의 아랫변 길이를 입력하세요: "))
높이 = float(input("사다리꼴의 높이를 입력하세요: "))

사다리꼴_넓이 = 사다리꼴_넓이_계산(윗변, 아랫변, 높이)

print("사다리꼴의 넓이:", 사다리꼴_넓이)
```

<실행 결과>
사다리꼴의 윗변 길이를 입력하세요: 3
사다리꼴의 아랫변 길이를 입력하세요: 5
사다리꼴의 높이를 입력하세요: 4
사다리꼴의 넓이: 16.0

① (윗변 + 아랫변) × 높이 ÷ 2
② (윗변 + 아랫변) × 높이 / 2
③ (윗변 + 아랫변) * 높이 ÷ 2
④ (윗변 + 아랫변) * 높이 / 2

19 다음 코드를 실행한 결과로 옳은 것은?

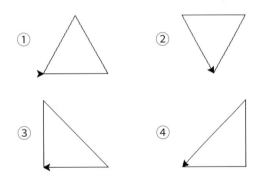

```
import turtle

t = turtle.Turtle()

t.forward(100)
t.left(120)
t.forward(100)
t.left(120)
t.forward(100)
t.left(120)
```

20 다음 코드의 'result' 변수가 가질 수 있는 값을 모두 나열한 것으로 옳은 것은?

① 1, 6
② 2, 3, 4, 5
③ 1, 2, 3, 4, 5
④ 1, 2, 3, 4, 5, 6

```
import random
result = random.randint(1, 6)
```

PART **3**

실전
모의고사

공개문제와 기출문제를 통해 시험이 어떻게 출제되는지 파악하셨나요?

실제 시험에 출제되는 유형과 난이도로 실전 모의고사를 10회분 구성하였습니다.

실제 시험처럼 시간을 정해놓고 풀고 여러분의 실력을 점검해 보세요!

01 다음은 변숫값을 초기화하고 변숫값을 증가시키는 엔트리 코드 블록이다. 이 코드 블록을 파이썬 코드로 변환한 것으로 옳은 것은?

① 나이 = 0
　나이 = 1
② 나이 = 0
　나이 + 1
③ 나이 = 0
　나이 = 0 + 1
④ 나이 = 0
　나이 = 나이 + 1

02 다음 중 정수(integer) 자료형은?

① 3.14　　　　　　② "42"　　　　　　③ -5　　　　　　④ True

03 다음 코드의 실행 결과로 옳은 것은?

```
x = 10
x += 5
print(x)
```

① 5　　　　　　② 10　　　　　　③ 15　　　　　　④ 20

04 다음 코드의 실행 결과로 옳은 것은?

```
x = 5
y = 5

print(x == y)
```

① True　　　　　　② False　　　　　　③ 10　　　　　　④ 0

05 로봇 VR의 탑승 조건이 키 130㎝ 이상, 몸무게 90kg 미만이라고 한다. 다음은 키와 몸무게를 입력하면 로봇 VR을 탑승할 수 있는지 아닌지 출력해 주는 코드와 〈실행 결과〉이다. 코드의 (ㄱ), (ㄴ)에 들어갈 비교 연산자가 순서대로 나열된 것은?

```
height = float(input("키를 입력하세요(cm): "))
weight = float(input("몸무게를 입력하세요(kg): "))

if height  ( ㄱ )  130 and weight  ( ㄴ )  90:
    print("로봇 VR을 탑승할 수 있습니다!")
else:
    print("로봇 VR을 탑승할 수 없습니다ㅠ")
```

〈실행 결과〉
키를 입력하세요(cm): 159
몸무게를 입력하세요(kg): 56
로봇 VR을 탑승할 수 있습니다!

① >, <　　　　　　② >=, <　　　　　　③ >, <=　　　　　　④ >=, <=

06 다음 코드의 실행 결과로 옳은 것은?

```
for i in range(3):
    print("안녕하세요!")
```

① 안녕하세요!
② 안녕하세요!
　안녕하세요!
③ 안녕하세요!
　안녕하세요!
　안녕하세요!
④ 안녕하세요!
　안녕하세요!
　안녕하세요!
　안녕하세요!

07 다음 코드의 실행 결과로 옳은 것은?

```
count = 0
while count < 3:
    count += 1
print(count)
```

① 2　　　　　　　　　② 3
③ 4　　　　　　　　　④ 5

08 다음 코드의 실행 결과로 옳은 것은?

```
for i in range(5):
    print(i)
    if i == 2:
        break
```

① 0 1　　　　　　　　② 0 1 2
③ 0 1 2 3　　　　　　④ 0 1 2 3 4

09 다음 코드의 실행 결과로 옳은 것은? (단, end 옵션의 작은따옴표 사이에 공백이 한 칸 있음)

```
letters = ['A', 'B', 'C']

for letter in letters:
    print(letter, end=' ')
```

① AB　　　　　　　　② A B
③ ABC　　　　　　　④ A B C

10 다음 코드의 실행 결과로 옳은 것은?

```
data = ['banana', 'apple', 'grape']
sorted_data = sorted(data)
```

① ['apple', 'banana', 'grape']

② ['grape', 'banana', 'apple']

③ ['banana', 'grape', 'apple']

④ ['apple', 'grape', 'banana']

11 다음 코드의 실행 결과로 옳은 것은?

```
티니핑_튜플 = ("하츄핑", "바로핑", "아자핑")
티니핑_튜플[1] = "조아핑"
print(티니핑_튜플)
```

① ("조아핑", "바로핑", "아자핑")

② ("하츄핑", "조아핑", "아자핑")

③ ("하츄핑", "바로핑", "조아핑")

④ 에러 발생

12 다음 코드의 실행 결과로 옳은 것은?

```
numbers = (5, 2, 3, 4, 1)

print(sorted(numbers))
print(numbers)
```

① (1, 2, 3, 4, 5)
   (5, 2, 3, 4, 1)

② (1, 2, 3, 4, 5)
   [5, 2, 3, 4, 1]

③ [1, 2, 3, 4, 5]
   (5, 2, 3, 4, 1)

④ [1, 2, 3, 4, 5]
   [5, 2, 3, 4, 1]

13 다음 중 딕셔너리를 생성하는 코드로 옳은 것은?

① dict = key1: value1, key2: value2, key3: value3

② dict = (key1: value1, key2: value2, key3: value3)

③ dict = {key1: value1, key2: value2, key3: value3}

④ dict = [key1: value1, key2: value2, key3: value3]

14 다음 코드의 실행 결과로 옳은 것은?

```python
fruits = {"사과": "apple", "바나나": "banana", "포도": "grape"}

fruits["포도"] = "grapes"

korean_fruits = list(fruits.keys())
print(korean_fruits)

english_fruits = list(fruits.values())
print(english_fruits)
```

① ['사과', '바나나', '포도']
　 ['apple', 'banana', 'grape']
② ['사과', '바나나', '포도']
　 ['apple', 'banana', 'grapes']
③ ['apple', 'banana', 'grape']
　 ['사과', '바나나', '포도']
④ ['apple', 'banana', 'grapes']
　 ['사과', '바나나', '포도']

15 다음 코드의 실행 결과로 옳은 것은?

```python
my_list = [1, 2, 3, 4, 5]
print(len(my_list))
```

① 4　　　　　　　② 5　　　　　　　③ 6　　　　　　　④ 7

16 다음 코드의 실행 결과로 옳은 것은?

```python
문자열 = "파이썬은 정말 쉽고 재미있어요!"
단어 = 문자열.split()
print(단어)
```

① ['파이썬은정말쉽고재미있어요!']　　　② ['파이썬은,정말,쉽고,재미있어요!']
③ ['파이썬은, 정말, 쉽고, 재미있어요!']　　④ ['파이썬은', '정말', '쉽고', '재미있어요!']

17 다음 코드에서 오류가 발생하는 이유는?

```python
def print_value():
    print(value)

print_value()
```

① 함수에 return 문이 없다.　　　　　② 함수가 매개 변수를 받아야 한다.
③ 함수 내에서 정의되지 않은 변수를 사용했다.　④ 함수가 잘못 호출되었다.

18 다음 코드의 실행 결과로 옳은 것은?

```
def divide(x, y):
    return x / y

result = divide(9, 3)
print(result)
```

① 12　　　　　　② 6　　　　　　③ 27　　　　　　④ 3.0

19 다음 코드의 실행 결과로 옳은 것은?

```
import turtle

t = turtle.Turtle()
t.shape('turtle')
t.left(180)
```

①　　　　　②　　　　　③ 　　　　　④

20 다음 코드를 실행하였을 때, '선택_메뉴'가 될 수 있는 것은?

```
import random

메뉴 = ("짜장면", "짬뽕", "볶음밥", "잡채밥", "탕수육", "팔보채")
선택_메뉴 = random.choice(메뉴)
```

① 간짜장　　　　② 차돌짬뽕　　　　③ 새우볶음밥　　　　④ 잡채밥

01 다음 중 파이썬 변수명 규칙에 대한 설명으로 옳지 않은 것은?

① 변수명은 숫자로 시작할 수 없다.

② 변수명은 언더바(_)로 시작할 수 있다.

③ 변수명에는 대소문자를 구분하여 사용할 수 있다.

④ 변수명은 특수문자(@, #, $ 등)를 포함할 수 있다.

02 다음 코드를 실행한 결과로 옳은 것은?

```
value = float("123.456")

print(type(value))
```

① <class 'int'>

② <class 'str'>

③ <class 'bool'>

④ <class 'float'>

03 다음 코드의 실행 결과로 옳은 것은?

```
print(10 // 3)
```

① 3　　　　　② 3.3　　　　　③ 3.333...　　　　　④ 4

04 'not False'의 결과는 무엇인가?

① 1　　　　　② 0　　　　　③ True　　　　　④ False

05 다음 코드의 실행 결과로 옳은 것은?

```
number = 10

if number > 5:
    number += 5

print(number)
```

① 5　　　　　② 10　　　　　③ 15　　　　　④ 20

06 다음 중 for문의 기본 구조로 옳은 것은?

① for i in range():

② for i = 0; i < 10; i++:

③ for (i = 0; i < 10; i++):

④ for i in sequence:

07 다음 중 while문에 대한 설명으로 옳지 않은 것은?

① while문은 반복문이다.

② while문은 조건이 참(Ture)인 동안 반복 실행된다.

③ while문의 조건이 항상 참이면 무한 루프에 빠질 수 있다.

④ 조건 뒤에는 괄호를 붙여야 한다.

08 다음은 사용자로부터 과일 이름을 입력받아 리스트에 추가하고, 'q'를 입력하면 입력을 중단하고 모든 과일 목록을 출력하는 코드이다. 빈칸에 들어갈 내용으로 옳은 것은?

```python
fruits = []
while True:
    fruit = input("과일 이름을 입력하세요 ('q' 입력시 종료): ")
    if fruit.lower() == 'q':
        print("입력을 종료합니다.")

    fruits.append(fruit)

print("입력한 과일 목록:", fruits)
```

① continue

② break

③ pass

④ return

09 다음 코드의 실행 결과로 옳은 것은?

```python
nums = [1, 2, 3, 4, 5]
sum = 0

for num in nums:
    sum += num

print(sum)
```

① 10   ② 15   ③ 20   ④ 25

10 다음 코드를 실행한 후, 리스트의 첫 번째 요소는 무엇인가?

```python
fruits = ['banana', 'apple', 'grape', 'cherry']
fruits.sort()
```

① 'banana'

② 'apple'

③ 'grape'

④ 'cherry'

11 튜플(tuple)은 자료가 변경되면 안 되는 경우에 사용하기에 가장 적합한 자료형이다. 다음 중 튜플을 만들 때 사용하는 기호로 옳은 것은?

① {}   ② ()   ③ [ ]   ④ ""

12 다음 코드의 실행 결과로 옳은 것은?

```
주인공들 = ('아이언맨', '스파이더맨', '헐크', '토르', '블랙팬서')

주인공들_정렬 = sorted(주인공들, reverse=True)

print(주인공들_정렬)
```

① ['헐크', '토르', '스파이더맨', '아이언맨', '블랙팬서']
② ['헐크', '토르', '아이언맨', '스파이더맨', '블랙팬서']
③ ['토르', '스파이더맨', '아이언맨', '헐크', '블랙팬서']
④ ['토르', '스파이더맨', '헐크', '아이언맨', '블랙팬서']

13 다음은 한글로 육하원칙을 입력하면 영어로 출력해 주는 코드이다. 예를 들어 코드 실행 후 '왜'를 입력하면 'why'를 출력해 준다. 빈칸에 공통으로 들어갈 내용으로 옳은 것은?

```
육하원칙 = {
    "누가": "who",
    "언제": "when",
    "어디서": "where",
    "무엇을": "what",
    "어떻게": "how",
    "왜": "why"
}

입력된_육하원칙 = input("육하원칙 중 하나를 입력하세요(누가/언제/어디서/무엇을/어떻게/왜): ")

if 입력된_육하원칙 in              :
    print(                [입력된_육하원칙])
else:
    print("육하원칙이 아닙니다.")
```

① 육하원칙   ② 입력된_육하원칙
③ 왜   ④ why

14 다음 코드의 실행 결과로 옳은 것은?

```
pets = {'dog': 'bark', 'cat': 'meow'}
pets['fish'] = 'bubble'
print(pets['fish'])
```

① bark   ② meow   ③ bubble   ④ 에러 발생

15 다음 코드의 빈칸에 들어갈 함수가 순서대로 올바르게 나열된 것은?

```
numbers = [23, 45, 12, 78, 56]

smallest =              (numbers)
largest =              (numbers)

print("가장 작은 값:", smallest)
print("가장 큰 값:", largest)
```

① small, large

② large, small

③ min, max

④ max, min

16 다음의 코드를 실행하여 <실행 결과>와 같이 출력되게 할 때 코드의 빈칸에 들어갈 내용으로 옳은 것은?

```
text = "one:two:three"
print(text.split(              ))
```

<실행 결과>
```
['one', 'two', 'three']
```

① " "

② ":"

③ "-"

④ ","

17 다음 코드의 실행 결과로 옳은 것은?

```
def show():
    print("This is a function.")

show()
print("Function completed.")
show()
```

① This is a function.

　Function completed.

　This is a function.

② This is a function.

　This is a function.

　Function completed.

③ Function completed.

　This is a function.

　Function completed.

④ Function completed.

　Function completed.

　This is a function.

18 다음 코드의 실행 결과로 옳은 것은?

```
def say_hello(name):
    return "Hello, " + name

print(say_hello("Alice"))
```

① say_hello
② Hello, Alice
③ Alice, Hello
④ "Hello, " + Alice

19 다음 코드의 실행 결과로 옳은 것은?

```
import turtle

거북 = turtle.Turtle()
거북.shape('turtle')
거북.right(90)
거북.forward(100)
```

①　②　③　④

20 다음 코드를 실행했을 때 나올 수 있는 결과로 옳은 것은?

```
import random

for i in range(5):
    print(random.randint(1, 6), end=" ")
```

① 2 5 2 1 6
② 2 8 5 0 6
③ 1 2 3 4 5 6
④ 3 1 4 6 6 2

01 다음 중 파이썬에서 사용할 수 있는 변수명은?

① and　　　　　② True　　　　　③ False　　　　　④ Dokdo

02 다음 중 주어진 값을 정수로 변환하는 함수는?

① str()　　　　　② float()　　　　　③ int()　　　　　④ bool()

03 다음 코드의 실행 결과로 옳은 것은?

```
number = 8
number /= 2
number *= 4
print(number)
```

① 2.0　　　　　② 4.0　　　　　③ 8.0　　　　　④ 16.0

04 다음의 파이썬 표현식 중 'a는 10 미만이다.'를 의미하는 것은?

① a < 10

② a > 10

③ a <= 10

④ a >= 10

05 다음 코드의 실행 결과로 옳은 것은?

```
animal_sound = "멍멍"
if animal_sound == "야옹":
    print("고양이가 근처에 있어요.")
if animal_sound == "멍멍":
    print("강아지가 반겨주네요!")
if animal_sound == "꽥꽥":
    print("오리가 물가에 있어요.")
```

① 고양이가 근처에 있어요.

② 강아지가 반겨주네요!

③ 오리가 물가에 있어요.

④ 에러 발생

06 range(1, 5)가 생성하는 숫자를 올바르게 나열한 것은?

① 1, 2, 3, 4, 5

② 1, 2, 3, 4

③ 0, 1, 2, 3, 4

④ 0, 1, 2, 3

07 다음의 코드를 실행하여 <실행 결과>와 같이 출력되게 할 때 코드의 빈칸에 들어갈 내용으로 옳은 것은? (단, end 옵션의 작은따옴표 사이에 공백이 한 칸 있음)

```
반복 = 1

while repeat <          :
    print("꿀꿀", end=' ')
    반복 += 1
```

<실행 결과>
꿀꿀 꿀꿀 꿀꿀 꿀꿀

① 3   ② 4   ③ 5   ④ 6

08 다음 코드의 실행 결과로 옳은 것은?

```
count = 0
while count < 5:
    if count == 3:
        break
    count += 1
print(count)
```

① 3   ② 4   ③ 5   ④ 6

09 다음 코드의 실행 결과로 옳은 것은?

```
numbers = [2, 4, 6, 8, 10]
sum = 0

for number in numbers:
    sum += number

print(sum)
```

① 10   ② 20   ③ 30

10 다음 코드의 실행 결과로 옳은 것은?

```
pets = ['dog', 'cat', 'bird', 'fish']
sorted_pets = sorted(pets)
print(sorted_pets[0])
```

① 'dog'   ② 'cat'   ③ 'bird'   ④ 'fish'

11 다음 코드의 실행 결과로 옳은 것은?

```
fruits = ('apple', 'banana', 'cherry', 'orange')
print(fruits[2])
```

① apple   ② banana   ③ cherry   ④ orange

12 다음 코드의 실행 결과로 옳은 것은?

```
cities = ('Paris', 'New York', 'Tokyo', 'Berlin', 'Sydney')

print("오름차순으로 도시 정렬:", end=' ')

for city in sorted(cities):
    print(city, end=' ')
```

① Paris New York Tokyo Berlin Sydney

② Berlin New York Paris Sydney Tokyo

③ 오름차순으로 도시 정렬: Berlin New York Paris Sydney Tokyo

④ 오름차순으로 도시 정렬: Paris New York Tokyo Berlin Sydney

13 다음 코드의 실행 결과로 옳은 것은?

```
info = {'name': 'Alice', 'age': 15}
print(info['name'])
```

① 'name'　　　　　② Alice　　　　　③ 'age'　　　　　④ 15

14 다음 코드를 실행하여 '아주'를 입력한 경우 출력되는 결과로 옳은 것은?

```
구품사 = {
    "동사": ["뛰다", "먹다", "보다"],
    "형용사": ["빠르다", "예쁘다", "크다"],
    "명사": ["학교", "사과", "자동차"],
    "대명사": ["나", "너", "그"],
    "수사": ["일", "둘", "셋"],
    "관형사": ["이", "저", "그"],
    "부사": ["아주", "빨리", "조용히"],
    "조사": ["의", "에서", "로"],
    "감탄사": ["와", "아", "헐"]
}

입력_단어 = input("단어를 입력하세요: ")

for 품사, 단어_예 in 구품사.items():
    if 입력_단어 in 단어_예:
        print(f"'{입력_단어}'는 {품사}입니다.")
        break
```

① 아주는 부사입니다.

② '아주'는 부사입니다.

③ 입력_단어는 품사입니다.

④ '입력_단어'는 품사입니다.

15 다음은 사용자로부터 좋아하는 과일을 입력받아 그 과일을 출력하는 코드와 실행 결과이다. 코드의 빈칸에 들어갈 내용으로 옳은 것은?

```
fruit =          ("좋아하는 과일을 입력하세요: ")
print("당신이 입력한 과일은", fruit, "입니다.")
```

〈실행 결과〉
좋아하는 과일을 입력하세요: 샤인머스캣
당신이 입력한 과일은 샤인머스캣 입니다.

① print

② input

③ replace

④ format

16 다음 코드의 실행 결과로 옳은 것은?

```
황금비 = 1.618
print("형식을 적용하면 {:.2f}입니다.".format(황금비))
```

① 형식을 적용하면 1.6입니다.

② 형식을 적용하면 1.61입니다.

③ 형식을 적용하면 1.62입니다.

④ 형식을 적용하면 1.618입니다.

17 다음 중 함수를 정의하는 키워드로 옳은 것은?

① function

② fun

③ def

④ func

18 다음 코드의 실행 결과로 옳은 것은?

```
def subtract(x, y):
    return x - y

result = subtract(10, 4)
print(result)
```

① 6

② 4

③ 14

④ -6

19 다음 코드의 실행 결과로 옳은 것은?

```
import turtle

거북 = turtle.Turtle()
거북.shape('turtle')
거북.left(90)
거북.forward(100)
```

①

②

③

④

20 다음은 주사위 값 1~6 중 하나를 선택하면 주사위를 굴려서 맞혔는지 아닌지 출력하는 코드와 <실행 결과>이다. 코드의 빈칸에 들어갈 조건식으로 옳은 것은?

```
import random

user_guess = int(input("주사위를 굴릴테니, 1~6 사이의 수를 예측해보세요: "))

dice_result = random.randint(1, 6)

if
    print(f"와우! {dice_result}을(를) 맞히다니!")
else:
    print(f"아쉽네요~ {dice_result}이(가) 나왔어요!")
```

<실행 결과>
주사위를 굴릴테니, 1~6 사이의 수를 예측해보세요: 3
아쉽네요~ 1이(가) 나왔어요!

① user_guess = dice_result

② user_guess == dice_result

③ user_guess != dice_result

④ user_guess <= dice_result

01 다음 중 변수 'name'에 '홍길동'을 저장하는 올바른 방법은?

① name = 홍길동　　　　　　　　　② name = '홍길동'

③ 'name' = 홍길동　　　　　　　　　④ 'name' = '홍길동'

02 다음 코드를 실행한 결과로 옳은 것은?

```python
number = -1
is_negative = number < 0

print(type(is_negative))
```

① <class 'int'>　　　　　　　　　② <class 'str'>

③ <class 'bool'>　　　　　　　　　④ <class 'float'>

03 엔트리에는 다음과 같은 '크기를 ◯만큼 바꾸기' 기능이 있다. 크기의 값이 size 변수에 저장되어 있다고 가정할 때, 이 블록을 파이썬 코드로 표현한 것으로 옳은 것은?

크기를 **10** 만큼 바꾸기

① size = 10　　　　　　　　　② size + 10

③ size =+ 10　　　　　　　　　④ size += 10

04 다음 코드의 실행 결과로 옳은 것은?

```python
x = 5
y = 10
z = 5

print((x == y) or (y == z))
```

① 0　　　　　　② 1　　　　　　③ True　　　　　　④ False

05 다음 코드의 실행 결과로 옳은 것은?

```python
score = 85

if score >= 90:
    print("A 학점입니다.")
elif score >= 80:
    print("B 학점입니다.")
else:
    print("C 학점입니다.")
```

① A 학점입니다.　　　　　　　　② B 학점입니다.

③ C 학점입니다.　　　　　　　　④ 에러 발생

06 다음 코드의 실행 결과로 옳은 것은?

```
for i in range(3):
    print(i)
```

① 0
    1
    2

③ 0
    1
    2
    3

② 1
    2
    3

② 1
    2
    3
    4

07 다음 코드는 1부터 100까지 정수 중에서 12와 18의 공약수와 최대공약수를 출력한다. 빈칸에 들어갈 변수로 옳은 것은?

```
num = 1
gcd = 0

while num <= min(12, 18):
    if 12 % num == 0 and 18 % num == 0:
        print('12와 18의 공약수:', num)
        gcd =
    num += 1

print('12와 18의 최대공약수:', gcd)
```

① min
② max
③ num
④ gcd

08 다음 코드의 실행 결과로 옳은 것은?

```
i = 0
while i < 5:
    i += 1
    if i == 3:
        continue
    print(i, end=" ")
```

① 1 2 3 4 5
② 1 2 4 5
③ 0 1 2 4 5
④ 1 2 3 4

09 다음의 코드를 실행하여 <실행 결과>와 같이 출력되게 할 때 코드의 빈칸에 들어갈 내용으로 옳은 것은?

```
nums = [1, 2, 3, 4, 5]
sum = 0

for num in nums:
    sum +=

print(sum)
```

<실행 결과>
15

① num
② nums
③ sum
④ range

10 다음 코드를 실행한 결과로 옳은 것은?

```
과목1 = ['국어', '수학']
과목2 = ['음악', '미술']
과목3 = ['사회', '과학']

과목1.extend(과목3)
print(과목1)
```

① ['국어', '수학']

② ['국어', '수학', '음악', '미술']

③ ['국어', '수학', '사회', '과학']

④ ['국어', '수학', '음악', '미술', '사회', '과학']

11 튜플(tuple)의 특징에 대한 설명으로 옳지 않은 것은?

① 튜플은 한 번 생성하면 요소를 변경할 수 없다.

② 튜플은 리스트와 달리 수정이 불가능하다.

③ 튜플은 데이터를 묶어서 처리할 때 사용할 수 있다.

④ 튜플의 요소는 인덱스를 통해 수정할 수 있다.

12 다음 코드의 실행 결과로 옳은 것은?

```
nums = (3, 1, 4, 1, 5)

sorted_nums = sorted(nums)

print(sorted_nums)
```

① (1, 1, 3, 4, 5)   ② [1, 1, 3, 4, 5]

③ [5, 4, 3, 1, 1]   ④ (5, 4, 3, 1, 1)

13 다음은 친구들의 이름과 생일을 딕셔너리에 저장하여 친구의 이름으로 검색하여 생일을 출력하는 코드이다. 실행 결과로 옳은 것은?

```
생일_목록 = {
    "지민": "1월 10일",
    "소희": "5월 20일",
    "영희": "3월 15일",
    "철수": "9월 7일"
}

소희_생일 = 생일_목록["소희"]
print("소희의 생일:", 소희_생일)
```

① 소희의 생일: 1월 10일   ② 소희의 생일: 5월 20일

③ 소희의 생일: 3월 15일   ④ 소희의 생일: 9월 7일

14 다음 코드의 실행 결과로 옳은 것은?

```
data = {'a': 1, 'b': 2}
removed = data.pop('a')
print(removed)
```

① 1　　　　　　　② 2　　　　　　　③ {'a': a}　　　　　　④ {'b': 2}

15 다음은 피자의 종류와 크기를 입력받아 주문서를 출력하는 코드와 <실행 결과>이다. 코드의 빈칸에 들어갈 변수가 순서대로 나열된 것은?

```
pizza_type = input("피자 종류를 입력하세요: ")
pizza_size = input("피자 크기를 입력하세요(S/M/L): ")

order = "당신이 주문한 피자는 " +          + " 크기의 " +          + " 피자입니다."

print(order)
```

<실행 결과>
피자 종류를 입력하세요: 불고기
피자 크기를 입력하세요(S/M/L): L
당신이 주문한 피자는 L 크기의 불고기 피자입니다.

① 불고기, L
② L, 불고기
③ pizza_type, pizza_size
④ pizza_size, pizza_type

16 다음 코드의 실행 결과로 옳은 것은?

```
속담 = "똥 묻은 소가 겨 묻은 소 나무란다."
수정_속담 = 속담.replace("소", "개")
print(수정_속담 )
```

① 소 잃고 외양간 고친다.
② 개똥도 약에 쓰려면 없다.
③ 똥 묻은 개가 겨 묻은 개 나무란다.
④ 똥 묻은 소개가 겨 묻은 소개 나무란다.

17 다음 코드의 실행 결과로 옳은 것은?

```
def add():
    print(3 + 4)

add()
```

① add　　　　　　② 3 + 4　　　　　　③ 7　　　　　　④ 오류 발생

18 다음 코드의 실행 결과로 옳은 것은?

```
def 나머지_계산(x, y):
    return x % y


나머지 = 나머지_계산(10, 3)
print(나머지)
```

① 1   ② 3   ③ 7   ④ 10

19 다음 코드를 실행한 결과로 옳은 것은?

```
import turtle

t = turtle.Turtle()
t.shape('turtle')

t.left(30)
t.forward(100)
```

①    ②    ③   ④

20 다음 코드의 실행 결과로 나올 수 없는 것은?

```
import random

numbers = list(range(5))
randome_numbers = random.sample(numbers, 3)
print(randome_numbers)
```

① [1, 0, 3]
② [4, 1, 0]
③ [3, 2, 5]
④ [3, 4, 2]

01 다음 중 파이썬의 변수명으로 사용할 수 없는 것은?(단, 파이썬 3임)

① my_age

② 2nd_player

③ student_name

④ 학년

02 다음 코드를 실행한 결과로 옳은 것은?

```python
print(True)
print(int(True))
```

① True	② True	③ False	④ False
0	1	0	1

03 다음은 사용자로부터 정수를 입력받아 짝수인지 홀수인지를 판별하여 알려주는 코드와 <실행 결과>이다. 빈 칸에 들어갈 조건식으로 옳은 것은?

```python
number = int(input("정수를 입력하세요: "))

if                    :
    print("입력한 정수는 짝수입니다.")
else:
    print("입력한 정수는 홀수입니다.")
```

<실행 결과>
정수를 입력하세요: 356
입력한 정수는 짝수입니다.

① number / 2 == 0

② number / 2 == 1

③ number % 2 == 0

④ number % 2 == 1

04 다음 코드의 실행 결과로 옳은 것은?

```python
num1 = 2025
num2 = 2026

print(num1 >= num2)
```

① Yes
② No
③ True
④ False

05 다음 코드를 실행하였을 때 True를 출력되도록 하는 자연수 x는 모두 몇 개인가?

```
if x > 5 and x < 10:
    print("True")
else:
    print("False")
```

① 3개　　　　　　② 4개　　　　　　③ 5개　　　　　　④ 6개

06 다음 코드의 실행 결과로 옳은 것은?

```
for i in range(1, 4):
    print(i, end='')
```

① 14　　　　　　② 123　　　　　　③ 234　　　　　　④ 1234

07 다음 코드의 실행 결과로 옳은 것은?

```
i = 1
sum = 0

while i <= 5:
    sum += i
    i += 1

print(sum)
```

① 5　　　　　　② 10　　　　　　③ 15　　　　　　④ 21

08 다음 코드의 실행 결과로 옳은 것은?

```
for i in range(5):
    if i == 3:
        break
    print(i, end=" ")
```

① 0 1 2　　　　　② 0 1 2 3　　　　③ 1 2 3　　　　④ 0 1

09 다음 코드의 실행 결과로 옳은 것은?

```
seasons = ['Spring', 'Summer', 'Autumn', 'Winter']
print(seasons[3])
```

① Spring
② Summer
③ Autumn
④ Winter

10 다음 코드의 실행 결과로 옳은 것은?

```
colors = ['red', 'blue', 'green', 'yellow']
print(sorted(colors)[1])
```

① 'red'　　　　　　② 'blue'　　　　　　③ 'green'　　　　　　④ 'yellow'

11 다음은 '숫자'라는 튜플을 생성한 후, 1부터 5까지의 숫자만 조회하여 출력하는 코드이다. <실행 결과>와 같이 출력될 때 코드의 빈칸에 들어갈 내용으로 옳은 것은?

```
숫자 = (1, 2, 3, 4, 5, 6, 7, 8, 9)

print(                    )
```

① 숫자[0:5]
② 숫자[1:6]
③ 숫자[:6]
④ 숫자[-5:]

12 다음 코드의 실행 결과로 옳은 것은?

```
items = (6, 4, 7, 3, 8)

sorted_items = sorted(items, reverse=True)

print(sorted_items)
```

① (8, 7, 6, 4, 3)
② [8, 7, 6, 4, 3]
③ (3, 4, 6, 7, 8)
④ [3, 4, 6, 7, 8]

13 다음 코드의 실행 결과로 옳은 것은? (단, get()은 딕셔너리의 특정 키에 대한 값을 조회하는데, 해당 키가 딕셔너리에 없으면 None을 반환함)

```
person = {'name': 'Jane', 'age': 20}
print(person.get('name'))
```

① Jane　　　　　　② age　　　　　　③ 20　　　　　　④ None

14 다음 코드의 실행 결과로 옳은 것은?

```
선수_정보 = {'이름': '손흥민', '나이': 32}
선수_정보['나이'] = 33
print(선수_정보['나이'])
```

① 32　　　　　　② 33　　　　　　③ {'나이': 32}　　　　　　④ {'나이': 33}

15 다음 코드의 실행 결과로 옳은 것은?

```
numbers = [10, 20, 30, 40, 50]
print(max(numbers))
```

① 10　　　　　② 20　　　　　③ 40　　　　　④ 50

16 다음 코드의 실행 결과로 옳은 것은?

```
announcement = "TODAY'S WEATHER IS SUNNY."
calm_announcement = announcement.lower()
print(calm_announcement)
```

① today's weather is sunny.

② TODAY'S WEATHER IS SUNNY.

③ Today's Weather Is Sunny.

④ today'S WEATHER IS SUNNY.

17 다음 코드의 실행 결과로 옳은 것은?

```
def bark():
    print("Bow wow")

bark()
print("Meow")
```

① Bow wow　　② Meow　　　③ Bow wow　　④ Meow
　　　　　　　　　　　　　　　　　Meow　　　　　Bow wow

18 다음은 어떤 숫자가 짝수인지 확인하는 코드와 〈실행 결과〉이다. 코드의 빈칸에 들어갈 수 있는 내용으로 옳은 것은?

```
def 짝수_판별(수):
    return 수 % 2 == 0

수 = int(input("수를 입력하세요: "))
결과 = 짝수_판별(수)

if                  :
    print(수, "은/는 짝수입니다.")
else:
    print(수, "은/는 홀수입니다.")
```

〈실행 결과〉
수를 입력하세요: 10
10 은/는 짝수입니다.

① 결과 = 짝수　② 결과 = True　③ 결과 == True　④ 결과 != True

19 다음 코드를 실행한 결과로 옳은 것은?

```
import turtle

t = turtle.Turtle()
t.shape('turtle')

t.left(90)
t.forward(100)
```

① ② ③ ④

20 다음은 피자의 종류와 크기를 입력받아 주문서를 출력하는 코드와 <실행 결과>이다. 코드의 빈칸에 들어갈 내용으로 옳은 것은?

```
import math

base = 3
exponent = 4

result =              (base, exponent)
print(f"{base}의 {exponent}승은 {result}입니다.")
```

① sum

② pow

③ sqrt

④ log

01 다음 중 변수 name에 문자열 'Alice'를 올바르게 할당한 것은?

① name = Alice

② 'Alice' = name

③ name = 'Alice'

④ name := 'Alice'

02 다음 코드를 실행한 결과로 옳은 것은?

```
pi = "3.14159"

print(type(pi))
```

① <class 'int'>

② <class 'str'>

③ <class 'bool'>

④ <class 'float'>

03 다음 코드의 실행 결과로 옳은 것은?

```
a = 10
b = 3
result = a % b

print(result)
```

① 0   ② 1   ③ 3   ④ 10

04 'x가 30 이하이다'를 올바르게 코딩한 것은?

① x > 30   ② x >= 30   ③ x < 30   ④ x <= 30

05 다음은 나이에 따라 요금이 결정되는 코드이다. 코드를 실행한 결과로 옳은 것은?

```
age = 18

if age < 13:
    print("무료입니다.")
elif age < 18:
    print("청소년 요금입니다.")
else:
    print("성인 요금입니다.")
```

① 무료입니다.   ② 청소년 요금입니다.

③ 성인 요금입니다.   ④ 노인 요금입니다.

06 다음 코드의 실행 결과로 옳은 것은? (단, 실행 결과의 맨 뒤에 공백이 있다고 가정함)

```
for i in range(0, 100, 10):
    print(i, end=" ")
```

① 0 10 20 30 40 50 60 70 80 90
② 0 10 20 30 40 50 60 70 80 90 100
③ 10 20 30 40 50 60 70 80 90
④ 10 20 30 40 50 60 70 80 90 100

07 다음의 코드를 실행하여 <실행 결과>와 같이 출력되게 할 때 코드의 빈칸에 들어갈 내용으로 옳은 것은? (단, end 옵션의 작은따옴표 사이에 공백이 한 칸 있음)

```
repeat = 0

while repeat <        :
    repeat += 1
    print("바라바라", end=' ')

print("밤")
```

<실행 결과>
바라바라 바라바라 밤

① 0　　　② 1　　　③ 2　　　④ 3

08 다음 중 continue 문의 역할로 옳은 것은?
① 반복을 즉시 종료한다.
② 현재 반복을 중단하고 다음 반복으로 넘어간다.
③ 프로그램 실행을 일시 중지한다.
④ 반복의 처음으로 돌아간다.

09 서준이는 베스트 프렌드 5명의 이름을 리스트로 저장하였다. 그런데 얼마 전에 동훈이가 도윤이로 개명을 했다고 한다. 다음은 리스트에 저장된 동훈이의 이름을 수정하는 코드와 <실행 결과>이다. 코드의 빈칸에 들어갈 내용으로 옳은 것은?

```
베스트_프렌드 = ["김은우", "박시우", "안동훈", "이하준", "최건우"]

         = "안도윤"

print(베스트_프렌드)
```

<실행 결과>
['김은우', '박시우', '안도윤', '이하준', '최건우']

① 베스트_프렌드[2]　　② 베스트_프렌드[3]
③ 베스트_프렌드(2)　　④ 베스트_프렌드(3)

10 다음 코드의 실행 결과로 옳은 것은?

```
chars = ['d', 'a', 'c', 'b']
sorted_chars = sorted(chars, reverse=True)
```

① ['a', 'b', 'c', 'd']

② ['d', 'c', 'b', 'a']

③ ['b', 'a', 'd', 'c']

④ ['c', 'd', 'a', 'b']

11 다음의 음식 리스트에서 한식 음식을 골라 튜플로 만든 것은?

```
음식 = ['김치', '스파게티', '초밥', '불고기', '피자']
```

① 한식_음식 = ('김치', '스파게티', '피자')

② 한식_음식 = ('김치', '불고기')

③ 한식_음식 = {'김치', '불고기'}

④ 한식_음식 = {'김치', '스파게티', '초밥'}

12 다음의 코드를 실행한 결과로 옳은 것은?

```
my_birthday = (2013, 4, 20)

del my_birthday

print(my_birthday)
```

① ()

② 에러 발생

③ (2013, 4, 20)

④ 아무것도 출력되지 않음

13 다음 코드가 오류 없이 '김밥'의 가격을 출력하려면 어떻게 수정해야 하는가?

```
menu = {'떡볶이': 4000, '순대': 3500}
print(menu['김밥'])
```

① print(menu[김밥])

② print(menu['김밥'] = 3000)

③ print(menu.get('김밥'))

④ print(menu.set('김밥'))

14 다음 코드의 실행 결과로 옳은 것은?

```
색상코드 = {'빨강': '#FF0000', '녹색': '#00FF00', '파랑': '#0000FF'}
values = list(색상코드.values())
print(values[2])
```

① #00FF00

② #0000FF

③ #FF0000

④ ['빨강', '녹색', '파랑']

15 다음 코드의 실행 결과로 옳은 것은?

```
print(min('apple', 'banana', 'cherry', 'orange'))
```

① apple

② banana

③ cherry

④ orange

16 다음의 코드를 실행하여 <실행 결과>와 같이 출력되게 할 때 코드의 빈칸에 들어갈 내용으로 옳은 것은?

```
text = "PYTHON is fun."
print(sentence.             ())
```

<실행 결과>
Python is fun.

① split

② upper

③ lower

④ capitalize

17 다음 코드의 실행 결과로 옳은 것은?

```
def print_stars():          (ㄱ)
    print("**********")      (ㄴ)

print_stars                 (ㄷ)
print("stars printed")      (ㄹ)
```

① ㄱ

② ㄴ

③ ㄷ

④ ㄹ

18 다음은 이름과 희망직업을 입력하면 응원의 메시지를 출력하는 코드와 <실행 결과>이다. 코드의 빈칸에 들어갈 내용으로 옳은 것은?

```
def 응원_메시지(이름, 직업):
    return f"{이름}님, 꿈꾸는 {직업} 직업을 가질 수 있도록 응원하겠습니다!"

이름 = input("당신의 이름을 입력하세요: ")
희망직업 = input("희망하는 직업을 입력하세요: ")

메시지 =
print(메시지)
```

<실행 결과>
당신의 이름을 입력하세요: 누리
희망하는 직업을 입력하세요: 프로그래머
누리님, 꿈꾸는 프로그래머 직업을 가질 수 있도록 응원하겠습니다!

① 응원 메시지
② 응원 메시지()
③ 응원_메시지(이름, 직업)
④ 응원_메시지(이름, 희망직업)

19 다음 코드를 실행한 결과로 옳은 것은?

```
import turtle

t = turtle.Turtle()

for i in range(3):
    t.forward(100)
    t.left(120)
```

① 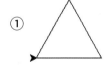　② 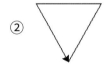　③ 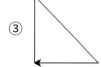　④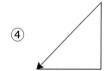

20 어떤 수 x를 제곱하여 a가 될 때, x를 a의 제곱근이라고 한다. 즉, $x^2 = a$가 된다. 예를 들어 3을 제곱하면 9가 되므로, 3은 9의 제곱근이다. 파이썬에서 math.sqrt(x)는 x의 제곱근을 구하여 실수 형태로 반환한다. 다음 코드를 실행하였을 때 출력 결과로 옳은 것은?

```
import math

result = math.sqrt(36)

print(result)
```

① 3.0　　　　② 6.0　　　　③ 9.0　　　　④ 12.0

01 다음 중 파이썬 변수명에 대한 설명으로 옳지 않은 것은?

① 변수명은 숫자로 시작할 수 있다.

② 변수명에서 대소문자는 구분된다.

③ 변수명에 언더바(_)를 사용할 수 있다.

④ 변수명은 알파벳 대문자 또는 소문자로 시작할 수 있다.

02 다음 코드의 실행 결과로 옳은 것은?

```python
a = int(3.9)
b = int("5")
c = a + b
print(c)
```

① 8   ② 8.9   ③ "35"   ④ "3.95"

03 '변수 n이 홀수이다'를 올바르게 코딩한 것은?

① n / 2 == 0   ② n / 2 == 1

③ n % 2 == 0   ④ n % 2 == 1

04 다음 코드의 실행 결과로 옳은 것은?

```python
a = 10
b = 20
c = 30

result = (a < b) and (b < c)
print(result)
```

① 25   ② 40   ③ True   ④ False

05 코드의 (ㄱ), (ㄴ), (ㄷ)에 들어갈 내용이 순서대로 올바르게 나열된 것은?

```python
number = -5

( ㄱ ) number > 0:
    print("양수입니다.")
( ㄴ ) number < 0:
    print("음수입니다.")
( ㄷ ):
    print("0입니다.")
```

① if, elif, else   ② if, elif, elif

③ if, else, elif   ④ if, else, else

06 다음 코드의 실행 결과로 옳은 것은?

```python
numbers = [1, 2, 3, 4, 5]
for i in range(len(numbers)):
    numbers[i] *= 2
print(numbers)
```

① [1, 2, 3, 4, 5]

② [2, 4, 6, 8, 10]

③ [1, 4, 9, 16, 25]

④ [0, 2, 4, 6, 8]

07 다음 코드의 실행 결과로 옳은 것은?

```python
num = 10
while num > 0:
    num -= 2
print(num)
```

① 2   ② 0   ③ -1   ④ -2

08 다음 코드의 실행 결과로 옳은 것은?

```python
for i in range(5):
    if i == 3:
        continue
    print(i)
```

① 0 1 2 4

② 0 1 2 3

③ 0 1 4

④ 0 1 2

09 다음 코드의 출력 결과로 옳은 것은?

```python
fruits = ["apple", "banana", "cherry", "kiwi"]

new_fruits = list(fruits)
new_fruits[1] = "melon"

print(fruits)
```

① ['melon', 'banana', 'cherry', 'kiwi']

② ['apple', 'melon', 'cherry', 'kiwi']

③ ['melon', 'apple', 'banana', 'cherry', 'kiwi']

④ ['apple', 'melon', 'banana', 'cherry', 'kiwi']

10 다음 코드의 실행 결과로 옳은 것은?

```
nums = [1, 2, 3, 4, 5]
squares = []

for num in nums:
    squares.append(num ** 2)

squares.sort(reverse=True)
print(squares)
```

① [2, 4, 6, 8, 10]

② [10, 8, 6, 4, 2]

③ [1, 4, 9, 16, 25]

④ [25, 16, 9, 4, 1]

11 다음 코드를 실행한 <실행 결과>에서 빈칸에 출력되는 데이터 타입으로 옳은 것은?

```
cities = ('서울', '부산', '대구', '인천', '광주')

print('도시:', cities)
print('타입:', type(cities))
```

<실행 결과>
도시: ('서울', '부산', '대구', '인천', '광주')
타입: <class '   '>

① str   ② list   ③ tuple   ④ dict

12 다음 코드의 실행 결과로 옳은 것은?

```
과일 = ("사과", "바나나", "포도", "귤", "딸기")

과일_정렬 = sorted(과일)

print(과일_정렬)
```

① ['귤', '딸기', '바나나', '사과', '포도']

② ('귤', '딸기', '바나나', '사과', '포도')

③ ['사과', '바나나', '포도', '귤', '딸기']

④ ('사과', '바나나', '포도', '귤', '딸기')

13 다음 코드의 실행 결과로 옳은 것은?

```
num_eng = {1: 'one', 2: 'two', 3: 'three', 4: 'four'}
print(len(num_eng[4]))
```

① 1   ② 2   ③ 3   ④ 4

14 다음 코드의 실행 결과로 옳은 것은?

```
학생정보 = {'이름': '이철수', '학년': '3학년', '점수': 95}

for key, value in 학생정보.items():
    print(key, ":", value)
```

① 이름 : 이철수

   학년 : 3학년

   점수 : 95

② {'이름': '이철수', '학년': '3학년', '점수': 95}

③ key : value

④ 이름: 이철수, 학년: 3학년, 점수: 95

15 다음 코드의 실행 결과로 옳은 것은?

```
print(abs(-3.5))
```

① 3

② 3.5

③ 4

④ -3.5

16 다음 코드의 실행 결과로 옳은 것은?

```
시간 = 9
분 = 30
문자열 = "현재 시각은 {hour}시 {minute}분입니다."
print(문자열.format(hour=시간, minute=분))
```

① 현재 시각은 시 분입니다.

② 현재 시각은 9시 30분입니다.

③ 현재 시각은 {hour}시 30분입니다.

④ 현재 시각은 9시 {minute}분입니다.

17 다음 코드의 실행 결과로 옳은 것은?

```
def show_menu:          (ㄱ)
    print("1. 커피")     (ㄴ)
    print("2. 녹차")     (ㄷ)

show_menu()             (ㄹ)
```

① ㄱ

② ㄴ

③ ㄷ

④ ㄹ

18 다음 코드의 실행 결과로 옳은 것은?

```python
def calculate(numbers):
    total = sum(numbers)
    avg = total / len(numbers)
    max_value = max(numbers)
    min_value = min(numbers)

    return {"average": avg, "max": max_value, "min": min_value}

numbers = [3, 4, 5, 6, 7]
result = calculate(numbers)

print(result)
```

① 5, 7, 3

② 5.0, 7, 3

③ {'average': 5, 'max': 7, 'min': 3}

④ {'average': 5.0, 'max': 7, 'min': 3}

19 다음 코드를 실행한 결과로 옳은 것은?

```python
import turtle

t = turtle.Turtle()
t.shape('turtle')

for i in range(2):
    t.forward(100)
    t.left(90)
```

①  ②  ③ 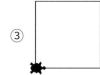 ④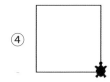

20 다음의 코드를 실행하였을 때 〈실행 결과〉의 빈칸에 들어갈 내용으로 옳은 것은?

```python
import datetime

print(datetime.datetime.now().time())
print(datetime.datetime.now().minute)
```

〈실행 결과〉
09:35:21.457472

① 9   ② 35   ③ 21   ④ 457472

01 다음 중 변수 score에 95.5라는 부동소수점 값을 올바르게 할당한 것은?

① score == 95.5

② 95.5 = score

③ score : 95.5

④ score = 95.5

02 다음 중 문자열 "3.14"를 실수로 변환하는 방법으로 옳은 것은?

① int("3.14")

② float("3.14")

③ str("3.14")

④ bool("3.14")

03 다음 코드를 실행한 결과로 옳은 것은?

```
x = 5
y = 2

print(x ** y)
```

① 2.5

② 7

③ 10

④ 25

04 'y가 0보다 크거나 -10보다 작다'를 올바르게 코딩한 것은?

① y > 0 or y < -10

② y < 0 and y > -10

③ y >= 0 or y <= -10

④ y > 0 and y < -10

05 다음 코드에서 잘못된 부분은 어느 것인가?

```
score = 70
if score >= 60:        (ㄱ)
    print("합격")       (ㄴ)
else                   (ㄷ)
    print("불합격")     (ㄹ)
```

① ㄱ

② ㄴ

③ ㄷ

④ ㄹ

06 다음은 1부터 10까지의 자연수 중에서 홀수의 합을 구하는 코드이다. 빈칸에 들어갈 조건식으로 옳은 것은?

```
sum_of_odds = 0

for i in range(1, 11):
    if               :
        sum_of_odds += i

print("1부터 10까지 홀수의 합:", sum_of_odds)
```

① i / 2 == 0

② i / 2 == 1

③ i % 2 == 0

④ i % 2 == 1

07 냄비에서 물을 끓이고 있다. 물이 100도에 도달할 때까지 끓여야 한다. 다음 중 while문의 조건으로 적합한 것은?

① 물의 온도가 100도 이상일 때
② 물의 온도가 100도 미만일 때
③ 물의 온도가 100도를 초과할 때
④ 물이 이미 끓고 있을 때

08 다음 코드에서 continue가 작동하면 어떤 일이 발생하는가?

```
for i in range(1, 6):
    if i % 2 == 0:
        continue
    print(i)
```

① i가 짝수일 때 반복을 종료한다.
② i가 짝수일 때 출력을 건너뛴다.
③ i가 홀수일 때 출력을 건너뛴다.
④ 반복이 한 번만 실행된다.

09 다음의 코드를 실행하여 <실행 결과>와 같이 출력되게 할 때 코드의 빈칸에 들어갈 내용으로 옳은 것은?

```
items = []

for i in range(3):
    new_item = input("항목을 입력하세요: ")
    items.          (new_item)

print(items)
```

<실행 결과>
항목을 입력하세요: 책
항목을 입력하세요: 공책
항목을 입력하세요: 연필
['책', '공책', '연필']

① append
② insert
③ pop
④ remove

10 다음 코드를 실행한 결과로 옳은 것은?

```
exam_1 = ['코딩', '활용', '능력']
exam_2 = ['1급', '파이썬']

exam_1.extend(exam_2)

print(exam_1)
print(exam_2)
```

① ['코딩', '활용', '능력']
  ['1급', '파이썬']
② ['1급', '파이썬']
  ['코딩', '활용', '능력']
③ ['코딩', '활용', '능력', '1급', '파이썬']
  ['코딩', '활용', '능력']
④ ['코딩', '활용', '능력', '1급', '파이썬']
  ['1급', '파이썬']

11 다음 코드의 실행 결과로 옳은 것은?

```
animals = ('호랑이', '코끼리', '독수리', '토끼', '사자')

print(animals[:3])
```

① ('호랑이', '코끼리')

② ('코끼리', '독수리', '토끼')

③ ('호랑이', '코끼리', '독수리')

④ ('토끼', '사자')

12 다음은 '자동차브랜드'라는 튜플에 저장된 브랜드 이름들을 내림차순(가나다순 역순)으로 정렬한 후 출력하는 코드이다. 실행 결과로 옳은 것은?

```
자동차브랜드 = ("현대", "기아", "벤츠", "아우디", "BMW")

브랜드_정렬 = sorted(자동차브랜드, reverse=True)

print(브랜드_정렬)
```

① ['현대', '기아', '벤츠', '아우디', 'BMW']

② ('현대', '기아', '벤츠', '아우디', 'BMW')

③ ['현대', '벤츠', '아우디', '기아', 'BMW']

④ ('현대', '벤츠', '아우디', '기아', 'BMW')

13 한글 자음은 각각 이름이 있다. 다음은 한글 자음을 입력하면 해당 자음의 이름을 출력하는 코드이다. 코드를 실행하여 'ㅆ'을 입력하였을 경우 출력되는 결과는?

```
consonants = {
    "ㄱ": "기역",
    "ㄴ": "니은",
    "ㄷ": "디귿",
    "ㄹ": "리을",
    "ㅁ": "미음",
    "ㅂ": "비읍",
    "ㅅ": "시옷",
    "ㅇ": "이응",
    "ㅈ": "지읒",
    "ㅊ": "치읓",
    "ㅋ": "키읔",
    "ㅌ": "티읕",
    "ㅍ": "피읖",
    "ㅎ": "히읗"
}

user_input = input("한글 자음을 입력하세요: ")

if user_input in consonants:
    print(consonants[user_input])
else:
    print("유효한 한글 자음이 아닙니다.")
```

① 시옷

② 쌍시옷

③ 쌍시옷

④ 유효한 한글 자음이 아닙니다.

225

14 다음 코드의 실행 결과로 옳은 것은?

```
음식칼로리 = {'피자': 300, '스파게티': 250, '삼겹살': 500}
print(sum(음식칼로리.values()))
```

① 3

② 750

③ 1050

④ ['피자', '스파게티', '삼겹살']

15 다음 코드의 실행 결과로 옳은 것은?

```
number = 4.56789
print(round(number, 2))
```

① 4.57

② 4.56

③ 4.5

④ 4.6

16 다음 코드의 실행 결과로 옳은 것은?

```
실수 = 12.34
문자열 = "형식을 적용하면 {:.1f}입니다."
print(문자열.format(실수))
```

① 형식을 적용하면 10입니다.

② 형식을 적용하면 12입니다.

③ 형식을 적용하면 12.3입니다.

④ 형식을 적용하면 12.34입니다.

17 다음 코드의 실행 결과로 옳은 것은?

```
def greet():
    print("안녕하세요!")
    print("반갑습니다!")

greet()
```

① 안녕하세요!

② 반갑습니다!

③ 안녕하세요!

　　반갑습니다!

④ 아무 것도 출력되지 않음

18 다음 코드의 실행 결과로 옳은 것은?

```python
def absolute_difference(a, b):
    if a > b:
        return a - b
    else:
        return b - a

print(absolute_difference(5, 3))
print(absolute_difference(2, 8))
```

① 2
　6
② -2
　6
③ 2
　-6
④ 8
　10

19 다음 코드를 실행한 결과로 옳은 것은?

```python
import turtle

t = turtle.Turtle()
t.shape('turtle')

for i in range(5):
    t.forward(100)
    t.left(90)
```

① 　② 　③ 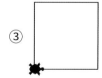　④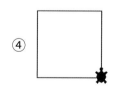

20 다음 코드의 실행 결과로 옳은 것은?

```python
import datetime

print(datetime.date.today().year)
```

① 현재 연도
② 현재 월
③ 현재 일
④ 현재 시각

01 다음 중 변수 isActive에 불린 값 True를 올바르게 할당한 것은?

① isActive = True ② True = isActive

③ isActive := True ④ isActive == True

02 다음 코드의 실행 결과로 옳은 것은?

```
x = 10
y = "10"
print(type(x) == type(y))
```

① True ② False ③ 10 ④ "10"

03 다음의 코드를 실행하면 출력되는 값은?

```
a = 2
b = 3

r1 = a ** b
r2 = b ** a

result = r1 - r2
print(result)
```

① -1 ② 0 ③ 1 ④ -2

04 다음 코드의 실행 결과로 옳은 것은?

```
x = 5
y = 10

print(x != y)
```

① 0 ② 1 ③ True ④ False

06 다음 코드의 실행 결과로 옳은 것은?

```
total = 0

for i in range(1, 4):
    total += i

print(total)
```

① 3 ② 4 ③ 6 ④ 10

05 다음은 소숫점 아래의 값이 0.5보다 크거나 같으면 올림, 그렇지 않으면 내림하는 코드와 <실행 결과>이다. 코드의 빈칸에 들어갈 표현식으로 옳은 것은?

```
길이 = float(input("cm 길이를 입력하세요(예: 3.3): "))

if 길이 - int(길이) >= 0.5:
    어림_길이 =
else:
    어림_길이 = int(길이)

print(f"입력한 길이는 약 {어림_길이}cm입니다.")
```

<실행 결과>
cm 길이를 입력하세요(예: 3.3): 25.7
입력한 길이는 약 26cm입니다.

① int(길이) + 0.5
② int(길이) + 1
③ int(길이) - 0.5
④ int(길이) - 1

07 다음은 1부터 10까지의 짝수의 합을 계산하는 코드이다. 빈칸에 들어갈 수 있는 조건식으로 옳지 않은 것은?

```
num = 2
total = 0

while              :
    total += num
    num += 2

print(total)
```

① num <= 10
② num < 11
③ num != 11
④ num < 10

08 다음 코드에서 무한 루프를 방지하기 위해 들어가야 할 코드는?

```
i = 0
while i < 10:
    if i == 5:
        break
```

① i -= 1   ② i += 1   ③ i = 5   ④ i = 10

09 다음 코드의 출력 결과로 옳은 것은?

```
pets = ["dog", "cat", "rabbit", "hamster"]
pets.remove("rabbit")
print(pets)
```

① ['dog', 'cat', 'rabbit']

② ['dog', 'rabbit', 'hamster']

③ ['dog', 'cat', 'hamster']

④ ['cat', 'rabbit', 'hamster']

10 다음 코드를 실행한 결과로 옳은 것은?

```
list1 = ['a', 'b', 'c']
list2 = ['d', 'e']

list1.extend(list2)

print(list1)
```

① ['d', 'e']

② ['a', 'b', 'c']

③ ['a', 'b', 'c', 'd', 'e']

④ ['a', 'd', 'b', 'e', 'c']

11 다음 중 나머지 셋과 결과값이 다른 하나는?

```
my_tuple = (10, 20, 30, 40, 50, 60)
print(my_tuple[2:5])    (ㄱ)
print(my_tuple[2:])     (ㄴ)
print(my_tuple[-4:])    (ㄷ)
print(my_tuple[-4:-1])  (ㄹ)
```

① ㄱ

② ㄴ

③ ㄷ

④ ㄹ

12 다음의 튜플을 오름차순으로 정렬하여 출력한 결과로 옳은 것은?

```
국가 = ('한국', '미국', '일본', '중국', '러시아')
```

① ['러시아', '미국', '일본', '중국', '한국']

② ['한국', '중국', '일본', '미국', '러시아']

③ ('러시아', '미국', '일본', '중국', '한국')

④ ('한국', '중국', '일본', '미국', '러시아')

13 다음 코드의 실행 결과로 옳은 것은? (단, get()은 딕셔너리의 특정 키에 대한 값을 조회하는데, 해당 키가 딕셔너리에 없으면 None을 반환함)

```
animal = {'type': 'Dog', 'name': 'Buddy', 'age': 3}
print(animal.get('sound'))
```

① Dog   ② Buddy   ③ 3   ④ None

14 다음 코드의 실행 결과로 옳은 것은?

```
languages = {'Python': 1, 'Java': 2, 'C++': 3}
del languages['Java']
del languages
print(languages)
```

① {}
② 에러 발생
③ {'Java': 2}
④ {'Python': 1, 'C++': 3}

15 다음 코드의 실행 결과로 옳은 것은?

```
prices = [100, 200, 300, 400]
print(sum(prices))
```

① 600   ② 900   ③ 1000   ④ 1200

16 다음은 문자열을 변환하는 코드이다. <실행 결과>처럼 변환하려면 코드의 빈칸에 어떤 내용이 들어가야 하는가?

```
sentence = "I love you."
changed_sentence = sentence.
print(changed_sentence)
```

<실행 결과>
I LOVE YOU.

① split()   ② replace()   ③ upper()   ④ lower()

17 다음 코드의 실행 결과로 옳은 것은?

```
def print_numbers():
    print(1)
    print(2)

print_numbers()
```

① 12   ② 1 2   ③ 1   ④ 에러 발생

2

18 다음 코드의 실행 결과로 옳은 것은?

```python
def calculate_average(numbers):
    total = sum(numbers)
    count = len(numbers)
    average = total / count
    return average

result = calculate_average([1, 2, 3, 4, 5])
print(result)
```

① 3   ② 3.0   ③ 5   ④ 15

19 다음 코드를 실행한 결과로 옳은 것은?

```python
import turtle

t = turtle.Turtle()
t.shape('turtle')

for i in range(2):
    t.forward(100)
    t.left(90)
    t.forward(50)
    t.left(90)
```

①   ②    ③   ④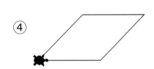

20 time 모듈의 ctime()은 현재 시간을 문자열로 반환한다. 다음 코드를 실행하였을 때 먼저 'Mon April 5 12:08:34 2025' 출력되고 난 후 잠시 후에 출력될 내용으로 옳은 것은?

```python
import time

print(time.ctime())
time.sleep(5)
print(time.ctime())
```

① Mon April 10 12:08:34 2025
② Mon April 5 17:08:34 2025
③ Mon April 5 12:13:34 2025
④ Mon April 5 12:08:39 2025

01 다음의 파이썬 코드 중 올바르게 변수를 선언하고 값을 할당한 코드는?

① apple = 100

② 100 = apple

③ float apple = 100.5

④ apple.100 = int

02 다음 중 파이썬의 기본 자료형이 아닌 것은?

① 정수(integer)

② 실수(float)

③ 문자열(string)

④ 배열(array)

03 다음 코드의 실행 결과로 옳은 것은?

```
value = 50
value -= 5
value //= 9

print(value)
```

① 0
② 5
③ 9
④ 45

04 다음 코드의 실행 결과는?

```
number = 10

print((number > 0) and (number % 2 == 1))
```

① true
② false
③ True
④ False

05 다음 코드에서 잘못된 부분은 어느 것인가?

```
score = 85
if score >= 90:              (ㄱ)
    print("A 학점입니다.")
elif score >= 80:            (ㄴ)
    print("B 학점입니다.")
else:                        (ㄷ)
print("C 학점입니다.")        (ㄹ)
```

① ㄱ
② ㄴ
③ ㄷ
④ ㄹ

06 다음 중 리스트 [1, 2, 3, 4, 5]의 모든 요소를 출력하는 코드로 옳은 것은?

① for i in [1, 2, 3, 4, 5]:
　print(i)

② for i in range(5):
　print(i)

③ for i in range(1, 6):
　print(i)

④ for i in 1, 2, 3, 4, 5:
　print(i)

07 다음 코드의 실행 결과로 옳은 것은?

```
i = 1
sum = 0

while i < 4:
    sum += i
    i += 1

print(sum)
```

① 3　　　　　② 6　　　　　③ 10　　　　　④ 15

08 다음 코드의 실행 결과로 옳은 것은?

```
i = 0
while i < 5:
    i += 1
    if i % 2 == 0:
        continue
    print(i, end=" ")
```

① 2 4　　　　　② 1 3 5　　　　　③ 1 2 3 4　　　　　④ 1 2 3 4 5

09 다음 코드의 실행 결과로 옳은 것은?

```
items = ['a', 'b', 'c', 'd']
del items[1]
print(items)
```

① ['a', 'b', 'c']
② ['a', 'c', 'd']
③ ['b', 'c', 'd']
④ ['a', 'b', 'd']

10 다음 코드는 shopping_list를 생성하고 삭제한 후 길이를 확인하려고 한다. 실행 결과로 옳은 것은?

```python
shopping_list = [
    "사과",
    "바나나",
    "우유",
    "빵"
]

del shopping_list

print(len(shopping_list))
```

① 4   ② 3   ③ 0   ④ 에러 발생

11 다음 코드의 실행 결과로 옳은 것은?

```python
numbers_1 = [1, 2, 3, 4, 5]
numbers_2 = tuple(numbers_1)
print(numbers_2)
```

① 1, 2, 3, 4, 5

② (1, 2, 3, 4, 5)

③ {1, 2, 3, 4, 5}

④ [1, 2, 3, 4, 5]

12 다음 코드의 실행 결과로 옳은 것은?

```python
음악_장르 = ("클래식", "재즈", "록", "팝", "힙합")

del 음악_장르

print(음악_장르)
```

① []

② None

③ 에러 발생

④ ('클래식', '재즈', '록', '팝', '힙합')

13 다음 코드의 실행 결과로 옳은 것은?

```python
capitals = {'한국': '서울', '미국': '워싱턴 D.C.', '일본': '도쿄', '중국': '베이징'}
print(capitals['중국'])
```

① 서울

② 워싱턴 D.C.

③ 도쿄

④ 베이징

14 다음 코드의 실행 결과로 옳은 것은?

```
가전제품_가격 = {'TV': 500000, '냉장고': 1000000, '세탁기': 700000, '에어컨': 600000}
가전제품 = list(가전제품_가격.keys())
print(가전제품[0])
```

① 냉장고   ② TV   ③ 세탁기   ④ 에어컨

15 다음 코드의 실행 결과로 옳은 것은?

```
languages = ["Python", "Java", "C++", "JavaScript"]
print(len(languages))
```

① 3   ② 4   ③ 5   ④ 6

16 다음 코드의 실행 결과로 옳은 것은?

```
강의 = "파이썬 기초"
학생수 = 30
print(f"강의명: {강의}, 학생 수: {학생수}명")
```

① 강의명: 파이썬 기초, 학생 수: 30명
② 강의명: {강의}, 학생 수: {학생수}명
③ 강의명: 강의, 학생 수: 학생수명
④ 강의명: 파이썬 기초, 학생 수: 명

17 다음 코드의 실행 결과로 옳은 것은?

```
def jump():
    print("Jumping high!")

jump()
print("Finished jumping!")
jump()
```

① Jumping high!
   Finished jumping!
   Jumping high!
② Finished jumping!
   Jumping high!
   Jumping high!
③ Jumping high!
   Jumping high!
   Finished jumping!
④ Jumping high!
   Jumping high!
   Jumping high!

18 다음 함수를 호출하여 "안녕하세요, 홍길동님!"을 출력하려면 어떻게 해야 하는가?

```
def greet(name):
    print(f"안녕하세요, {name}님!")
```

① greet()

② greet(name)

③ greet(홍길동)

④ greet("홍길동")

19 다음 코드를 실행한 결과로 옳은 것은?

```
import turtle

t = turtle.Turtle()
t.shape('turtle')

for i in range(4):
    t.forward(50)
    t.left(90)
    t.forward(50)
    t.right(90)
```

①   ②   ③   ④

20 다음은 사용자가 입력한 시간(초)만큼 "대기중" 문자에 점(.)이 1초당 1개씩 찍히게 하는 코드와 <실행 결과>이다. 코드의 빈칸에 들어갈 내용으로 옳은 것은?

```
import time

대기시간 = int(input("대기 시간(초)을 입력하세요: "))
print("대기중", end='')

for i in range(대기시간):
    time.sleep(          )
    print(".", end='')

print("\n완료!")
```

<실행 결과>
대기 시간(초)을 입력하세요: 10
대기중.........
완료!

① .   ② 1   ③ 대기중   ④ 대기시간

PART 4

정답 및 해설

Part 1(파이썬 즐기기), Part 2(공개 및 기출문제), Part 3(실전 모의고사)의

모든 문제에 대한 정답을 수록하였습니다.

Part 1의 문제 해결 척척, Part 2, Part 3의 문제는 해설까지 수록하였습니다.

18쪽 ▶ **생각 열기**

◉ 컴퓨터에는 어떤 종류들이 있을까요?

　예 데스크톱 컴퓨터, 노트북(랩톱) 컴퓨터, 태블릿 PC, 스마트폰, 서버 컴퓨터 등

◉ 여러분은 컴퓨터로 주로 무엇을 하나요?

　예 인터넷 검색, 숙제하기, 게임하기, 동영상 시청, 그림 그리기 등

◉ 여러분은 컴퓨터를 통해 어떤 일을 해보고 싶나요?

　예 나만의 게임 만들기, 웹사이트 디자인하기, 로봇 프로그래밍하기, 애니메이션 만들기, 3D 모델링 해보기 등

◉ 컴퓨터를 통해 해보고 싶은 일을 하려면 무엇을 배워야 할까요?

　예 프로그래밍 언어(예: 파이썬, 엔트리, 스크래치), 그래픽 디자인 도구(예: 포토샵) 사용법, 3D 모델링 소프트웨어(예: 3ds Max) 사용법, 컴퓨터 과학 등

19쪽 ▶ **1. 코딩이란 무엇인가요?**

영어, 한국어, 영어, 중국어, 일본어, 프랑스어, 스페인어, 케냐어(스와힐리어)

22쪽 ▶ **4. 파이썬과 대화해요.**

```
>>> 123 + 456
579
>>> print(123 + 456)
579
>>> print(13)        # 여러분의 나이를 입력해 보세요.
13
```

```
>>> print('홍길동')    # 여러분의 이름을 입력해 보세요.
홍길동
>>> print("대한초등학교")
대한초등학교
```

22쪽 ▶ **정리하기**

❶ 프로그래밍 언어　　　　　❷ 코딩, 프로그래밍　　　　　❸ 파이썬

23쪽 ▶ **문제 해결 척척**

01 ④ 프로그래밍 언어는 컴퓨터와 소통하기 위해 사용하는 언어로, 컴퓨터에게 명령을 전달하는 방식입니다.

02 ② C, 자바, 파이썬은 모두 프로그래밍 언어이지만, 영어는 사람이 의사소통을 위해 사용하는 자연어입니다.

03 ③ 코딩은 프로그래밍 언어를 사용해 컴퓨터에게 작업을 수행하도록 명령을 작성하는 과정입니다.

04 ⑤ 코딩과 프로그래밍은 사실상 동일한 의미로, 컴퓨터 프로그램을 작성하는 과정을 말합니다.

05 ① 코딩을 배우면 문제 해결 능력을 키우고, 게임이나 앱을 만들 수 있으며 컴퓨터와 소통할 수 있지만, 컴퓨터를 고장내는 것이 아니라 오히려 컴퓨터를 고칠 수 있습니다.

06 ④ 파이썬은 간결하고 직관적인 문법을 가지고 있어 짧은 코드로도 강력한 프로그램을 만들 수 있습니다.

07 ① 인터넷은 특정한 프로그래밍 언어로 개발된 것이 아니라 여러 기술들의 결합체입니다.

08 ② 파이썬에서 '3+4'를 입력하면 덧셈 연산이 수행되어 결과는 7입니다.

09 ① 파이썬에서 '8-4'를 입력하면 뺄셈 연산이 수행되어 결과는 4입니다.

10 ④ 파이썬에서 print() 함수는 화면에 출력하는 명령어입니다. "홍길동"을 출력하려면 print('홍길동') 또는 print("홍길동")과 같이 작성해야 합니다.

● 여러분의 책가방에는 어떤 것들이 들어 있나요?

  예 교과서, 공책, 필통, 도시락, 물통, 실내화, 숙제, 체육복, 우산, 휴지 등

● 여러분의 필통에는 어떤 것들이 들어 있나요?

  예 연필, 지우개, 볼펜, 색연필, 자, 가위, 샤프펜슬, 형광펜, 수정테이프 등

● 여러분의 책상 위에 9칸짜리 정리함이 있다고 할 때, 어떤 것들을 넣으면 좋을지 생각해 보고 각 칸에 9개의 이름을 적어 보세요(예: 색연필).

  예 색연필, 마커, 스티커, 접착제, 종이클립, 포스트잇, 테이프, 지우개, 연필깎이 등

● 변수에 저장된 값을 바꾸는 방법

<table>
<tr><td>

```
>>> 나이 = 10
>>> 나이
10
>>> 나이 = 11
>>> 나이
11
```

</td><td>

```
>>> age = 12
>>> age
12
>>> age = 13
>>> age
13
```

</td><td>

```
>>> 키 = 140.0
>>> 키
140.0
>>> 키 = 140.5
>>> 키
140.5
```

</td></tr>
<tr><td>

```
>>> height = 153.5
>>> height
153.5
>>> height = 158.0
>>> height
158.0
```

</td><td colspan="2">

```
>>> name = 홍길동
NameError: name '홍길동' is not defined
>>> name = "홍길동"
>>> name
'홍길동'
>>> name = '홍길순'
>>> name
'홍길순'
```

</td></tr>
</table>

● 문자(영어/한글), 숫자, 밑줄 문자(_)만 사용할 수 있어요.
  cat, LEVEL9, your_name, _name, 책상, 아이유, 초등_5학년

● 숫자로 시작할 수 없어요.
  item3, K5, VITA500, level5_stage2,

● 영어 대문자와 소문자를 구분해요.
  banana ≠ BANANA
  python ≠ Python
  mycomputer ≠ myComputer

● 공백(빈칸)은 사용할 수 없어요.
  OH_MY_GIRL, BLACKPINK, BTS, NewJeans

● 의미 있는 이름을 사용하는 것이 좋아요.
  name, student_name, time, end_time

01. ② **02.** ④ **03.** ④ **04.** ④ **05.** ② **06.** ② **07.** ④ **08.** ③ **09.** ① **10.** ④

❶

>>> name = "홍길동"
>>> name
'홍길동'
>>> age = 15
>>> age
15
>>> blood_group = "O"
>>> blood_group
'O'
	>>> 학교 = "대한초등학교"
	>>> 학교
	'대한초등학교'
	>>> 학년 = 6
	>>> 학년
	6
		>>> 반 = 3
		>>> 반
		3
		>>> 번호 = 10
		>>> 번호
		10

❷

>>> group_name = "방탄소년단"
>>> group_name
'방탄소년단'
	>>> member_count = 7
	>>> member_count
	7

❸ 사용할 수 있는 변수: name, my_name, age, my_age, total, result2, max_size, min_size, width, height, area 등

사용할 수 없는 변수: 1st_player(숫자로 시작할 수 없음), my name(공백을 포함할 수 없음), my-email(하이픈(-)은 사용할 수 없음), if(파이썬 예약어는 사용할 수 없음)

❶ 변수   ❷ _   ❸ 숫자   ❹ =

01 ② 변수는 변하는 수 또는 값을 저장할 수 있는 공간을 말합니다. 상수는 값이 변하지 않으며, 함수는 코드 블록을 의미합니다.

02 ④ 변수는 프로그램이 동작하는 동안 값이 변경될 수 있습니다. 값이 바뀌지 않는 것은 상수에 해당합니다.

03 ① 파이썬 변수명에는 공백을 포함할 수 없습니다.

04 ② 파이썬 변수명에는 하이픈(-)을 사용할 수 없으며, 밑줄(_)을 사용해야 합니다.

05 ④ Model 3은 공백이 포함되어 있으므로 변수명으로 사용할 수 없습니다.

06 ④ 2NE1은 숫자로 시작하고, IZ*ONE은 특수 문자(*)가 포함되고, OH MY GIRL은 공백이 포함되어 있어 변수명으로 사용할 수 없습니다.

07 ② 7up은 숫자로 시작하고, Welch's는 특수 문자(*)가 포함되고, T.O.P는 마침표(.)가 포함되어 변수명으로 사용할 수 없습니다.

08 ④ 파이썬에서 변수에 값을 저장할 때는 '변수명 = 값' 형식을 사용합니다. age = 12는 age 변수에 숫자 12를 저장하는 올바른 방법입니다.

09 ② 파이썬에서 변수에 값을 저장할 때는 '변수명 = 값' 형식을 사용합니다. 학년 = 5는 학년 변수에 숫자 5를 저장하는 올바른 방법입니다.

10 ④ 파이썬에서 값을 문자열로 할당할 때는 문자열을 작은따옴표(')나 큰따옴표(")로 감싸야 합니다. 따라서 과목 = '파이썬' 또는 과목 = "파이썬"이 올바른 방법입니다.

30쪽 ▶ **생각 열기**

● 시장이나 마트에 가면 어떤 것들을 살 수 있나요?

   예 식품류: 과일, 채소, 육류, 해산물, 곡물, 빵, 과자, 음료
   수 등

   생활용품: 휴지, 칫솔, 치약, 샴푸, 린스, 비누, 세탁세
   제, 주방세제 등

   문구류: 연필, 볼펜, 형광펜, 지우개, 노트, 색종이 등

   의류: 티셔츠, 와이셔츠, 청바지, 양말, 내의, 슬리퍼,
   운동화, 장화 등

● 시장이나 마트에서 파는 물건들은 어떻게 분류할 수 있을
  까요?

   예 식품(신선식품, 가공식품 등), 생활용품(욕실용품, 주
   방용품 등), 문구류(필기류, 종이류), 의류(옷, 신발
   등) 등

● 아래의 그림에서 비슷한 것끼리 묶어 보고 각 묶음의 종류
  를 적어 보세요.

   예 과일류: 바나나, 오렌지, 레몬

   채소류: 오이, 완두콩, 브로콜리

   해산물: 생선, 새우

   육류: 돼지고기, 소고기, 닭고기

31쪽 ▶ **1. 자료형이란 무엇인가요?**

● 자료를 분류해 볼까요?

   – 10, 0, –5: 정수(양수, 음수, 0으로 간단하게 표현함)

   – 3.14, –0.05, 2.5: 실수(소수점이 있는 수로, 더 정밀하게 표현함)

   – True, False: 불리언(참과 거짓을 표현함)

   – "1234", "홍길동", "Python": 문자열(따옴표로 둘러싸인 텍스트임)

32쪽 ▶ **2. 자료형은 어떻게 확인하나요?**

● 자료형을 확인해 보아요!

```
>>> type(10)          >>> type(3.14)        >>> type("홍길동")     >>> type(true)
<class 'int'>         <class 'float'>       <class 'str'>        에러 발생
>>> type(0)           >>> type(2.0)         >>> type("Python")    >>> type(True)
<class 'int'>         <class 'float'>       <class 'str'>        <class 'bool'>
>>> type(-5)          >>> type(-0.5)        >>> type("1234")      >>> type(False)
<class 'int'>         <class 'float'>       <class 'str'>        <class 'bool'>
```

● 여러분의 이름, 나이, 키, 성별의 자료형을 확인해요.

```
# 괄호 안에 이름을 입력해요.           # 괄호 안에 나이를 입력해요.
>>> type("홍길순")                    >>> type(12)
<class 'str'>                        <class 'int'>
```

```
# 괄호 안에 키를 소수 첫째 자리까지 입력해요.   # 괄호 안에 "나는 여자인가?"라는 질문에 참이면
>>> type(153.5)                             True, 거짓이면 False를 입력해요.
<class 'float'>                             >>> type(True)
                                            <class 'bool'>
```

| ```
>>> int(3.14)
3
>>> int("123")
123
>>> int(True)
1
>>> int(False)
0
``` | ```
>>> float(3)
3.0
>>> float("3.14")
3.14
>>> float(True)
1.0
>>> float(False)
0.0
``` | ```
>>> str(100)
'100'
>>> str(3.14)
'3.14'
>>> str(True)
'True'
>>> str(False)
'False'
``` | ```
>>> bool(1)
True
>>> bool(0)
False
>>> bool(100)
True
>>> bool("파이썬")
True
``` |

31쪽 ▶ **Quiz**

01. ④　　**02.** ①

34쪽 ▶ **창의력 팡팡**

❶ 정수(int) : 0, 1, 2, 24, 365
　실수(float) : 1.414, 2.718, 3.14, 1.618, 9.81
　문자열(str) : "파이썬", "Python", "2024","Hello~!!", "나는 학생입니다."
　불리언(bool) : True, False

❷

| ```
>>> int(3.14)
3
>>> int("-5")
-5
>>> int(True)
1
``` | ```
>>> float(10)
10.0
>>> float("-5")
-5.0
>>> float(True)
1.0
``` | ```
>>> str(10)
'10'
>>> str(-5)
'-5'
>>> str(False)
'False'
``` | ```
>>> bool(1)
True
>>> bool(0)
False
>>> bool("")
False
``` |

34쪽 ▶ **정리하기**

❶ int, float, str, bool
❷ type

35쪽 ▶ **문제 해결 척척**

01 ① 2025는 정수형 데이터이므로, type(year)의 결과는 <class 'int'>입니다.

02 ④ 42.195는 실수형 데이터이므로, type(마라톤_거리)의 결과는 <class 'float'>입니다.

03 ② "12345"는 문자열이므로, type(value)의 결과는 <class 'str'>입니다.

04 ③ True는 불리언 자료형이므로, type(is_sunny)의 결과는 <class 'bool'>입니다.

05 ② "True"는 문자열이므로, type(is_python_fun)의 결과는 <class 'str'>입니다.

06 ① int(3.14)는 소수점 이하를 제거한 3으로 변환되고, int("123")은 123으로 변환됩니다. 따라서 a + b = 3 + 123 = 126입니다.

07 ② 파이썬에서 True는 1로, False는 0으로 변환됩니다. 따라서 참 + 거짓 = 1 + 0 = 1입니다.

08 ② float("20.5")는 문자열 "20.5"를 실수형 20.5로 변환합니다. 따라서 result의 값은 20.5입니다.

09 ② str(1)은 정수 1을 문자열 '1'로 변환합니다. 따라서 one의 값은 '1'입니다.

10 ③ bool(0)은 False, bool(1)은 True, bool(3.14)는 True, bool("cat")도 True입니다. 따라서 a, b, c, d = False, True, True, True입니다.

36쪽 ▸ 생각 열기

● 여러분은 수학 시간에 어떤 연산(계산)을 배우나요?

　예 수학 시간에 배우는 기본적인 연산에는 덧셈(+), 뺄셈(-), 곱셈(×), 나눗셈(÷)이 있습니다.

● 계산기를 사용하면 복잡한 계산도 빠르고 정확하게 계산할 수 있어요. 윈도우의 계산기 앱을 실행하여 다음의 수식을 계산하여 결과를 적어 보세요

　- 123 + 456 + 789 = 1368

　- 3.75 + 2.48 + 5.2 = 11.43

　- 850 - 475 - 159 = 216

　- 10.5 - 2.75 - 3.4 = 4.35

　- 15 × 126 × 7 = 13230

　- 3.4 × 2.5 × 4.9 = 41.65

　- 1440 ÷ 12 ÷ 3 = 40

　- 6.75 ÷ 1.5 ÷ 2.5 = 1.8

● 파이썬으로 계산 프로그램을 만든다면, 어떤 계산을 하고 싶나요?

　예 사칙연산을 모두 수행할 수 있는 간단한 계산기
원의 넓이나 둘레를 계산하는 프로그램
삼각형의 넓이를 계산하는 프로그램
섭씨를 화씨로 변환하는 프로그램

37쪽 ▸ 1. 산술 연산자는 무엇일까요?

15 + 12 = 27, 14 × 2 = 28

19 - 13 = 6, 18 ÷ 3 = 6

12 * 3 = 36, 15 / 5 = 3

>>> 15 + 7
22
>>> 30 + 12
42
>>>
>>> 100 + 250
350
>>> 17.5 + 2.5
20.0
	>>> 20 - 8
	12
	>>> 50 - 20
	30
	>>> 100 - 45
	55
	>>> 10.5 - 2.5
	8.0
		>>> 6 * 5
		30
		>>> 10 * 3
		30
		>>> 4 * 25
		100
		>>> 2.5 * 4
		10.0
			>>> 18 / 3
			6.0
			>>> 100 / 4
			25.0
			>>> 81 / 9
			9.0
			>>> 10 / 2.5
			4.0

>>> 20 // 6
3
>>> 50 // 8
6
>>> 25 // 5
5
>>> 100 // 15
6
	>>> 10 % 3
	1
	>>> 20 % 7
	6
	>>> 50 % 6
	2
	>>> 100 % 20
	0
		>>> 3 ** 2
		9
		>>> 3 ** 3
		27
		>>> 2 ** 4
		16
		>>> 7 ** 2
		49	

39쪽 ▸ 2. 코딩을 빠르게 하는 복합 대입 연산자

>>> a = 5
>>> a = a + 3
>>> a
8
>>> a += 2
>>> a
10
	>>> a = 8
	>>> a = a - 3
	>>> a
	5
	>>> a -= 3
	>>> a
	2
		>>> a = 2
		>>> a = a * 3
		>>> a
		6
		>>> a *= 3
		>>> a
		18
			>>> a = 18
			>>> a = a / 3
			>>> a
			6.0
			>>> a /= 3
			>>> a
			2.0

| ```
>>> a = 20
>>> a = a // 3
>>> a
6
>>> b = 30
>>> b //= 7
>>> b
4
``` | ```
>>> a = 16
>>> a = a % 3
>>> a
1
>>> b = 19
>>> b %= 5
>>> b
4
``` | ```
>>> a = 2
>>> a = a ** 3
>>> a
8
>>> b = 2
>>> b **= 3
>>> b
8
``` | |

40쪽 ▶ **창의력 팡팡**

❶
```
>>> 수1 = 16
>>> 수2 = 3
>>> 몫 = 수1 // 수2
>>> 나머지 = 수1 % 수2
>>> 몫
5
>>> 나머지
1
```

❷
```
>>> 2 ** 10
1024
>>> 2 ** 20
1048576
```

❸

| ```
>>> score = 10
>>> score += 4
>>> score
14
``` | ```
>>> score = 10
>>> score -= 4
>>> score
6
``` | ```
>>> score = 10
>>> score *= 4
>>> score
40
``` |
| ```
>>> score = 10
>>> score /= 4
>>> score
2.5
``` | ```
>>> score = 10
>>> score //= 4
>>> score
2
``` | ```
>>> score = 10
>>> score %= 4
>>> score
2
``` |
| ```
>>> score = 10
>>> score **= 4
>>> score
10000
``` | | |

41쪽 ▶ **문제 해결 척척**

01 ③ 8 * 8은 곱셈 연산으로, 연산 결과는 64입니다.

02 ② 9 / 2는 나눗셈 연산으로, 연산 결과는 4.5입니다. 파이썬에서 /는 소수점을 포함한 나눗셈을 의미합니다.

03 ④ ① 3 + 5 = 8, ② 10 – 2 = 8, ③ 4 * 2 = 8이며, ④ 16 / 2 = 8.0으로, 실수형인 8.0이 나머지와 다릅니다.

04 ③ 14 % 4는 14를 4로 나눈 나머지를 구하는 연산으로, 연산 결과인 나머지는 2입니다.

05 ③ 20 // 3은 정수 몫을 구하는 연산으로, 20을 3으로 나누면 정수 몫은 6입니다.

06 ④ 2 ** 3은 거듭제곱 연산으로 2의 3제곱, 즉 2 x 2 x 2 = 8입니다.

07 ④ += 연산자는 기존 값에 10을 더하는 복합 대입 연산자입니다. '점수 += 10'은 '점수 = 점수 + 10'과 같은 의미입니다.

08 ② candies -= 3은 소희가 가진 사탕에서 3개를 뺀다는 의미입니다.

09 ① 모든 용돈을 더해야 하므로 + 연산자를 사용합니다.

10 ③ 일_리 * 1000은 0.4km에 1000을 곱해 천 리의 거리를 계산합니다.

42쪽 ▶ **생각 열기**

● 여러분은 탕수육 부먹파인가요, 찍먹파인가요?
  예 찍먹파
● 여러분이 부먹파 또는 찍먹파인 이유는 무엇인가요?
  예 찍먹파: 튀김과 소스가 잘 섞여서 식감이 부드럽고, 맛
  이 진하기 때문이다.
  부먹파: 튀김의 식감이 바삭하고, 소스의 양을 조절할
  수 있기 때문이다.

● 우리 반 친구들의 부먹파와 찍먹파 인원수를 세어 보아요.
  예 부먹파: 8명, 찍먹파 14명
● 부먹파와 찍먹파의 인원수를 비교한 후에 빈칸에 =, <, >
  중에서 하나를 적어 보세요.
  예 부먹파 < 찍먹파

43쪽 ▶ **1. 비교 연산자란 무엇인가요?**

```>>> 5 > 3```
```True```
```>>> 3 > 5```
```False```
```>>> 3.4 > 3.1```
```True```
	```>>> 5 < 3```
	```False```
	```>>> 3 < 5```
	```True```
	```>>> 3.4 < 3.1```
	```False```
		```>>> 5 >= 3```
		```True```
		```>>> 5 >= 5```
		```True```
		```>>> 3.1 >= 3.4```
		```False```

```>>> 5 <= 3```
```False```
```>>> 5 <= 5```
```True```
```>>> 3.1 <= 3.4```
```True```
	```>>> 3 == 3```
	```True```
	```>>> 3 == 5```
	```False```
		```>>> 3 != 3```
		```False```
		```>>> 3 != 5```
		```True```

44쪽 ▶ **2. 문자열도 비교할 수 있어요!**

```>>> 'apple' > 'banana'```
```False```
```>>> 'cat' > 'dog'```
```False```
	```>>> 'apple' < 'banana'```
	```True```
	```>>> 'cat' < 'dog'```
	```True```
		```>>> 'apple' >= 'banana'```
		```False```
		```>>> 'cat' >= 'dog'```
		```False```

```>>> 'apple' <= 'banana'```
```True```
```>>> 'cat' <= 'dog'```
```True```
	```>>> 'cat' == 'cat'```
	```True```
	```>>> 'Python' == 'python'```
	```False```
		```>>> 'cat' != 'dog'```
		```True```
		```>>> 'coding' != 'coding'```
		```False```

```>>> str1 = 'cat'```
```>>> str2 = 'bat'```
```>>> str1 > str2```
```True```
```>>> str1 < str2```
```False```
```>>> str1 == str2```
```False```
```>>> str1 != str2```
```True```
	```>>> str1 = 'Dog'```
	```>>> str2 = 'dog'```
	```>>> str1 == str2```
	```False```
	```>>> str1 != str2```
	```True```
	```>>> str1 > str2```
	```False```
	```>>> str1 < str2```
	```True```
		```>>> str1 = 'apple'```
		```>>> str2 = 'apple'```
		```>>> str1 == str2```
		```True```
		```>>> str1 != str2```
		```False```
		```>>> str1 > str2```
		```False```
		```>>> str1 < str2```
		```False```

```
>>> str1 = 'orange'
>>> str2 = 'grape'
>>> str1 > str2
True
>>> str1 < str2
False
```

```
>>> str1 = 'book'
>>> str2 = 'notebook'
>>> str1 > str2
False
>>> str1 < str2
True
```

45쪽 ▶ **3. 퀴즈를 통해 비교 연산자를 이해해요!**

01. ②, ④ **02.** ① **03.** ②, ④ **04.** ③ **05.** ②, ④ **06.** ②, ④ **07.** ②, ③ **08.** ①, ④ **09.** ④ **10.** ②, ④

46쪽 ▶ **창의력 팡팡**

❶
```
>>> my_age = 12
>>> my_age == 12
True
>>> my_age != 21
True
>>> my_age > 10
True
>>> my_age < 20
True
>>> my_age >= 12
True
>>> my_age <= 12
True
```

❷
```
>>> my_age = 12
>>> my_age == 13
False
>>> my_age != 12
False
>>> my_age > 15
False
>>> my_age < 10
False
>>> my_age >= 15
False
>>> my_age <= 10
False
```

46쪽 ▶ **정리하기**

❶ 비교   ❷ >=, <=, >, <   ❸ True, False

47쪽 ▶ **문제 해결 척척**

01 ③ 파이썬에서 변수에 값을 저장할 때는 '변수명 = 값' 형식을 사용합니다. 10과 10을 비교할 경우에는 '10 == 10' 형식을 사용합니다.

02 ④ '2024 == 2025'는 2024와 2025가 같은지 비교하는 식인데, 값이 같지 않으므로 'False'가 출력됩니다.

03 ④ "Python" == "python"은 대소문자를 구별하기 때문에 두 문자열이 같지 않아서 'False'가 출력됩니다.

04 ① '!='연산자는 두 값이 같지 않다는 것을 의미하는 연산자입니다.

05 ② '<='는 '작거나 같다'를 의미하며, 10 이하의 값을 나타내는 표현식입니다.

06 ② 'a > b'는 10이 20보다 큰지 비교하는 식이므로 'False'가 출력됩니다.

07 ③ 'x != y'는 8과 9가 같지 않다는 의미이므로 'True'가 출력됩니다.

08 ③ 'value1 >= value2'는 10이 10보다 크거나 같은지를 비교하는 식이므로 'True'가 출력됩니다.

09 ③ '3 < x <= 6'은 x가 3보다 크고 6보다 작거나 같다는 의미입니다.

10 ③ 'x <= y'는 12가 15보다 작거나 같다는 의미이므로 'True'가 출력됩니다.

▶ **생각 열기**

● 일상생활에서 두 조건을 모두 만족해야 하는 경우는 어떤 것이 있나요?

　예 운전면허 취득: 18세 이상이어야 하고, 필기 및 실기 시험에 모두 합격해야 합니다.

　대학 입학: 고등학교를 졸업해야 하고, 입학시험에 합격해야 합니다.

　휴대폰 구매: 돈이 있어야 하고, 본인 인증이 필요합니다.

　영화 관람: 티켓을 구매해야 하고, 상영 시간에 맞춰 도착해야 합니다.

　요리: 재료가 있어야 하고, 조리법을 알아야 합니다.

● 일상생활에서 두 조건 중 하나만 만족해도 되는 경우는 어떤 것이 있나요?

　예 결제 방법: 현금 또는 카드로 결제할 수 있습니다.

　회원 가입: 이메일 주소 또는 전화번호 중 하나만 있으면 됩니다.

　신분증 확인: 주민등록증이나 운전면허증 중 하나만 있으면 됩니다.

　음료 선택: 커피나 차 중 하나를 선택할 수 있습니다.

　연락 방법: 전화 또는 문자 메시지로 연락할 수 있습니다.

▶ **2. 깐깐한 and**

● 누가 놀이기구를 탈 수 있을까요?

　X, X, X, O

● 두 조건 모두 만족해야 참(True)이 돼요.

```
>>> (5 > 10) and (2 == 3)
False
>>> (5 > 10) and (2 != 3)
False
>>> (5 < 10) and (2 == 3)
False
>>> (5 < 10) and (2 != 3)
True
```

```
>>> False and False
False
>>> False and True
False
>>> True and False
False
>>> True and True
True
```

▶ **3. 너그러운 or**

● 누가 놀이기구를 탈 수 있을까요?

　X, O, O, O

● 두 조건 중 하나라도 만족하면 참(True)이 돼요.

```
>>> (5 > 10) or (2 == 3)
False
>>> (5 > 10) or (2 != 3)
True
>>> (5 < 10) or (2 == 3)
True
>>> (5 < 10) or (2 != 3)
True
```

```
>>> False or False
False
>>> False or True
True
>>> True or False
True
>>> True or True
True
```

```
>>> not(5 > 10)
True
>>> not(5 < 10)
False
>>> not(3 == 8)
True
>>> not(3 != 8)
False
```

❶   ❷   ❸

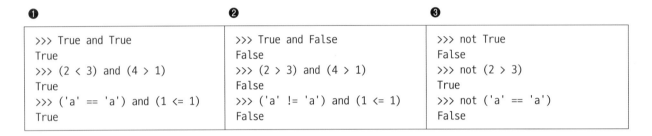

❶	❷	❸
```>>> True and True```	```>>> True and False```	```>>> not True```
True	False	False
```>>> (2 < 3) and (4 > 1)```	```>>> (2 > 3) and (4 > 1)```	```>>> not (2 > 3)```
True	False	True
```>>> ('a' == 'a') and (1 <= 1)```	```>>> ('a' != 'a') and (1 <= 1)```	```>>> not ('a' == 'a')```
True	False	False

❶ and   ❷ or   ❸ not

01 ④ and 연산자는 두 조건이 모두 참일 때만 참입니다. 마법사가 되려면 마법책과 마법 지팡이 모두 필요하므로 두 가지 조건이 모두 충족되어야 합니다.

02 ① or 연산자는 하나라도 참이면 참입니다. 지도와 나침반 모두 없으면 보물을 찾을 수 없습니다.

03 ④ and 연산자는 두 조건이 모두 참일 때만 참입니다. 하나라도 거짓이면 결과는 False입니다.

04 ③ or 연산자는 하나라도 참이면 참이므로, False or True의 결과는 True입니다.

05 ④ not 연산자는 조건의 반대값을 반환합니다. True의 반대는 False입니다.

06 ③ True and False는 False이고, not은 그 반대를 반환하므로 True가 됩니다.

07 ① 두 조건이 모두 만족되어야 하므로 and 연산자를 사용합니다.

08 ② x가 30 이상이고 50 이하인 조건을 모두 만족하려면 >=와 <=를 사용한 표현이 필요합니다.

09 ③ 24는 3으로도, 4로도 나누어떨어지므로 두 조건이 모두 참입니다. 따라서 결과는 True입니다.

10 ③ x > 5는 False, y > 5는 True입니다. 따라서 result_1은 False이고, result_2는 True입니다.

54쪽 ▶ **생각 열기**

● 아침에 집을 나설 때 비가 내린다면 여러분은 어떻게 하나요?

　예 우산을 가지고 나갑니다. 또는 우비를 입고 나갑니다.

● 다음 날까지 내야 하는 숙제를 다했으면 무엇을 하고, 그렇지 않다면 무엇을 할 것인가요?

　예 숙제를 다했다면: 좋아하는 책을 읽거나 스마트폰 게임을 할 것입니다.

　　숙제를 하지 않았다면: 바로 숙제를 시작할 것입니다.

● 오늘이 토요일이라면 (A)를 하고, 그렇지 않고 일요일이면 (B)를 하고, 토요일, 일요일 모두 아니면 (C)를 한다고 할 때, 여러분은 무엇을 하고 싶은지 적어 보세요

　예 A: 친구들과 놀이터에서 놀기

　　B: 가족과 함께 영화 보기

　　C: 학교에 가서 열심히 공부하기

56쪽 ▶ **2. 조건문이란 무엇일까요?**

우산(또는 우비), 우산(또는 우비)
남성

56쪽 ▶ **3. 다양한 조건문으로 코딩해요.**

● if

```
점수 = 55
if 점수 < 60:
  print("좀 더 노력해요.")

좀 더 노력해요.
```

```
날씨 = "비"
if 날씨 == "비":
  print("우산을 챙기세요.")

우산을 챙기세요.
```

● if ~ else

```
시간 = 7
if 시간 < 8:
  print("아침을 먹을 시간이 있어요.")
else:
  print("서둘러야 해요!")

아침을 먹을 시간이 있어요.
```

```
요일 = "월요일"
if 요일 == "토요일" or 요일 == "일요일":
  print("오늘은 학교에 가지 않아요.")
else:
  print("학교에 갈 준비를 해요.")

학교에 갈 준비를 해요.
```

● if ~ elif

```
날씨 = "맑음"
if 날씨 == "맑음":
  print("공원에 가요.")
elif 날씨 == "비":
  print("집에서 책을 읽어요.")

공원에 가요.
```

```
거리 = 5
if 거리 < 2:
  print("걸어가요.")
elif 거리 < 10:
  print("자전거를 타요.")

자전거를 타요.
```

● if ~ elif ~ else

```
날씨 = "눈"
if 날씨 == "맑음":
    print("모자를 써요.")
elif 날씨 == "비":
    print("우산을 써요.")
elif 날씨 == "눈":
    print("장갑을 껴요.")
else:
    print("적절한 옷을 입어요.")

장갑을 껴요.
```

```
거리 = 15
if 거리 < 2:
    print("걸어가요.")
elif 거리 < 10:
    print("자전거를 타요.")
elif 거리 < 20:
    print("버스를 타요.")
else:
    print("자동차를 타요.")

버스를 타요.
```

58쪽 ▶ **정리하기**

❶ if
❷ if, else
❸ if, elif
❹ if, elif, else

59쪽 ▶ **문제 해결 척척**

01 ③ 파이썬에서 조건문은 if 조건: 형식을 사용합니다. ①은 비교 연산자 '=='를 사용해야 하고, ②는 콜론 (:)이 빠졌고, ④는 문법 오류입니다.

02 ③ else 블록은 if 조건이 거짓일 때 실행됩니다.

03 ① temperature가 30이므로 if temperature > 25: 조건이 참이고, "더워요"가 출력됩니다.

04 ③ 파이썬은 들여쓰기로 코드 블록을 구분합니다. print 문은 if와 else 문에 맞게 들여쓰기 되어야 합니다.

05 ② y = 20이 x = 12보다 크므로, elif y > x: 조건이 참이 되어 "y는 x보다 크다."가 출력됩니다.

06 ③ x와 y가 같은 값이므로 else 블록이 실행되어 "x와 y는 같다."가 출력됩니다.

07 ② score = 80이므로 elif score >= 80: 조건이 참이 되어 "B"가 출력됩니다.

08 ③ 큰 수에서 작은 수를 뺀 값을 출력해야 하므로, num1 > num2일 때 num1 – num2, num1 < num2일 때 num2 – num1, 두 수가 같을 때는 차이가 없으므로 0이 됩니다.

**PART 1
파이썬 즐기기** **08 차시   for문으로 반복 실행해요**

60쪽 ▶ **생각 열기**

● 여러분은 매일 반복해서 하는 일이 있나요?
　예 아침에 일어나서 이를 닦기
　　학교에 가기
　　숙제하기
　　잠들기 전 책 읽기
● 여러분이 가장 좋아하는 일상 속 반복 활동은 무엇인가요?
　예 매일 저녁 가족들과 함께 저녁 식사하기
　　매일 아침 좋아하는 노래 들으며 등교하기
　　매일 방과 후 친구들과 놀이터에서 놀기
　　스마트폰으로 게임하기

● 컴퓨터에게 반복 작업을 시킨다고 할 때, 여러분은 어떤 작업을 시키고 싶나요?
　예 내가 좋아하는 캐릭터(예: 하츄핑)를 100번 그리기
　　영어 단어 여러 번 써야 하는 숙제 대신하기
　　교통카드 충전 금액이 떨어질 때마다 자동으로 충전시키기
　　가위바위보 게임을 100번 반복해서 컴퓨터와 대결하고 승률 계산하기

```for i in range(5): print("파이썬")``` 파이썬 파이썬 파이썬 파이썬 파이썬	```for i in range(5): print("coding")``` coding coding coding coding coding	```for i in range(1): print("코딩활용능력")``` 코딩활용능력
```for i in range(5): print(i + 1)``` 1 2 3 4 5	```for i in range(5, 10): print(i)``` 5 6 7 8 9	```for i in range(0, 10, 2): print(i)``` 0 2 4 6 8

❶	❷	❸
``name = '하츄핑'

for i in range(5):
  print(name)```

하츄핑
하츄핑
하츄핑
하츄핑
하츄핑 | ```for i in range(1, 11):
  print(i)```

1
2
3
4
5
6
7
8
9
10 | ```dan = 5

for i in range(1, 10):
  print(dan, "x", i, "=", dan * i)```

5 x 1 = 5
5 x 2 = 10
5 x 3 = 15
5 x 4 = 20
5 x 5 = 25
5 x 6 = 30
5 x 7 = 35
5 x 8 = 40
5 x 9 = 45 |

❶ for, in   ❹ end=" " 또는 end=""

01 ③ for문에서 range와 함께 사용할 때는 in을 사용하여 반복 횟수를 지정합니다.

02 ① range(3)은 0부터 2까지의 값을 생성하므로, 0, 1, 2가 출력됩니다.

03 ② range(1, 4)는 1부터 3까지의 값을 생성하므로, 1, 2, 3이 출력됩니다.

04 ② range(3, 12, 3)은 3부터 시작해서 3씩 증가하는 값을 생성하며, 12는 포함되지 않으므로 3, 6, 9가 출력됩니다.

05 ① range(5)는 0부터 4까지의 값을 생성하고, end=' '는 출력 후 줄바꿈 대신 공백을 추가하므로, 0 1 2 3 4가 출력됩니다.

06 ③ 10번을 반복해야 하는데, range(10)은 0부터 9까지 10번 반복, range(0, 10)도 0부터 9까지 10번 반복, range(1, 11, 1)은 1부터 10까지 10번 반복합니다. range(1, 10)은 1부터 9까지 9번 반복합니다.

07 ③ 문자열 'Python'의 각 문자를 하나씩 출력하며, end=' '로 각 문자 사이에 공백이 추가됩니다.

08 ③ range(5)는 0부터 4까지의 값을 생성하며, counter에 0 + 1 + 2 + 3 + 4 = 10이 더해지므로 결과는 10입니다.

66쪽 ▶ **생각 열기**

● 우리 주변에서 무한히 반복되는 일에는 어떤 것이 있을까요?

　예 지구가 태양 주위를 도는 것

　　낮과 밤이 바뀌는 것

　　계절이 바뀌는 것

　　사람이 살아 있는 동안 무의식적으로 호흡하는 것

　　교통 신호등이 초록불, 노란불, 빨간불이 일정한 주기로 바뀌는 것

● 우리 주변에서 특정 조건이 만족될 때까지 반복되는 일에는 어떤 것이 있을까요?

　예 비가 그칠 때까지 우산을 쓰는 것

　　스마트폰 배터리가 100%가 될 때까지 충전되는 것

　　전자레인지가 설정한 시간이 될 때까지 작동되는 것

　　전기 포트가 물이 끓을 때까지 가열하는 것

　　내비게이션이 목적지에 도착할 때까지 경로를 안내하는 것

● "~인 동안 계속 ~한다." 형식으로 문장을 10개 만들어 보세요.

　예 배고픈 동안 계속 음식을 먹는다.

　　아픈 동안 계속 약을 먹는다.

　　컴퓨터가 업데이트되는 동안 계속 기다린다.

　　스마트폰 배터리가 있는 동안 계속 게임을 한다.

　　방학인 동안 계속 여행을 다닌다.

67쪽 ▶ **1. while 반복문을 알아봐요!**

배터리	배터리 < 100	출력
0	True	
10	True	충전중: 10%
20	True	충전중: 20%
30	True	충전중: 30%
40	True	충전중: 40%
50	True	충전중: 50%
60	True	충전중: 60%
70	True	충전중: 70%
80	True	충전중: 80%
90	True	충전중: 90%
100	False	충전중: 100%
		100% 충전 완료

1 2 3 4 5	2 4 6 8 10
Python Python Python easy!!!	100 200 300 400 500 반복문 빠져나옴
10 9 8 7 6 5 4 3 2 1 발사!	100 % 90 % 80 % 70 % 60 % 50 % 40 % 30 % 20 % 10 % 배터리를 충전하세요.

69쪽 ▶ **2. while 반복문으로 합 구하기**

i	i <= 5	sum	출력
1	True	0	
2	True	1	

3	True	3	
4	True	6	
5	True	10	
6	False	15	합계: 15

1부터 100까지의 합은: 5050	1부터 1000까지의 합은: 500500
1부터 100까지의 홀수의 합은: 2500	1부터 100까지의 짝수의 합은: 2550

❶ | ❷ | ❸

```
i = 1

while i <= 5:
  print("하츄핑")
  i += 1

하츄핑
하츄핑
하츄핑
하츄핑
하츄핑
```

```
i = 1

while i <= 10:
  print(i)
  i += 1

1
2
3
4
5
6
7
8
9
10
```

```
i = 1
sum = 0

while i <= 10:
  sum += i
  i += 1

print(sum)

55
```

❶ 참 또는 True
❷ 거짓 또는 False
❸ 무한 반복 또는 무한 루프

01 ② while문은 조건이 참(True)인 동안 반복 실행됩니다. 조건이 거짓이면 반복이 종료됩니다.

02 ② 쿠키가 10분 동안 구워져야 하므로, 시간 조건이 10분 미만일 때 반복해야 합니다.

03 ② i는 0부터 시작하여 5가 되기 전까지 증가하며, 총 5번 반복되므로 "Python"이 5번 출력됩니다.

04 ① count의 값이 증가하지 않으므로 조건이 계속 참(True)으로 유지되어 무한 반복에 빠집니다.

05 ① count가 10부터 1까지 감소하며, 각각의 값을 출력합니다.

06 ③ x는 1에서 시작하여 2씩 곱해지며, 1 → 2 → 4 → 8이 되며 반복이 종료됩니다. 마지막으로 print(x)에서 8이 출력됩니다.

07 ① count가 0부터 2까지 증가하면서 3번 반복되며, end=""로 인해 뒤에 줄바꿈 없이 "뿌웅"이 3번 출력된 후 "!"가 출력됩니다.

08 ② counter가 1부터 4까지 증가하며 그 값을 sum에 더해나갑니다. 최종적으로 1 + 2 + 3 + 4 = 10이 출력됩니다.

255

72쪽 ▶ **생각 열기**

● 자동차에 브레이크가 없다면 어떤 일들이 벌어질까요?

　예 자동차가 멈추지 않고 계속 달릴 것입니다.

　교통사고가 많이 일어날 수 있습니다.

　복석시에 성확히 노삭하기 어려울 것입니다.

　신호등을 지키기 어려워질 것입니다.

　주차하기가 매우 어려워질 것입니다.

● 책을 읽다가 어려워서 막히는 부분이 있으면 여러분은 어떻게 하나요?

　예 어려운 부분을 건너뛰고 다음 부분을 계속 읽습니다.

　부모님이나 선생님께 도움을 요청합니다.

　인터넷이나 사전을 찾아 모르는 단어의 뜻을 알아봅니다.

친구들과 함께 토론하며 이해하려고 노력합니다.

잠시 쉬었다가 다시 도전합니다.

● 설거지를 하다가 깨진 접시를 발견하면 어떻게 할까요?

　예 즉시 실거지를 밈추고 부모님께 일립니다.

　깨진 접시를 조심스럽게 치웁니다.

　다치지 않도록 주의하면서 나머지 설거지를 계속합니다.

　깨진 접시는 따로 모아두고 안전하게 처리합니다.

　나머지 그릇들은 깨지지 않았는지 확인하면서 설거지를 이어갑니다.

73쪽 ▶ **1. break 명령어를 알아봐요!**

i	i < 5	i == 2	출력
0	True	False	0
1	True	False	1
2	True	False	2
3	True	False	3
4	True	False	4
5	True	True	탈출~!

74쪽 ▶ **2. continue 명령어를 알아봐요!**

i	i < 5	i == 2	출력
0	True	False	0
1	True	False	1
2	True	False	2
3	True	False	3
4	True	False	4
5	True	True	탈출~!

0 1 2 3 4	1 3 5 7 9	0 1 2 3 4	2 4 6 8 10
합: 15	0 1 2 3 4	9 * 1 = 9 9 * 2 = 18 9 * 3 = 27 9 * 4 = 36 9 * 5 = 45 9 * 6 = 54 9 * 7 = 63 9 * 8 = 72	1부터 10까지의 홀수의 합: 25

76쪽 ▶ **창의력 팡팡**

❶

```
for number in range(1, 31):
    if number == 10:
        print("10에 도달했어요!")
        break
    if number % 4 == 0:
        print("4의 배수입니다.")
        continue
    print(number)


1
2
3
4의 배수입니다.
5
6
7
4의 배수입니다.
9
10에 도달했어요!
```

❷

```
number = 1

while number <= 15:
    if number == 7:
        print("7에 도달했어요!")
        break
    if number % 3 == 0:
        print("3의 배수입니다.")
        number += 1
        continue
    print(number)
    number += 1


1
2
3의 배수입니다.
4
5
3의 배수입니다.
7에 도달했어요!
```

76쪽 ▶ **정리하기**

❶ break　　　　　　　　❷ continue

77쪽 ▶ **문제 해결 척척**

01 ② break는 반복문을 즉시 종료하는 명령어입니다. 전설의 보물을 찾으면 탐색을 멈추려면 break를 사용합니다.

02 ② break는 반복문을 즉시 종료하고, 그 뒤의 코드를 실행하지 않고 반복문을 빠져나갑니다.

03 ① i가 5가 되면 break로 인해 반복문이 종료됩니다. 따라서 i는 0부터 4까지 출력됩니다.

04 ② i % 3 == 0이 될 때, 즉 i가 3일 때 break로 인해 반복문이 종료됩니다. 따라서 1, 2가 출력되고 "반복문 탈출"이 출력됩니다.

05 ② 문자열 ball에서 l을 만나면 break로 인해 반복문이 종료됩니다. 따라서 b와 a만 출력됩니다.

06 ① i가 3이 되면 break로 인해 반복문이 종료됩니다. 따라서 1과 2가 출력됩니다.

07 ④ continue는 현재 반복을 건너뛰고 다음 반복을 실행하도록 합니다. 비오는 날은 반복을 건너뛰기 위해 continue를 사용합니다.

08 ④ i가 3일 때 continue로 인해 print(i)가 건너뛰어집니다. 따라서 1, 2, 4, 5가 출력됩니다.

09 ① i가 짝수일 때 continue로 인해 print(i)가 건너뛰어집니다. 따라서 홀수인 1, 3, 5, 7, 9가 출력됩니다.

10 ② continue는 아래의 코드를 건너뛰고 반복문을 다시 실행하게 합니다. 따라서 "코딩"과 "활용"만 계속 출력되고, "능력"은 출력되지 않습니다.

78쪽 ▶ **생각 열기**

◉ 다음의 두 사진 중에서 어느 쪽이 그림을 그릴 때 더 편리할까요? 그리고 그 이유는 무엇인가요?

　　예 오른쪽 사진이 그림을 그릴 때 더 편리할 것 같습니다. 왜냐하면

　　색연필들이 정리되어 있어 원하는 색을 쉽게 찾을 수 있습니다.

　　색상별로 순시대로 정렬되이 있이 색 선택이 쉽습니다.

　　모든 색연필이 같은 방향으로 놓여 있어 사용하기 편리합니다.

　　색연필들이 섞여 있지 않아 관리하기 쉽습니다.

◉ 여러분의 책가방에는 어떤 것들이 들어 있나요?

　　예 교과서, 공책, 필통, 물통, 도시락, 실내화, 숙제, 알림장, 마스크 등

◉ 여러분의 필통에는 어떤 것들이 들어 있나요?

　　예 연필, 지우개, 볼펜, 색연필, 사인펜, 자, 샤프펜슬, 형광펜 등

79쪽 ▶ **1. 리스트란 무엇인가요?**

`[1, 2, 3, 4, 5, 6, 7, 8, 9, 10]`	`['가윤', '나현', '다은']`
`['M', 'i', 'n', 'a']`	`[5, 6, 7, 8, 9]`

80쪽 ▶ **2. 리스트의 값을 찾아요.**

50 50 40	`IndexError: list index out of range`
`[10, 20, 30]`	`[40]`

81쪽 ▶ **3. 리스트에 값을 추가해요.**

`['사과', '바나나', '체리', '딸기']`	`['cat', 'dog', 'lion', 'fox']`
`['France', 'Korea', 'China', 'Japan', 'USA']`	`[10, 20, 30]`

82쪽 ▶ **4. 리스트에서 값을 삭제해요.**

딸기 `['사과', '바나나', '체리']`	`['사과', '체리', '딸기']`

82쪽 ▶ **정리하기**

❷ append, insert　　　　　❸ pop, remove　　　　　❹ del

01 ② 리스트를 만들기 위해서는 대괄호 []를 사용해야 합니다. colors에 리스트를 할당하는 올바른 방식은 ②번입니다.

02 ③ 리스트 인덱스는 0부터 시작합니다. seasons[2]는 세 번째 요소인 "Autumn"을 출력합니다.

03 ④ 리스트에서 음수 인덱스는 뒤에서부터 요소를 참조합니다. nums[-1]은 리스트의 마지막 요소인 4를 출력합니다.

04 ② 슬라이싱에서 furnitures[1:3]은 인덱스 1부터 2까지의 요소를 반환합니다. 즉, "desk"와 "chair"를 새로운 리스트로 반환합니다.

05 ④ del items[1:3]은 인덱스 1과 2에 해당하는 요소를 삭제합니다. 따라서 "활용"과 "능력"이 삭제되고 남은 리스트는 ['코딩', '1급']입니다.

06 ③ for문은 리스트의 각 요소를 하나씩 출력합니다. 각 요소는 줄바꿈과 함께 출력됩니다.

07 ④ remove("지우개")는 "지우개"를 삭제하고, append("각도기")는 리스트의 끝에 "각도기"를 추가합니다. 최종 리스트는 ['공책', '샤프', '형광펜', '각도기', '자', '테이프']입니다.

08 ③ pop(0)은 첫 번째 요소(2)를 제거하고 moved_item에 저장한 후, 그 값을 리스트의 끝에 추가합니다. pop(2)는 세 번째 요소(8)를 제거합니다. 최종 리스트는 [4, 6, 10, 12, 14, 2]입니다.

PART 1 파이썬 즐기기   12 차시   리스트로 데이터를 처리해요

● 일상생활에서 정렬은 언제 필요할까요?
  예 도서관에서 책을 찾기 쉽게 정리할 때
     학급 명부를 만들 때 (이름순 또는 번호순)
     물건을 크기순으로 정리할 때 (예: 옷장 정리)
     시험 성적을 순위별로 나열할 때
     물건의 가격을 비교할 때 (저렴한 순 또는 비싼 순)
     일정을 날짜순으로 정리할 때
     식료품을 유통기한 순으로 정리할 때
● 여러분의 가족 중에서 키가 작은 사람부터 큰 사람 순으로 정렬해 보세요.
  예 동생(130cm), 나(150cm), 엄마(165cm), 아빠(180cm)

● 여러분의 가족 중에서 나이가 많은 사람부터 적은 사람 순으로 정렬해 보세요.
  예 할아버지(70세), 할머니(68세), 아빠(45세), 엄마(42세), 나(12세), 동생(8세)
● 다음의 이름을 가나다순으로 정렬해 보세요(이서, 장원영, 리즈, 레이, 안유진, 가을).
  가을, 레이, 리즈, 안유진, 이서, 장원영

sort() 후: [1, 3, 5, 7, 10] 원본 리스트: [1, 3, 5, 7, 10]	sorted() 후: ['감자', '당근', '양파', '토마토'] 원본 리스트: ['토마토', '감자', '양파', '당근']
sort() 후: ['체리', '사과', '바나나', '딸기'] 원본 리스트: ['체리', '사과', '바나나', '딸기']	sorted() 후: [9, 8, 6, 4, 2] 원본 리스트: [9, 4, 6, 2, 8]

```
리스트1: ['a', 'b', 'c']                  리스트1: ['a', 'b', 'c', 'd', 'e', 'f']
리스트2: ['d', 'e', 'f']                  리스트2: ['d', 'e', 'f']
리스트3: ['a', 'b', 'c', 'd', 'e', 'f']
```

```
과일_리스트1: ['사과', '바나나']
과일_리스트2: ['체리', '딸기']
새로운_과일_리스트: ['사과', '바나나', '체리', '딸기']
과일_리스트1: ['사과', '바나나', '체리', '딸기']
과일_리스트2: ['체리', '딸기']
```

85쪽 ▸ **Quiz**

01. ②   **02.** ②

88쪽 ▸ **창의력 팡팡**

❶
```
numbers = [3, 4, 1, 5, 9, 6]          numbers = [3, 4, 1, 5, 9, 6]

numbers_up = sorted(numbers)          numbers.sort(reverse=True)
print(numbers_up)                     print(numbers)

[1, 3, 4, 5, 6, 9]                    [9, 6, 5, 4, 3, 1]
```

❷
```
list_a = ['apple', 'banana']          list_a = ['apple', 'banana']
list_b = ['orange', 'tomato']         list_b = ['orange', 'tomato']

new_list = list_a + list_b            list_a.extend(list_b)
print(new_list)                       print(list_a)

['apple', 'banana', 'orange', 'tomato']   ['apple', 'banana', 'orange', 'tomato']
```

88쪽 ▸ **정리하기**

❶ sort, sorted   ❷ +, extend

89쪽 ▸ **문제 해결 척척**

01 ① sort() 함수는 리스트를 오름차순으로 정렬합니다. 따라서 리스트는 [1, 1, 3, 4, 5]로 정렬됩니다.

02 ④ sort() 함수는 문자열을 알파벳 순서로 정렬합니다. 정렬 후 리스트는 ['bear', 'cat', 'dog', 'elephant']가 되므로 첫 번째 요소는 'bear'입니다.

03 ④ sort(reverse=True)는 리스트를 내림차순으로 정렬합니다. 따라서 [4, 3, 2, 1]이 출력됩니다.

04 ① sorted() 함수는 원본 리스트를 변경하지 않고, 정렬된 새로운 리스트를 반환합니다. 따라서 [1, 2, 5, 9]이 출력됩니다.

05 ④ sorted(numbers, reverse=True)는 리스트를 내림차순으로 정렬합니다. 따라서 [9, 6, 5, 5, 2, 1]이 출력됩니다.

06 ① sorted() 함수는 원본 리스트를 변경하지 않고, 정렬된 새로운 리스트를 반환합니다. 따라서 [1, 1, 3, 4, 5]가 됩니다.

07 ② 리스트끼리 + 연산을 하면 두 리스트가 연결됩니다. 따라서 [1, 2, 3, 4, 5, 6]이 출력됩니다.

08 ② 두 리스트를 더하면 순서대로 연결되므로 국내팀 리스트에 이어 해외팀 리스트가 합쳐집니다. 따라서 ['마동석', '태권브이', '아이언맨', '헐크']가 출력됩니다.

09 ④ extend()는 exam_2의 요소들을 exam_1에 추가하지만, exam_2는 변경되지 않습니다. 따라서 exam_1은 ['코딩', '활용', '능력', '1급']로 변경되고, exam_2는 그대로 ['능력', '1급']입니다.

90쪽 ▶ **생각 열기**

◉ 변하지 않는 정보에는 어떤 것들이 있을까요?

 예 생년월일, 주민등록번호, 혈액형, 1년의 달 수, 일주일의 요일 순서, 역사적 사건의 날짜, 원주율(π)의 값 등

◉ 게임이나 스포츠에서 경기 중에 변하지 않는 규칙은 무엇이 있을까요?

 예 축구 경기 시간(90분), 야구의 이닝 수(9이닝), 농구 코트의 크기, 테니스 코트의 선 개수, 바둑판의 줄 수(19x19) 등

◉ 우리 가족에 대한 정보 중 변하지 않는 것에는 무엇이 있나요?

 예 부모님의 이름, 형제자매 관계, 가족 구성원의 생년월일, 부모님의 고향, 부모님의 결혼 기념일 등

92쪽 ▶ **2. 튜플을 만들어요.**

()	(1, 2, 3, 4, 5, 6, 7, 8, 9, 10, 11, 12)
('빨강', '초록', '파랑')	(1000, 5000, 10000, 50000)

93쪽 ▶ **3. 튜플로 변환해요.**

('apple', 'banana', 'cherry')	('코', '딩', '활', '용', '능', '력')
(1, 2, 3, 4, 5, 6, 7, 8, 9, 10)	(2, 4, 6, 8, 10, 12, 14, 16, 18, 20)

91-93쪽 ▶ **Quiz**

01. ②   **02.** ②   **03.** ③   **04.** ③   **05.** ③   **06.** ②

94쪽 ▶ **창의력 팡팡**

❶

```
사계절 = ('봄', '여름', '가을', '겨울')

print(사계절[0])
print(사계절[3])

봄
겨울
```

❷

```
사계절 = ('봄', '여름', '가을', '겨울')

print(사계절[1:4])

('여름', '가을', '겨울')
```

94쪽 ▶ **정리하기**

❷ 콤마

❸ tuple

01 ② 튜플은 생성된 후에는 요소를 변경할 수 없습니다. 변경이 불가능한 자료형을 사용할 때 튜플이 적합합니다.

02 ③ 튜플의 요소는 생성 후 수정이 불가능합니다. 리스트와는 달리 수정, 추가, 삭제가 허용되지 않습니다.

03 ③ c = [1, 2, 3]은 리스트입니다. 리스트는 대괄호 []를 사용하며, 튜플은 소괄호 ()를 사용합니다.

04 ② 문자열을 tuple() 함수에 넣으면 문자열의 각 문자가 튜플의 개별 요소로 변환됩니다.

05 ② 튜플은 소괄호 ( )로 출력됩니다. 출력 결과는 (1960, 4, 19)입니다.

06 ② 튜플은 소괄호 ()로 작성됩니다. 조선시대 인물들은 '세종대왕', '이순신', '장영실'입니다.

07 ② 튜플의 인덱스는 0부터 시작하므로 tup[1]은 두 번째 요소인 2를 출력합니다.

08 ③ 음수 인덱스는 뒤에서부터 요소를 참조합니다. names[-1]은 마지막 요소인 "Olaf"를 출력합니다.

09 ② 슬라이싱은 두 번째 인덱스부터 다섯 번째 인덱스 직전까지의 요소를 반환합니다. 따라서 "green", "yellow", "black"이 선택됩니다.

10 ④ (ㄱ) my_tuple[3:6]은 (4, 5, 6)을 반환합니다.
(ㄴ) my_tuple[3:]은 (4, 5, 6)을 반환합니다.
(ㄷ) my_tuple[-3:]은 (4, 5, 6)을 반환합니다.
(ㄹ) my_tuple[-3:-1]은 (4, 5)를 반환합니다. -3 이상 -1 미만 개념이므로 마지막 요소는 제외됩니다.

PART 1 파이썬 즐기기 | 14 차시 튜플로 데이터를 처리해요

96쪽 ▶ **생각 열기**

● 나무 블록으로 높이가 다르게 3개를 쌓아 올려서 튜플에 오름차순으로 저장한 후에, 다시 내림차순으로 정렬하려면 어떻게 해야 할까요? 단, 튜플의 원소는 변경할 수 없으며, 나무 블록이 충분히 있다고 가정해요.

예 초록색 블록 1개, 노란색 블록 2개, 빨간색 블록 3개의 오름차순으로 정렬된 나무 블록이 튜플에 저장되면 변경할 수 없으므로, 다른 나무 블록들을 사용하여 빨간색 블록 3개와 노란색 블록 2개, 초록색 블록 1개의 내림차순으로 블록을 만듭니다. 이렇게 하면 기존의 튜플에 저장된 나무 블록들은 변경하지 않고 내림차순으로 정렬하게 됩니다.

97쪽 ▶ **1. 튜플을 정렬해요!**

정렬 전: (5, 3, 1, 4, 2) 정렬 후: [1, 2, 3, 4, 5]	정렬 전: (27, 2, 1, 45, 6, 14) 정렬 후: [1, 2, 6, 14, 27, 45]
정렬 전: ('Elsa', 'Anna', 'Kristoff') 정렬 후: ['Anna', 'Elsa', 'Kristoff']	정렬 전: ('성춘향', '이몽룡', '변학도') 정렬 후: ['변학도', '성춘향', '이몽룡']

정렬 전: (5, 3, 1, 4, 2) 정렬 후: [5, 4, 3, 2, 1]	정렬 전: (27, 2, 1, 45, 6, 14) 정렬 후: [45, 27, 14, 6, 2, 1]
정렬 전: ('Elsa', 'Anna', 'Kristoff') 정렬 후: ['Kristoff', 'Elsa', 'Anna']	정렬 전: ('성춘향', '이몽룡', '변학도') 정렬 후: ['이몽룡', '성춘향', '변학도']

정렬된 튜플: (1, 3, 5, 7, 9)	정렬된 튜플: ('Donald', 'Jerry', 'Mickey', 'Tom')
역순 정렬된 튜플: (95, 90, 85, 70, 60)	NameError: name '음료수' is not defined

100쪽 ▶ **창의력 팡팡**

```
스폰지밥 = ('스폰지밥', '뚱이', '징징이', '다람이')

print(sorted(스폰지밥))
print(sorted(스폰지밥, reverse=True))
del 스폰지밥

['다람이', '뚱이', '스폰지밥', '징징이']
['징징이', '스폰지밥', '뚱이', '다람이']
```

100쪽 ▶ **정리하기**

❶ sorted   ❷ False, True   ❸ del

101쪽 ▶ **문제 해결 척척**

01 ③ sorted() 함수는 튜플을 정렬된 리스트로 반환합니다. 따라서 결과는 리스트 [1, 2, 3, 4, 5]입니다. 튜플이 아닌 리스트로 반환되는 점에 주의해야 합니다.

02 ② sorted()는 튜플을 오름차순으로 정렬한 리스트를 반환합니다. 결과는 [1, 1, 2, 3, 4, 5, 9]입니다.

03 ③ sorted()는 튜플을 알파벳 순서로 정렬한 리스트를 반환합니다. 결과는 ["blue", "green", "red", "yellow"]입니다.

04 ③ sorted(words, reverse=True)는 튜플을 내림차순으로 정렬한 리스트를 반환합니다. 결과는 ['orange', 'banana', 'apple']입니다.

05 ② sorted() 함수는 한글을 사전 순서(가나다순)로 정렬합니다. 그 결과, '세종대왕'이 가장 앞에 오고, '이황'이 마지막에 위치하게 됩니다.

06 ③ del 자두네_가족 이후에 해당 변수를 참조하려고 하면 NameError가 발생합니다.

07 ② 도서명_단어 튜플의 단어들을 알파벳 순으로 정렬한 후, 공백으로 구분하여 출력합니다.

PART 1 파이썬 즐기기   **15 차시 딕셔너리에 데이터를 담아요**

102쪽 ▶ **생각 열기**

◉ 분식집에는 맛있는 메뉴들이 많아요. 어떤 메뉴들이 있는지 적어 보세요.
   예 김밥, 떡볶이, 라면, 순대, 튀김, 어묵, 쫄면 등
◉ 분식집의 메뉴판을 만들어 보세요. 단, 메뉴판 형식은 {'김밥': 3000, '떡볶이': 4000}과 같은 형식으로 적기로 해요.
   예 {'김밥': 3000, '떡볶이': 4000, '라면': 3500, '순대': 4000, '튀김': 3000, '어묵': 2500, '쫄면': 5000}

◉ 여러분이 만든 메뉴판에서 중복되는 메뉴는 있는지, 중복되는 가격은 있는지 확인해 보세요.
   예 중복되는 메뉴: 없음
   중복되는 가격: 있음. 3000원짜리는 김밥, 튀김이고, 4000원짜리는 떡볶이, 순대임.

{}	{'apple': 5, 'banana': 10}
{'이름': '홍길동', '학년': 5, '반': 2}	{'이름': '홍길동', '학년': 5, '반': 2}

800	KeyError: '포도'
None	포도 준비중
Siwoo	KeyError: 'email'
None	no email

```
과일_가격 = {'귤': 3000, '딸기': 5000, '바나나': 1500}
print(과일_가격['딸기'])
print(과일_가격.get('파인애플', '파인애플 품절'))

5000
파인애플 품절
```

```
메뉴 = {'햄버거': 4500, '피자': 10000, '치킨': 12000}
print(메뉴['피자'])
print(메뉴.get('제로콜라', '제로콜라는 품절입니다'))

10000
제로콜라는 품절입니다
```

❷ dict   ❹ get

01 ③ 딕셔너리의 값은 중복될 수 있지만, 키는 중복될 수 없습니다. 값은 중복이 가능하고, 키는 고유해야 합니다.

02 ② 딕셔너리는 중괄호 {}를 사용하여 키-값 쌍으로 이루어진 데이터 구조입니다.

03 ② dict() 함수는 키와 값을 각각 매개 변수로 받아 딕셔너리를 생성할 수 있습니다.

04 ③ dict() 함수는 키와 값을 지정하여 딕셔너리를 생성합니다. 문자열 키는 자동으로 작은따옴표로 감싸집니다.

05 ① 딕셔너리에서 food_prices['김밥']는 '김밥'이라는 키에 해당하는 값을 반환합니다. 결과는 3000입니다.

06 ② 딕셔너리에서 data['name']은 'name'이라는 키에 해당하는 값을 반환합니다. 결과는 'Mina'입니다.

07 ④ 딕셔너리에서 존재하지 않는 키를 직접 참조하면 KeyError가 발생합니다. 'email' 키가 존재하지 않기 때문에 에러가 발생합니다.

08 ④ get() 메서드를 사용하면, 존재하지 않는 키에 대해 에러를 발생시키지 않고 None을 반환합니다. 'height' 키가 없으므로 None이 출력됩니다.

09 ① get() 메서드는 지정된 키의 값을 반환합니다. 'name' 키에 해당하는 값은 'Jiwoo'이므로 결과는 'Jiwoo'입니다.

10 ③ get() 메서드로 존재하지 않는 키를 조회할 때, 두 번째 인자로 기본값을 설정할 수 있습니다. 'fish' 키가 존재하지 않으므로, 기본값으로 설정된 'No sound'가 반환됩니다.

108쪽 ▶ 생각 열기

● 다음의 분식집 메뉴판에서 여러분이 좋아하는 메뉴와 가격을 추가해 보세요.

　예 라면: 3500, 튀김: 3000

● 여러분이 추가한 메뉴가 포함된 메뉴판에서 모든 메뉴와 가격을 적어 보세요.

　예 김밥: 3000, 떡볶이: 4000, 순대: 4000, 라면: 3500, 튀김: 3000

109쪽 ▶ 1. 딕셔너리에 요소를 추가해요.

{'연필': 500, '지우개': 800, '자': 1000, '볼펜': 1300}
{'apple': 1000, 'banana': 500, 'cherry': 1500, 'orange': 1000}

110쪽 ▶ 2. 딕셔너리에서 요소를 삭제해요.

{'english': 90, 'coding': 100}	KeyError: 'science'
10000	메뉴에 없음

111쪽 ▶ 3. 딕셔너리의 키와 값을 조회해요.

['연필', '지우개', '자']	(500, 800, 1000)
[('연필', 500), ('지우개', 800), ('자', 1000)]	((('연필', 500), ('지우개', 800), ('자', 1000))
('연필', 500) ('지우개', 800) ('자', 1000)	연필 : 500 지우개 : 800 자 : 1000

112쪽 ▶ 정리하기

❷ del, del   ❸ pop(키)   ❹ keys, values, items

113쪽 ▶ 문제 해결 척척

01 ② 딕셔너리에 값을 추가할 때는 딕셔너리[키] = 값 형태를 사용합니다. menu['순대'] = 4500으로 순대와 그 가격을 딕셔너리에 추가할 수 있습니다.

02 ③ 새로운 키-값 쌍을 추가하는 코드입니다. 반려동물['물고기']에 '뻐끔'이 추가되므로, print(반려동물['물고기'])는 '뻐끔'을 출력합니다.

03 ② score['english'] = 88로 'english'가 추가되고, del score['science']로 'science' 항목이 삭제됩니다. 최종적으로 남은 딕셔너리는 {'math': 95, 'english': 88}입니다.

04 ④ items() 메서드는 딕셔너리의 키-값 쌍을 반환합니다. for문에서 각 키와 값을 순차적으로 반복하며 'key : value' 형식으로 각 줄마다 출력됩니다.

05 ② pop() 함수는 지정된 키에 해당하는 값을 반환하면서 그 항목을 딕셔너리에서 삭제합니다. 따라서 '햄버거'에 해당하는 값인 4000이 반환됩니다.

06 ① pop('파랑', '없음')은 '파랑'의 값을 반환하고, 그 항목을 딕셔너리에서 삭제합니다. 따라서 'blue'가 반환되고, 딕셔너리의 남은 항목은 두 개입니다. 최종 출력은 'blue', 2입니다.

07 ③ keys() 메서드는 딕셔너리의 모든 키를 반환하며, 이 값은 dict_keys 객체로 출력됩니다.

08 ② keys()는 딕셔너리의 키들을 반환하고, list()를 사용해 리스트로 변환합니다. 그 후 리스트에서 인덱스 1에 해당하는 값은 '고속버스'입니다.

PART 1 파이썬 즐기기 | 17 차시　다양한 함수로 쉽게 코딩해요

114쪽 ▶ 생각 열기

◉ 여러분은 자판기(자동판매기)에서 어떤 것들을 구입해 봤나요?
　예 콜라, 사이다, 주스, 커피, 물, 과자, 컵라면, 커피 등

◉ 자판기를 사용하는 과정에 대해서 자세하게 적어 보세요.
　예 ① 자판기 앞에 서서 구매하고 싶은 상품을 고릅니다.
　　② 상품의 가격을 확인합니다.
　　③ 동전이나 지폐를 자판기에 넣습니다.
　　④ 투입한 금액이 표시되는지 확인합니다.
　　⑤ 원하는 상품의 버튼을 누릅니다.
　　⑥ 상품이 나오는 곳을 확인하고 상품을 꺼냅니다.
　　⑦ 거스름돈이 있다면 거스름돈 반환구에서 받아갑니다.

115쪽 ▶ 2. 내장 함수들을 배워요!

이시우 는 13 세입니다.	이시우는 13세입니다.
이름이 뭐예요? 차은우 몇 살이에요? 20 안녕하세요, 차은우님! 당신은 20살입니다.	첫 번째 수를 입력하세요: 50 두 번째 수를 입력하세요: 30 두 수의 합은: 80
별명을 입력하세요: 푸바오 별명의 길이: 3	12
max(수1, 수2, 수3)	min(수1, 수2, 수3)
튜플의 합: 42	리스트의 합: 20
반올림 결과: 129.88	반올림 결과: 100.0
절댓값: 25	절댓값: 25

❶ print, input
❷ len, max, min, sum
❸ round
❹ abs, exit

01 ② input() 함수는 사용자가 입력한 값을 문자열(str)로 반환합니다. 사용자가 123을 입력해도 그 값은 문자열 '123'으로 처리되며, type(number)는 <class 'str'>을 출력합니다.

02 ③ input() 함수는 입력값을 문자열로 받습니다. 따라서 입력된 '2', '3', '5'는 문자열로 취급되고, 문자열끼리의 덧셈은 문자열을 이어붙이기 때문에 결과는 '235'가 출력됩니다.

03 ③ len() 함수는 문자열의 길이를 계산합니다. 공백도 하나의 문자로 포함되므로 "Hello World!"의 길이는 11입니다.

04 ④ max() 함수는 주어진 값 중에서 가장 큰 값을 반환합니다. 1, 3, 2, 5, 4 중에서 가장 큰 값은 5입니다.

05 ④ max() 함수는 문자열을 사전순(알파벳 순서)으로 비교하여 가장 큰 값을 반환합니다. 'orange'가 사전 순으로 가장 뒤에 위치하므로 결과는 'orange'입니다.

06 ② min() 함수는 문자열을 사전 순서로 비교합니다. 한글도 자모 순서로 정렬되며, '박팽년'이 가장 앞에 위치하므로 '박팽년'이 반환됩니다.

07 ③ sum() 함수는 리스트의 모든 요소를 더한 값을 반환합니다. 1 + 2 + 3 + 4 + 5 = 15입니다.

08 ② round() 함수는 소수 첫째 자리에서 반올림합니다. 42.195는 소수 첫째 자리가 1이므로 반올림하여 42가 됩니다.

09 ② round(3.14159, 2)는 소수 셋째 자리에서 반올림하여 소수 둘째 자리까지 표현합니다. 소수 셋째 자리가 1이므로, 3.14가 됩니다.

10 ③ abs() 함수는 절댓값을 반환합니다. −10의 절댓값은 10이므로 결과는 10입니다.

PART 1 파이썬 즐기기 │ **18 차시 문자열을 내 마음대로 다뤄요**

◉ "파이썬은 쉽고 파이썬은 재미있어요!"라는 문장을 공백(빈칸)으로 나누되, 각각을 콤마(,)로 연결해 보세요.
파이썬은, 쉽고, 파이썬은, 재미있어요!

◉ "파이썬은 쉽고 파이썬은 재미있어요!"라는 문장에서 '파이썬'을 'python'으로 교체해 보세요.
python은 쉽고 python은 재미있어요!

◉ "python is easy, and python is fun!"이라는 문장에서 모든 문자를 대문자로 바꿔 보세요.
PYTHON IS EASY, AND PYTHON IS FUN!

◉ "PYTHON IS EASY, AND PYTHON IS FUN!"이라는 문장에서 모든 문자를 소문자로 바꿔 보세요.
python is easy, and python is fun!

◉ "Python Is Easy, And Python Is Fun!"이라는 문장에서 첫 번째 문자만 대문자로 바꾸고, 나머지는 모두 소문자로 바꿔 보세요.
Python is easy, and python is fun!

1. 문자열을 나눠요.

['I', 'am', 'a', 'student.']	['Twinkle', 'twinkle', 'little', 'star']
4	['one', 'two', 'three', 'four']

2. 특정 문자열을 교체해요.

python은 쉽고, python은 재미있어요!	It's a cloudy day. I like the cloud.
원숭이도 나무에서 떨어진다.	no pain, no gain

3. 문자열을 대문자나 소문자로 변환해요.

HELLO WORLD	hello world
welcome to PYTHON	welcome to Python

4. 문자열의 첫 글자만 대문자로 변환해요.

Python is great.	Coding is awesome!
Python은 쉽고 재미있습니다.	Seoul은 대한민국의 수도입니다.

창의력 팡팡

❶
```
명언 = "start HUNGRY, start FOOLISH."
명언 = 명언.lower()
명언 = 명언.replace("start", "stay")
print(명언)

stay hungry, stay foolish.
```

❷
```
명언 = "start HUNGRY, start FOOLISH."
명언 = 명언.lower()
명언 = 명언.replace("start", "stay")
명언 = 명언.capitalize()
print(명언)

Stay hungry, stay foolish.
```

❸
```
명언 = "start HUNGRY, start FOOLISH."
명언_분할 = 명언.split(", ")
print(명언_분할)

['start HUNGRY', 'start FOOLISH.']
```

정리하기

❶ split   ❷ replace   ❸ upper, lower   ❹ capitalize

01 ② split(", ")로 문자열을 분리하여 리스트로 만듭니다. 인덱스 1은 "대서양"이므로, 출력 결과는 "대서양: 북아메리카, 남아메리카, 유럽, 아프리카 사이에 있음"이 됩니다.

02 ③ split()은 공백을 기준으로 문자열을 분리합니다. "I", "like", "ice", "cream." 네 개의 단어로 나뉘므로, 리스트의 길이는 4입니다.

03 ① replace() 함수는 문자열에서 "cats"를 "dogs"로 바꿉니다. 결과는 "dogs are cute."입니다.

04 ① upper() 함수는 문자열을 대문자로 변환합니다.

05 ② replace() 함수는 문자열 내 특정 단어를 다른 단어로 대체합니다. "Pusan"을 "Busan"으로 바꿔야 하므로 replace가 적합합니다.

06 ① lower() 함수는 문자열을 소문자로 변환합니다. 결과는 "hello"입니다.

07 ① lower() 함수로 "I CAN'T HEAR YOU!"를 소문자로 변환한 결과는 "i can't hear you!"이며, 두 문자열은 동일하므로 True가 출력됩니다.

08 ① capitalize() 함수는 문자열의 첫 글자를 대문자로 변환하고 나머지를 소문자로 변환합니다. "elePHAnt"는 "Elephant"로 출력됩니다.

PART 1 파이썬 즐기기 | 19 차시 두 가지 비법으로 예쁘게 출력해요

◉ 똑같은 상장을 여러 사람이 받으면 달라지는 부분은 어디일까요?

학년, 반, 이름, 날짜

◉ 친구들에게 보내는 문자 메시지에 친구들의 이름을 자동으로 넣을 수 있다면, 어떤 메시지를 만들고 싶나요?

예 "내 생일 파티에 [친구 이름]을(를) 초대할게. 2025년 5월 1일 오후 12시 30분에 웃음꽃피자 논현점에서 열리는데, 꼭 와줬으면 좋겠어!"

I have a dog. It is brown.
책의 색상은 파란색이고, 가격은 15000원입니다.
1234.57

◉ 어떤 방식이 더 간편하게 느껴지나요? 두 방법의 차이점을 말해 보세요.

예 f-문자열이 더 간편하게 느껴집니다. f-문자열은 변수를 문장 안에 바로 넣을 수 있어 이해하기 쉽고, format()은 변수를 따로 적어야 해서 긴 문장에서는 어디에 무엇이 들어가는지 찾기 어려울 수 있습니다.

저는 푸른초등학교 3학년입니다.
Jenny's favorite animal is a rabbit.
3.142

```
이름 = "이하늘"
과목 = "과학"
점수 = 85

문장_1 = "5학년 1반 " + 이름 + "의 " + 과목 + " 점수는 " + str(점수) + "점입니다."
문장_2 = "5학년 1반 {}의 {} 점수는 {}점입니다.".format(이름, 과목, 점수)
문장_3 = f"5학년 1반 {이름}의 {과목} 점수는 {점수}점입니다."

print(문장_1)
print(문장_2)
print(문장_3)

5학년 1반 이하늘의 과학 점수는 85점입니다.
5학년 1반 이하늘의 과학 점수는 85점입니다.
5학년 1반 이하늘의 과학 점수는 85점입니다.
```

❶ format　　　　　　　　　　　❷ f-문자열

01 ② format() 메서드는 중괄호 {}를 순서대로 대체합니다. 첫 번째 {}에는 월이, 두 번째 {}에는 일이 들어가므로 출력은 "오늘은 3월 5일입니다."입니다.

02 ① format() 메서드는 {}를 순서대로 대체합니다. 첫 번째 {}에는 나이, 두 번째 {}에는 이름이 들어가므로 "20살인 철수는 파이썬을 배우고 있습니다."가 출력됩니다.

03 ④ format() 메서드는 {}에 변수값을 대입합니다. 첫 번째 {}에 num1(5), 두 번째 {}에 num2(3), 세 번째 {}에 두 수의 합(8)이 들어갑니다.

04 ④ {: .2f}는 소수점 두 자리까지 반올림하여 표시하는 형식입니다. 따라서 25.5678은 25.57로 표시됩니다.

05 ③ f-문자열을 사용하면 중괄호 {} 안의 변수를 문자열로 대체하여 출력합니다. 따라서 결과는 "수학은 92점, 과학은 83점입니다."입니다.

06 ① f-문자열 안에서 연산도 가능하므로 age + 1은 14로 계산됩니다. 따라서 출력 결과는 "지우는 13세입니다. 내년에는 14세가 됩니다."입니다.

07 ③ {:.1f}는 소수점 첫째 자리까지 반올림하여 표시하는 형식입니다. 42.195는 소수 첫째 자리까지 반올림하면 42.2가 됩니다.

133쪽 ▶ 생각 열기

● 여러분의 스마트폰에는 구매했을 당시 처음부터 내장된 앱은 어떤 것들이 있었나요?

   예 전화, 메시지, 카메라, 갤러리, 시계, 계산기, 캘린더, 설정 등

● 여러분이 설치한 앱은 어떤 것들인가요?

   예 카카오톡, 네이버, 유튜브, 인스타그램, 틱톡, 멜론, 브롤스타즈, 로블록스 등
   학교 온라인 학습 앱

● 스마트폰 앱을 개발한다면 어떤 앱을 개발하고 싶나요?

   예 학생들의 학습 시간을 기록하고 분석하는 앱
   과목별 퀴즈를 제공하여 복습을 돕는 앱
   용돈을 송금하면 용돈을 불려주는 투자 앱
   일기 내용을 바탕으로 AI가 그 날의 이야기를 짧은 애니메이션으로 만들어주는 앱
   AI를 활용해 학생의 학습 패턴을 분석하고 맞춤형 학습 계획을 제안하는 앱

134쪽 ▶ 2. 함수를 정의하고 호출해요.

`Hello!`	♥

`**********`
`환영합니다!`
`**********`
	1. 일어나기
	2. 학교 가기
	3. 학원 가기
	4. 숙제하기
	5. 게임하기
	6. 책 읽기

``` /\ / \ / \ /_____\ ¦ ¦ ¦ [] ¦ '_____'```	```def greet(): print("Hello!")greet()```

134-136쪽 ▶ Quiz

01 ② 함수는 def 함수이름(): 형태로 정의됩니다.

02 ③ 인사() 함수를 호출하면 함수 내부의 print("안녕하세요!")가 실행되어 "안녕하세요!"가 출력됩니다.

03 ① 함수를 정의할 때 함수 이름 뒤에 괄호 ()가 빠졌어요.

04 ① 함수를 정의할 때 함수 이름과 괄호 뒤에 콜론(:)이 빠졌어요.

05 ② 함수를 정의할 때 본문에 들여쓰기가 되지 않았어요.

06 ④ 함수를 호출할 때 함수 이름 뒤에 괄호 ()가 빠졌어요.

```
def morning_greeting():
    print("Good morning.")
def afternoon_greeting():
    print("Good afternoon.")
def evening_greeting():
    print("Good evening.")

morning_greeting()
afternoon_greeting()
evening_greeting()

Good morning.
Good afternoon.
Good evening.
```

❶ 사용자 정의 함수
❷ def
❹ 함수 이름

01 ① 파이썬에서 함수를 정의할 때는 def 키워드를 사용합니다.

02 ① 함수 정의 부분에서 소괄호 ( ) 뒤에 콜론 : 이 필요합니다. def make_laugh() 뒤에 콜론이 없어서 오류가 발생합니다.

03 ② 함수 내부의 모든 코드는 동일한 깊이로 들여쓰기를 해야 합니다. print("안녕히 가세요.")가 들여쓰기가 되어 있지 않아서 오류가 발생합니다.

04 ④ 함수 호출 시 함수 이름 뒤에 반드시 괄호 ()가 있어야 합니다. show_heart 호출에서 괄호가 빠졌기 때문에 오류가 발생합니다.

05 ② 인사() 함수를 호출하면 함수 내부의 print("안녕")이 실행되어 "안녕"이 출력됩니다.

06 ② display_star() 함수가 호출되기 전에 print("star")가 실행되므로 "star"가 먼저 출력되고, 이후 함수 호출로 "★★★★★"이 출력됩니다.

07 ④ Hello는 문자열로 인식되지 않아 NameError가 발생합니다. 문자열을 출력하려면 "Hello"와 같이 따옴표로 감싸야 합니다.

08 ② print("c")는 함수 외부에 있으므로 함수 호출 전에 먼저 실행됩니다. 이후 user_func()가 호출되면서 "a", "b"가 출력됩니다.

09 ① korea() 함수가 먼저 호출되어 "대한", "민국"이 출력된 후, print("만세")가 실행되어 "만세"가 출력됩니다.

139쪽 ▶ **생각 열기**

◉ 자판기에서 음료 버튼을 누를 때 입력되는 것과 출력되는 것은 각각 무엇일까요?

예 입력: 음료 선택 버튼, 동전이나 지폐

출력: 선택한 음료, 거스름돈(필요한 경우)

◉ 계산기에 나만의 버튼을 만든다면 어떤 기능을 가진 버튼을 만들고 싶나요? 이때 이 기능을 수행하려면 어떤 값을 입력해야 하고, 어떤 결괏값이 나오는지도 적어 보세요.

예 기념일 계산기: 특정 날짜로부터 100일, 1년 등 기념일을 계산합니다.

– 입력: 시작 날짜 2025, 5, 1, 계산할 기간 100일

– 출력: 2025년 8월 9일(100일 기념일)

약수 계산기: 입력된 숫자의 모든 약수를 찾습니다.

– 입력: 24

– 출력: 1, 2, 3, 4, 6, 8, 12, 24

140쪽 ▶ **1. 함수를 정의하고 호출해요.**

사각형의 넓이는 50입니다.	최댓값은 12입니다.
야옹! 멍멍! 소리를 알 수 없는 동물이군요	몇 단을 계산할까요? 7 === 7단 === 7 x 1 = 7 7 x 2 = 14 7 x 3 = 21 7 x 4 = 28 7 x 5 = 35 7 x 6 = 42 7 x 7 = 49 7 x 8 = 56 7 x 9 = 63

142쪽 ▶ **2. 반환값을 지정해요.**

15 - 5 = 10	7과 14 중 최댓값은 14입니다.
반지름이 5인 원의 넓이는 78.5입니다.	7은 홀수입니다.

143쪽 ▶ **3. 매개 변수와 인수의 이름은 달라도 돼요.**

첫 번째 숫자를 입력하세요: 20 두 번째 숫자를 입력하세요: 30 두 수의 합: 50	원의 반지름을 입력하세요: 3 원의 둘레: 18.84

143쪽 ▶ **정리하기**

❶ 매개 변수, 매개 변수 　　　　　　❷ 인수, 인수 　　　　　　❸ return

144쪽 ▶ **문제 해결 척척**

01 ④ 함수 multiply()는 두 개의 인수를 필요로 하지만, multiply(2)에서 하나의 인수만 제공되어 오류가 발생합니다.

02 ④ greet() 함수가 반환하는 값은 "Hello"입니다. print() 함수는 반환된 값을 출력합니다.

03 ③ add(3, 7)은 3과 7을 더한 값을 반환하므로 result는 10이 되고, 이 값이 출력됩니다.

04 ④ square(4)는 4의 제곱인 16을 반환합니다.

05 ④ 입력된 1.2와 3.4는 float로 변환된 후 합계 함수에 전달되어 4.6을 반환합니다.

06 ② bigger_number(1, 2)에서 2가 더 크기 때문에 2를 반환합니다.

07 ③ check_even(4)에서 4는 짝수이므로 True를 반환합니다.

08 ② 함수에 전달되는 변수명은 base와 height이므로 이 값을 calculate_area() 함수에 전달해야 합니다.

PART 1 파이썬 즐기기 ｜ **22 차시　거북이와 함께 그림 그려요**

145쪽 ▶ **생각 열기**

◉ 여러분은 컴퓨터(데스크톱, 노트북, 태블릿PC, 스마트폰)로 그림을 그려본 적이 있나요? 그렇다면 어떤 프로그램을 사용했었나요?

　예 네, 저는 컴퓨터로 그림을 그려본 적이 있습니다.

　윈도우 그림판: 간단한 그림을 그릴 때 사용했습니다.

　포토샵(Photoshop): 학교 과제로 좀 더 복잡한 그림을 그릴 때 사용했습니다.

　스마트폰의 그림판 앱: 손가락으로 간단한 스케치를 할 때 사용했습니다.

◉ 컴퓨터로 어떤 그림을 그렸었나요?

　예 간단한 풍경화: 산, 나무, 집, 해를 그려 풍경을 만들었습니다.

　캐릭터 그리기: 좋아하는 만화 캐릭터를 따라 그려보았습니다.

　학교 숙제용 포스터: 환경 보호에 관한 포스터를 그림과 글씨를 섞어 만들었습니다.

　가족 초상화: 가족 구성원들의 얼굴을 간단하게 그려보았습니다.

◉ 엉금엉금 기어가는 거북에게 그림을 그리도록 한다면 어떤 그림을 그리고 싶은가요?

　예 삼각형, 사각형, 원 등 다양한 도형을 조합해서 만든 그림

　나선형 무늬: 거북이가 천천히 회전하면서 만드는 아름다운 나선 패턴

　별 모양: 꼭지점이 5개 또는 그 이상인 별 모양

　미로: 거북이가 길을 따라 그리는 간단한 미로

　나무 그림: 줄기와 가지가 뻗어나가는 모습을 표현한 나무

　눈송이 모양: 여러 개의 선이 대칭적으로 뻗어나가는 눈송이 패턴

146쪽 ▶ **2. turtle 모듈을 불러와요.**

```
classic : 화살표(화살촉 모양)
turtle : 거북
arrow : 화살표(삼각형 모양)
triangle : 삼각형
square : 사각형
circle : 원
```

148쪽 ▶ **3. 거북을 움직여요.**

149쪽 ▶ **창의력 팡팡**

```python
import turtle

t = turtle.Turtle()
t.shape('turtle')

for i in range(3):
    t.forward(50)
    t.left(90)
    t.forward(50)
    t.right(90)
```

149쪽 ▶ **정리하기**

❶ import　　　　　❸ shape　　　　　❹ forward, backward　　　　　❺ right, left

150쪽 ▶ **문제 해결 척척**

01 ① turtle.Turtle() 함수는 거북 모양의 커서를 만들며, t.shape('turtle') 명령어는 커서 모양을 거북 모양으로 설정합니다.

02 ① forward(100)은 커서가 앞으로 100만큼 이동하는 명령어입니다. 오른쪽을 바라보고 있으므로, 이동 방향은 오른쪽입니다.

03 ② backward(100)은 커서가 뒤로 100만큼 이동하는 명령어입니다. 오른쪽을 바라보고 있으므로, 이동 방향은 왼쪽입니다.

04 ④ left(90)은 커서가 왼쪽으로 90도 회전하는 명령입니다. 처음에 오른쪽을 바라보고 있으므로, 왼쪽으로 90도 회전하면 위쪽을 바라봅니다.

05 ① forward(100)과 left(120)을 세 번 반복하면 정삼각형을 그리게 됩니다.

06 ③ right(180)은 오른쪽으로 180도 회전하는 명령어입니다. 처음에 오른쪽을 바라보고 있으므로, 오른쪽으로 180도 회전하면 왼쪽을 바라봅니다.

07 ② left(270)은 왼쪽으로 270도 회전하는 명령입니다. 처음에 오른쪽을 바라보고 있으므로, 왼쪽으로 270도 회전하면 아래쪽을 바라봅니다.

08 ③ 두 번 반복하여 가로 50, 세로 100의 직사각형을 그리는 코드입니다.

09 ③ 8번 회전하면서 45도씩 회전하고 forward(50)을 실행하면 정팔각형을 그리게 됩니다.

151쪽 ▶ **생각 열기**

◉ 주사위를 던지면 수가 어떻게 나올까요?
> **예** 주사위를 던지면 1부터 6까지의 숫자 중 하나가 무작위로 나옵니다. 주사위를 던질 때마다 어떤 숫자가 나올지 정확히 예측할 수 없습니다. 각 숫자가 나올 확률은 동일하며, 1/6(약 16.7%)입니다.

◉ 일상생활에서 난수(무작위수)가 사용되는 경우는 어떤 것들이 있을까요?
> **예** 게임: 보드게임이나 카드게임에서 카드를 섞거나 주사위를 굴릴 때
> 추첨: 복권 당첨 번호를 뽑을 때, 경품 추첨을 할 때
> 보안: 비밀번호나 인증 코드를 생성할 때
> 통계: 설문 조사에서 응답자를 무작위로 선택할 때
> 진학: 중학교, 고등학교 등 학교를 배치할 때
> 음악: 음악 플레이어에서 곡을 무작위로 재생할 때

152쪽 ▶ **1. random 모듈을 활용해요.**

◉ randint(a, b)로 두 수 사이의 난수를 구해요.

2	77

◉ randint(a, b)로 주사위 굴리기 게임을 만들어요.

random.randint(1, 6) 두 주사위의 합계: 10	10 6 5 3 3 2 1 3 6 5 1
6000 1	1이(가) 나온 횟수: 1001 2이(가) 나온 횟수: 989 3이(가) 나온 횟수: 1035 4이(가) 나온 횟수: 995 5이(가) 나온 횟수: 988 6이(가) 나온 횟수: 992

※ 무작위로 만들어지는 난수이므로, 결괏값이 다를 수 있습니다.

◉ 여러 개 중에서 하나를 골라요.

random.choice(간식_리스트) 오늘의 간식은 아이스크림입니다!	

※ 무작위로 만들어지는 난수이므로, 결괏값이 다를 수 있습니다.

◉ 여러 개 중에서 여러 개를 골라요.

random.sample(메뉴, 2)	아무 메뉴 2개: ['탕수육', '짜장면']

● 거듭제곱을 해요.

math.pow(2, 4)	math.pow(4, 3)
2의 4승: 16.0	4의 3승: 64.0

● 제곱근 구하기

math.sqrt(숫자)
36의 제곱근은 6입니다.

155쪽 ▶ **창의력 팡팡**

```
import random

메뉴 = ("김밥", "떡볶이", "순대", "어묵", "튀김", "라면")
print("추천 메뉴:", random.choice(메뉴))
개수 = random.randint(1, 3)
print(random.sample(메뉴, 개수), "을 먹고 싶어요.")

추천 메뉴: 라면
['어묵', '떡볶이', '라면'] 을 먹고 싶어요.
```

155쪽 ▶ **정리하기**

❶ randint
❷ choice
❸ sample
❹ pow
❺ sqrt

156쪽 ▶ **문제 해결 척척**

01 ④ random.randint(1, 6) 함수는 1과 6을 포함하여 그 사이의 정수 값을 무작위로 반환합니다.

02 ④ 초등 학년은 1부터 6까지, 중등 학년은 1부터 3까지 중 무작위로 선택되므로, 총합의 최댓값은 6 + 3 = 9입니다.

03 ③ random.randint(1, 2)는 1 또는 2 중 하나를 무작위로 반환하므로, 2가 나올 확률은 50%입니다.

04 ③ random.randint(1, 6)은 1부터 6까지의 정수 중 하나를 반환하므로, 주사위 굴린 결과는 1에서 6 사이입니다.

05 ① random.choice(삼총사)는 리스트 내의 요소 중에서 무작위로 하나를 선택하므로, 리스트에 없는 '달타냥'은 주인공이 될 수 없습니다.

06 ④ random.sample(메뉴, 2)는 주어진 리스트 메뉴에서 2개의 항목을 무작위로 선택합니다.

07 ② range(1, 46)은 1부터 45까지의 숫자를 포함하며, 이 중 6개를 무작위로 뽑는 코드입니다.

08 ④ math.pow(2, 4)는 2의 4제곱을 계산하며, 결과는 16.0입니다.

09 ② math.pow(3, 3)은 3의 3제곱을 계산하며, 결과는 27입니다.

10 ② math.sqrt(25)는 25의 제곱근을 계산하여 5.0을 반환합니다.

158쪽 ▶ **생각 열기**

◉ 지금 몇 시 몇 분인지 적어 보세요.

> 예 오후 3시 30분 또는 15시 30분

◉ 어떤 일이든 시간을 맞추는 것이 얼마나 중요한지 생각해 본 적이 있나요?

> 예 학교나 학원 수업에 늦지 않고 참석할 수 있습니다.
>
> 약속 시간을 지켜 다른 사람들과의 신뢰를 쌓을 수 있습니다.
>
> 텔레비전 프로그램이나 영화 시작 시간을 맞출 수 있습니다.
>
> 버스나 기차와 같은 대중교통을 제시간에 이용할 수 있습니다.
>
> 시험 시간을 정확히 지켜 불이익을 받지 않습니다.
>
> 요리할 때 정확한 시간을 지켜 맛있는 음식을 만들 수 있습니다.

◉ 시간에 맞춰 행동해야 할 때, 컴퓨터가 도움을 줄 수 있는 방법은 무엇일까요?

> 예 정확한 시간 표시: 컴퓨터는 인터넷을 통해 정확한 시간 정보를 받아 항상 정확한 시간을 표시해 줍니다.
>
> 알람 설정: 특정 시간에 알림을 주어 중요한 일정을 놓치지 않게 해 줍니다.
>
> 일정 관리: 달력 앱을 통해 우리의 일정을 관리하고 필요할 때 알림을 줍니다.
>
> 타이머 기능: 요리나 공부 시 정확한 시간을 측정할 수 있게 해 줍니다.
>
> 자동화: 정해진 시간에 특정 작업(예: 백업, 업데이트)을 자동으로 실행할 수 있습니다.
>
> 시간 계산: 두 날짜 사이의 기간이나 특정 시간 후의 날짜를 쉽게 계산해 줍니다.
>
> 시간대 변환: 다른 나라의 시간을 쉽게 확인할 수 있게 해 줍니다.

159쪽 ▶ **1. datetime 모듈을 활용해요.**

◉ datetime.datetime.now()

now()	현재: 2025-05-11 14:22:0.070858
time()	시각: 14:22:07.070858
hour	시: 14
minute	분: 22
second	초: 7

◉ datetime.datetime.today()

today()	날짜: 2024-09-17
year	연: 2024
month	월: 9
day	일: 17

161쪽 ▶ **2. time 모듈을 활용해요**

◉ time.sleep()

```
time.sleep(3)
```

◉ time.ctime()

```
Thu Mar 1 14:28:05 2025
```

```
import datetime
import time

now = datetime.datetime.now()
print("현재 날짜와 시각:", now)

time.sleep(5)

later= time.ctime()
print("5초 후의 현재 시각:", later)

<실행 결과>
현재 날짜와 시각: 2025-05-01 14:30:19.937109
5초 후의 현재 시각: Thu Mar 1 14:30:24 2025
```

162쪽 ▶ **정리하기**

❶ now ❷ today ❸ seep ❹ ctime

165쪽 ▶ **문제 해결 척척**

01 ④ `datetime.datetime.now()`를 사용하려면 datetime 모듈을 가져와야 합니다.

02 ② `datetime.datetime.now()`는 날짜, 시간 정보를 제공하지만, 요일을 직접적으로 얻으려면 `now().weekday()`를 사용해야 합니다.

03 ② `datetime.datetime.now().hour`는 현재 시각의 '시'를 반환합니다.

04 ③ `datetime.datetime.now().second`는 현재 시각의 '초'를 반환합니다. 위 코드에서는 초 단위로 21이 반환됩니다.

05 ④ `datetime.datetime.now()`는 날짜와 시간을 모두 반환하며, `datetime.date.today()`는 현재 날짜만 반환합니다.

06 ② `datetime.date.today().month`는 현재 월을 반환합니다.

07 ③ `time.sleep(대기시간)` 함수는 주어진 대기 시간(초) 동안 프로그램 실행을 일시 중지한 후 다시 실행됩니다.

08 ③ `time.ctime()` 함수는 Mon Oct 8 09:37:12 2024와 같은 형식으로 요일, 월, 일, 시, 분, 초, 연도를 반환합니다.

01 ① 파이썬 변수명은 문자나 밑줄(_)로 시작해야 하며, 숫자나 공백으로 시작할 수 없습니다.

02 ② 성이 먼저 오고 이름이 뒤에 와야 하므로, last_name과 first_name 순서로 사용합니다.

03 ① 속력은 이동 거리를 걸린 시간으로 나누어 계산합니다. 엔트리 코드 블록에도 속력을 '이동_거리 값 / 걸린_시간 값'으로 정한다고 나와 있습니다.

04 ① 10 == 10 and 10 != 5에서 10 == 10은 True이고 10 != 5는 False이므로, True and False가 됩니다. and는 모두 True일 때만 True가 되므로 True and False의 결과는 False입니다.

05 ① 양수이며 동시에 2의 배수인지를 확인하는 조건이므로 and를 사용해야 합니다.

06 ② 점수가 80이므로 elif score >= 80에 해당하여 "B"가 출력됩니다.

07 ③ 1부터 10까지의 합을 구하려면 i가 9일 때까지 반복되어야 i값이 1 더해진 10까지 더해집니다. i > 9는 반복문 자체가 실행되지 않는 올바르지 않은 조건입니다.

08 ② 단 수와 곱해지는 숫자가 곱해져야 하므로, dan * i로 계산됩니다.

09 ① len(play)는 배열의 길이를 반환하므로, 5가 반환됩니다. 마지막 요소인 "정글짐"의 인덱스는 4가 되어야 하는데, 'len(play)'의 값은 5이므로 옳지 않습니다.

10 ② 튜플은 생성된 후에는 요소를 변경할 수 없습니다. 변경이 불가능한 자료형을 사용할 때 튜플이 적합합니다.

11 ② append()는 요소를 추가하는 함수로, 첫 번째 요소를 제거하는 데는 사용할 수 없습니다.

12 ② sorted()는 리스트로 반환되며 원래 튜플은 변경되지 않습니다.

13 ① 김밥의 가격온 3000원이므로 3000이 출력됩니다.

14 ③ len() 함수는 문자열의 길이를 계산합니다. 공백도 하나의 문자로 포함되므로 "Hello World!"의 길이는 11입니다.

15 ② list(season.keys())는 리스트 season의 모든 키를 리스트로 반환하므로 ['봄', '여름', '가을', '겨울']이 출력됩니다. list(season.values())는 리스트 season의 모든 값을 리스트로 반환하는데, 가을의 값이 autumn으로 변경되었으므로 ['spring', 'summer', 'autumn', 'winter']가 출력됩니다.

16 ③ 공백을 기준으로 문자열을 나누면 세 번째 단어는 little입니다.

17 ② 1~3심만 정의되어 있으므로 4를 입력하면 else 구문의 "유효한 심급이 아닙니다."가 출력됩니다.

18 ① '2 * pi * radius'는 원의 둘레를 구하는 공식입니다.

19 ② turtle.Turtle() 함수는 거북 모양의 커서를 만들며, t.shape('turtle') 명령어는 커서 모양을 거북 모양으로 설정합니다.

20 ③ random.randint(1, 6)은 1부터 6까지의 정수 중 하나를 반환하므로, 주사위 굴린 결과는 1에서 6 사이입니다.

01 ④ 변수는 프로그램이 동작하는 동안 값이 변경될 수 있습니다. 값이 바뀌지 않는 것은 상수에 해당합니다.

02 ① 2024는 정수형이므로, int 클래스입니다.

03 ③ 일_리 * 1000은 0.4km에 1000을 곱해 천 리의 거리를 계산합니다.

04 ③ 20 // 3은 정수 몫을 구하는 연산으로, 20을 3으로 나누면 정수 몫은 6입니다.

05 ③ 파이썬에서 조건문은 if 조건: 형식을 사용합니다. ①은 비교 연산자 '=='를 사용해야 하고, ②는 콜론(:)이 빠졌고, ④는 문법 오류입니다.

06 ③ 10번을 반복해야 하는데, range(10)은 0부터 9까지 10번 반복, range(0, 10)도 0부터 9까지 10번 반복, range(1, 11, 1)은 1부터 10까지 10번 반복합니다. range(1, 10)은 1부터 9까지 9번 반복합니다.

07 ① if문과 elif는 여러 조건을 검사할 때 사용하며, 마지막으로 else가 사용됩니다.

08 ④ 어떤 수를 나누어떨어지게 하는 수가 약수이므로, 나머지가 0이면 약수임을 확인할 수 있습니다.

09 ③ for문은 리스트의 각 요소를 하나씩 출력합니다. 각 요소는 줄바꿈과 함께 출력됩니다.

10 ③ 튜플의 요소는 생성 후 수정이 불가능합니다. 리스트와는 달리 수정, 추가, 삭제가 허용되지 않습니다.

11 ③ reverse()를 호출하면 리스트의 순서가 뒤집히며, 세 번째 요소는 "걸"이 됩니다.

12 ④ 튜플은 불변이므로, 값을 변경하려고 하면 오류가 발생합니다.

13 ② 딕셔너리는 중괄호 {}를 사용하여 키-값 쌍으로 이루어진 데이터 구조입니다.

14 ④ "일본"의 값이 "도쿄"로 변경되고, "미국": "워싱턴 D.C."가 추가된 후에 값을 출력하면 ['서울', '베이징', '도쿄', '워싱턴 D.C.']가 출력됩니다.

15 ① len() 함수는 문자열의 길이를 반환합니다.

16 ② replace() 함수는 문자열 내 특정 단어를 다른 단어로 대체합니다. "Pusan"을 "Busan"으로 바꿔야 하므로 replace가 적합합니다.

17 ④ count_changes() 함수에 years를 인수(인자)로 넘겨야 합니다.

18 ② 사각형의 넓이는 가로와 세로의 곱으로 계산됩니다.

19 ③ left(60)은 왼쪽으로 60도 회전하는 명령입니다. 처음에 오른쪽을 바라보고 있으므로, 왼쪽으로 60도 회전하면 1시 방향을 바라보게 되며, forward(100)에 의해 100만큼 이동하여 그립니다.

20 ④ math.pow(2, 4)는 2의 4제곱을 계산하며, 결과는 16.0입니다.

PART 2
공개 및 기출문제　03　기출문제(2024.05.25. 시행)

01 ② 파이썬에서 문자열은 + 연산자로 연결할 수 있습니다.

02 ④ 파이썬 변수명은 숫자로 시작할 수 없으므로 2NE1, 2025년, 1st_player는 변수명으로 사용할 수 없습니다.

03 ③ 소금물 농도를 계산하는 공식은 소금의 양을 소금물의 전체 양으로 나누어 100을 곱한 것입니다. 소금은 salt이고 소금물은 소금과 물을 더한 salt + water이므로, 소금물의 농도는 '(salt / (salt + water)) * 100'으로 구할 수 있습니다.

04 ③ 24는 3으로도, 4로도 나누어떨어지므로 두 조건이 모두 참입니다. 따라서 결과는 True입니다.

05 ① 1부터 10까지의 합을 구할 때 num < 10은 9까지만 더하기 때문에 올바르지 않습니다.

06 ① 조건 x > 15가 참이므로 "A"만 출력됩니다.

07 ② y = 20이 x = 12보다 크므로, elif y > x: 조건이 참이 되어 "y는 x보다 크다."가 출력됩니다.

08 ① range(3)은 0부터 2까지의 값을 생성하므로, 0, 1, 2가 출력됩니다.

09 ② 두 리스트를 합치면 [1, 2, 3, 4, 5, 6]이 되므로, 리스트의 길이는 6입니다.

10 ② 리스트를 만들기 위해서는 대괄호 []를 사용해야 합니다. colors에 리스트를 할당하는 올바른 방식은 ②번입니다.

11 ② 슬라이싱은 두 번째 인덱스부터 다섯 번째 인덱스 직전까지의 요소를 반환합니다. 따라서 "green", "yellow", "black"이 선택됩니다.

12 ④ 튜플에는 4개의 요소가 있으므로 len() 함수는 4를 반환합니다.

13 ④ 사용자가 입력한 국경일은 '선택_국경일'에 저장되며, 'if 선택_국경일 in 국경일:'은 입력한 국경일이 딕셔너리 국경일에 있는지를 확인하는 조건문입니다. 만약 입력된 국경일이 국경일 딕셔너리에 있으면, '국경일[선택_국경일]'을 통해 해당 국경일의 날짜를 가져옵니다.

14 ② 딕셔너리에 값을 추가할 때는 딕셔너리[키] = 값 형태를 사용합니다. menu['순대'] = 4500으로 순대와 그 가격을 딕셔너리에 추가할 수 있습니다.

15 ① len() 함수는 문자열의 길이를 반환합니다.

16 ② input() 함수는 사용자가 입력한 값을 문자열 (str)로 반환합니다. 사용자가 123을 입력해도 그 값은 문자열 '123'으로 처리되며, type(number)는 <class 'str'>을 출력합니다.

17 ② 인사() 함수를 호출하면 함수 내부의 print("안녕")이 실행되어 "안녕"이 출력됩니다.

18 ③ 함수 내에서 number 변수가 정의되지 않아 오류가 발생합니다.

19 ④ datetime.datetime.now()를 사용하려면 datetime 모듈을 가져와야 합니다.

20 ② range(1, 46)은 1부터 45까지의 숫자를 포함하며, 이 중 6개를 무작위로 뽑는 코드입니다.

PART 2 공개 및 기출문제   04 기출문제(2024.07.27. 시행)

01 ④ Model 3은 공백이 포함되어 있으므로 변수명으로 사용할 수 없습니다.

02 ② "12345"는 문자열이므로, type(value)의 결과는 <class 'str'>입니다.

03 ③ 몫은 //로, 나머지는 %로 구합니다.

04 ③ 'x != y'는 8과 9가 같지 않다는 의미이므로 'True'가 출력됩니다.

05 ① temperature가 30이므로 if temperature > 25: 조건이 참이고, "더워요"가 출력됩니다.

06 ② end='' 옵션을 사용하여 출력 결과가 줄바꿈 없이 이어집니다.

07 ① 10보다 크고 20보다 작은 자연수는 11부터 19까지 9개입니다.

08 ② 2를 입력하면 프로그램이 종료되어야 하므로 break가 필요합니다.

09 ② copy_list는 num_list와 같은 리스트를 참조하고 있으므로, copy_list에 4를 추가하면 두 리스트 모두에 4가 추가됩니다.

10 ② insert로 "칫솔"을 3번째(인덱스: 2)에 넣고, remove로 "만화책"을 제거하고, append로 "우산"을 맨뒤에 추가한 결과입니다.

11 ② 튜플의 인덱스는 0부터 시작하므로 tup[1]은 두 번째 요소인 2를 출력합니다.

12 ③ 튜플을 오름차순으로 정렬한 결과가 리스트로 반환됩니다.

13 ② 딕셔너리에서 data['name']은 'name'이라는 키에 해당하는 값을 반환합니다. 결과는 'Mina'입니다.

14 ① 입력된 월인 '선택_월'이 '월별_국경일'에 있다면, 해당 '선택_월'의 값을 '국경일'에 저장한 후 출력합니다.

15 ③ len() 함수는 문자열의 길이를 계산합니다. 공백도 하나의 문자로 포함되므로 "Hello World!"의 길이는 11입니다.

16 ② split(", ")로 문자열을 분리하여 리스트로 만듭니다. 인덱스 1은 "대서양"이므로, 출력 결과는 "대서양: 북아메리카, 남아메리카, 유럽, 아프리카 사이에 있음"이 됩니다.

17 ④ 함수 합계는 2와 3을 더한 값 5를 반환합니다.

18 ④ 사다리꼴의 넓이는 '(윗변 + 아랫변) * 높이 / 2'로 계산됩니다.

19 ① forward(100)과 left(120)을 세 번 반복하면 정삼각형을 그리게 됩니다.

20 ④ random.randint(1, 6) 함수는 1과 6을 포함하여 그 사이의 정수 값을 무작위로 반환합니다.

01 ④ 변수 나이를 초기화한 후 값을 증가시키는 방식은 나이 = 나이 + 1입니다.

02 ③ -5는 정수형(integer) 자료형입니다. 3.14는 실수형, "42"는 문자열, True는 논리형입니다.

03 ③ x의 값을 10으로 설정한 후, x += 5로 5를 더하면 결과는 15입니다.

04 ① x == y는 참이므로 True가 출력됩니다.

05 ② 키는 130cm 이상, 몸무게는 90kg 미만이라는 조건을 반영하기 위해 비교 연산자를 >=와 <로 설정해야 합니다.

06 ③ range(3)을 사용하여 3번 반복하므로 "안녕하세요!"가 3번 출력됩니다.

07 ② count가 3 미만일 때 루프가 실행되고, 각 루프마다 count가 1씩 증가하므로 최종 값은 3입니다.

08 ② for 루프에서 i는 0에서 시작하여 2에서 break로 루프가 중단됩니다.

09 ④ print(letter, end=' ')는 각 요소를 한 줄에 출력하면서 공백을 넣습니다.

10 ① sorted() 함수는 알파벳 순서로 정렬된 리스트를 반환합니다.

11 ④ 튜플은 불변(immutable) 자료형이므로 값을 변경할 수 없습니다. 따라서 에러가 발생합니다.

12 ③ sorted() 함수는 새로운 정렬된 리스트를 반환하지만 원본 튜플은 그대로 유지됩니다.

13 ③ 딕셔너리는 중괄호 {}를 사용하여 생성합니다.

14 ② 딕셔너리에서 값을 수정한 후, values()를 사용하여 수정된 값을 출력합니다.

15 ② len() 함수는 리스트의 길이를 반환합니다. 리스트에 5개의 요소가 있으므로 길이는 5입니다.

16 ④ split() 함수는 문자열을 공백을 기준으로 나누어 리스트로 반환합니다.

17 ③ 함수 내에서 value 변수가 정의되지 않았기 때문에 오류가 발생합니다.

18 ④ 9를 3으로 나누면 결과는 3.0입니다.

19 ③ t.left(180)으로 방향을 바꾸는 동작입니다.

20 ④ random.choice() 함수는 튜플에서 무작위로 하나의 값을 선택합니다.

01 ④ 파이썬 변수명에는 특수문자(@, #, $ 등)를 포함할 수 없습니다.

02 ④ float("123.456")은 문자열을 실수형으로 변환하므로, 결과는 <class 'float'>입니다.

03 ① // 연산자는 나눗셈의 몫을 반환하므로 10 // 3의 결과는 3입니다.

04 ③ not False는 True를 반환합니다.

05 ③ number > 5가 참이므로 number에 5가 더해져 15가 됩니다.

06 ① for문의 기본 구조는 for i in range()입니다.

07 ④ while 문에서는 조건 뒤에 괄호가 필요하지 않습니다.

08 ② 'q'를 입력하면 루프를 종료해야 하므로 break를 사용합니다.

09 ② for 루프를 통해 리스트 nums의 모든 요소를 더한 값은 15입니다.

10 ② sort() 함수는 리스트를 알파벳 순으로 정렬하므로 첫 번째 요소는 'apple'입니다.

11 ② 튜플은 소괄호 ()를 사용하여 생성합니다.

12 ② sorted() 함수를 사용하여 역순으로 정렬하면 ['헐크', '토르', '아이언맨', '스파이더맨', '블랙팬서']가 됩니다.

13 ① 입력된 키가 딕셔너리 육하원칙에 있는지 확인해야 하므로 if 입력된_육하원칙 in 육하원칙: 이 됩니다.

14 ③ pets['fish'] = 'bubble'로 새 항목이 추가되었으므로 'bubble'이 출력됩니다.

15 ③ 가장 작은 값은 min(), 가장 큰 값은 max() 함수로 구합니다.

16 ② split(":")은 콜론을 기준으로 문자열을 나누어 리스트로 반환합니다.

17 ① 함수 show()가 두 번 호출되므로 "This is a function."이 두 번 출력되고, 그 사이에 "Function completed."가 출력됩니다.

18 ② say_hello("Alice")는 "Hello, Alice"를 반환합니다.

19 ④ 거북.right(90)으로 90도 회전하고, 100만큼 전진하는 동작입니다.

20 ① random.randint(1, 6)은 1부터 6 사이의 정수를 무작위로 출력합니다.

PART 3 실전 모의고사 　제03회 실전 모의고사

01 ④ and, True, False는 파이썬에서 예약어이므로 변수명으로 사용할 수 없습니다.

02 ③ int() 함수는 주어진 값을 정수로 변환합니다.

03 ④ 주어진 코드에서 8을 2로 나누고 다시 4로 곱하면 최종 값은 16.0입니다.

04 ① a < 10은 'a는 10 미만이다'를 의미합니다.

05 ② animal_sound가 "멍멍"이므로 "강아지가 반겨주네요!"가 출력됩니다.

06 ② range(1, 5)는 1부터 4까지의 숫자를 생성합니다.

07 ③ 반복이 1부터 시작하여 5가 될 때까지 print를 실행합니다.

08 ① count가 3이 되었을 때 break 문에 의해 루프가 종료됩니다.

09 ③ 주어진 리스트 numbers의 모든 요소를 더하면 30이 됩니다.

10 ③ sorted() 함수는 리스트를 알파벳 순으로 정렬하므로 첫 번째 요소는 'bird'입니다.

11 ③ 튜플에서 인덱스 2에 해당하는 값은 'cherry'입니다.

12 ③ sorted() 함수를 사용하여 오름차순으로 정렬한 결과입니다.

13 ② info['name']은 딕셔너리에서 'name'의 값을 가져오므로 "Alice"가 출력됩니다.

14 ② 입력한 단어 '아주'는 구품사 딕셔너리에서 '부사'에 속하므로 해당 품사가 출력됩니다.

15 ② 사용자 입력을 받는 함수는 input()입니다.

16 ③ {: .2f}는 소수점 둘째 자리까지 출력하는 형식이므로 값은 1.62가 됩니다.

17 ③ 파이썬에서 함수를 정의하는 키워드는 def입니다.

18 ① subtract(10, 4)는 10에서 4를 빼서 6을 반환합니다.

19 ③ 거북.left(90)은 왼쪽으로 90도 회전한 후 100만큼 전진하는 동작입니다.

20 ② 주사위 결과와 사용자의 예측이 일치하는지 확인하기 위한 조건은 user_guess == dice_result 입니다.

PART 3 실전 모의고사 　제04회 실전 모의고사

01 ② 문자열을 저장할 때는 작은따옴표나 큰따옴표로 감싸야 합니다.

02 ③ number < 0의 결과는 논리값(True 또는 False)이므로, type() 함수는 bool 타입을 반환합니다.

03 ④ size += 10은 size에 10을 더한 값을 다시 size에 저장하는 표현입니다.

04 ④ (x == y)와 (y == z)는 둘 다 False이므로 or 연산의 결과도 False입니다.

05 ② score가 85이므로 elif score >= 80 조건에 해당되어 "B 학점입니다."가 출력됩니다.

06 ① range(3)은 0부터 2까지의 숫자를 생성하여 출력합니다.

07 ③ num은 12와 18의 공약수를 확인하기 위한 변수이며, 최대공약수는 마지막 공약수 값이므로 gcd = num으로 설정합니다.

08 ② i == 3일 때 continue 문이 실행되어 3은 출력되지 않습니다.

09 ① 각 num 값을 sum에 더하는 코드로, 실행 결과는 15가 됩니다.

10 ③ 과목1.extend(과목3)은 과목1 리스트에 과목3의 요소를 추가합니다.

11 ④ 튜플은 불변(immutable) 자료형이므로, 인덱스를 통해 요소를 수정할 수 없습니다.

12 ② sorted() 함수는 튜플을 정렬한 새로운 리스트를 반환합니다.

13 ② 딕셔너리에서 "소희"의 생일은 "5월 20일"로 저장되어 있습니다.

14 ① pop('a')는 딕셔너리에서 'a'의 값을 반환하고, 'a' 항목을 제거합니다.

15 ④ pizza_size와 pizza_type을 빈칸에 넣어 출력합니다.

16 ③ replace("소", "개")는 "소"를 "개"로 대체합니다.

17 ③ add() 함수는 3 + 4를 더한 결과인 7을 출력합니다.

18 ① 10 % 3의 결과는 나머지 1입니다.

19 ② 거북.left(30)으로 30도 회전하고 100만큼 앞으로 이동하는 동작입니다.

20 ③ random.sample(numbers, 3)은 0부터 4까지의 숫자 중 3개의 무작위 값을 반환하므로, 5는 선택될 수 없습니다.

PART 3 실전 모의고사 — 제 05회 실전 모의고사

01 ① 변수명은 숫자로 시작할 수 없습니다.

02 ② True는 논리값이며, int(True)는 1을 반환합니다.

03 ③ 짝수는 2로 나눈 나머지가 0인 수입니다.

04 ④ num1 >= num2는 2025가 2026보다 크거나 같지 않으므로 False입니다.

05 ② x가 6, 7, 8, 9일 때 조건 x > 5 and x < 10이 True입니다.

06 ② range(1, 4)는 1부터 3까지의 숫자를 출력합니다.

07 ③ 1부터 5까지의 합은 15입니다.

08 ① i가 3일 때 break 문으로 루프가 종료됩니다.

09 ④ seasons[3]은 'Winter'를 반환합니다.

10 ③ sorted(colors)로 정렬하면 'green'이 두 번째 요소입니다.

11 ① 인덱스 0부터 4까지의 숫자는 [1, 2, 3, 4, 5]입니다.

12 ② sorted()는 리스트를 반환하며, reverse=True 옵션은 역순으로 정렬합니다.

13 ① person.get('name')은 'Jane'을 반환합니다.

14 ② 선수_정보['나이'] = 33으로 '나이'의 값이 33으로 변경되었습니다.

15 ④ max(numbers)는 리스트의 최댓값인 50을 반환합니다.

16 ① lower() 함수는 문자열을 모두 소문자로 변환합니다.

17 ③ bark() 함수는 "Bow wow"를 출력하고, 이어서 "Meow"가 출력됩니다.

18 ③ 짝수 판별 결과가 True인지를 확인하는 조건식입니다.

19 ④ t.left(90)으로 거북이가 왼쪽으로 90도 회전하고, 100만큼 전진합니다.

20 ② pow(base, exponent)는 base의 exponent 승을 계산하는 함수입니다.

01 ③ 변수에 문자열을 할당할 때는 문자열을 작은따옴표나 큰따옴표로 감싸야 합니다.

02 ② pi는 문자열 "3.14159"로 선언되어 있으므로 str 타입입니다.

03 ② a % b는 a를 b로 나눈 나머지를 반환합니다. 10 % 3은 1입니다.

04 ④ 'x가 30 이하'라는 조건을 올바르게 표현한 것은 x <= 30입니다.

05 ③ age = 18이므로 else 구문이 실행되어 "성인 요금입니다."가 출력됩니다.

06 ① range(0, 100, 10)은 0부터 90까지 10씩 증가하는 값을 출력합니다.

07 ③ repeat이 2가 될 때까지 "바라바라"가 두 번 출력되고 "밤"이 출력됩니다.

08 ② continue 문은 현재 반복을 중단하고 다음 반복으로 넘어가게 합니다.

09 ① 리스트의 3번째 요소인 '안동훈'을 '안도윤'으로 수정하려면 베스트_프렌드[2]를 사용합니다.

10 ② sorted(chars, reverse=True)는 리스트를 역순으로 정렬합니다.

11 ② '김치'와 '불고기'가 한식입니다.

12 ② del my_birthday로 튜플이 삭제되었으므로 이후 출력 시 에러가 발생합니다.

13 ③ get() 메서드를 사용하여 딕셔너리에 없는 키 '김밥'의 값을 조회할 수 있습니다. 없을 경우 None이 반환됩니다.

14 ② 색상코드.values()에서 세 번째 값은 '#0000FF'입니다.

15 ① 문자열에서 min()은 알파벳 순으로 가장 앞에 있는 단어를 반환하므로 'apple'이 출력됩니다.

16 ④ capitalize()는 첫 문자를 대문자로, 나머지를 소문자로 변환합니다.

17 ③ 함수 호출 문법은 함수 이름 뒤에 괄호를 붙여야 합니다.

18 ④ 응원_메시지 함수에 입력한 이름과 직업을 전달하여 메시지를 출력합니다.

19 ① 거북이 그래픽으로 정삼각형을 그리는 코드입니다.

20 ② math.sqrt(36)은 36의 제곱근을 구하므로 결과는 6.0입니다.

01 ① 파이썬 변수명은 숫자로 시작할 수 없습니다. 알파벳이나 언더바(_)로 시작해야 합니다.

02 ① int(3.9)는 3으로 변환되고, "5"는 int()로 5가 되어 두 값의 합은 8입니다.

03 ④ 홀수는 2로 나눈 나머지가 1인 수를 의미합니다.

04 ③ a < b와 b < c 모두 참이므로 결과는 True입니다.

05 ① 조건에 따라 양수, 음수, 0을 판별하는 if, elif, else 구조입니다.

06 ② 리스트의 모든 요소에 2를 곱한 결과입니다.

07 ② num이 10부터 시작하여 2씩 줄어들고, 마지막으로 0이 출력됩니다.

08 ① i == 3일 때 continue가 실행되어 3은 출력되지 않습니다.

09 ② 리스트를 복사한 후 두 번째 요소를 'melon'으로 변경한 결과입니다.

10 ④ 각 요소의 제곱값을 계산한 후 내림차순으로 정렬한 결과입니다.

11 ③ cities는 튜플이므로 type(cities)의 결과는 <class 'tuple'>입니다.

12 ① sorted() 함수는 사전순으로 정렬하며, 리스트 형태로 반환됩니다.

13 ④ num_eng[4]의 값은 'four'이며, 그 길이는 4입니다.

14 ① 학생정보.items()는 키와 값을 출력하므로 각 항목이 순차적으로 출력됩니다.

15 ② abs() 함수는 절댓값을 반환하므로 -3.5의 절댓값은 3.5입니다.

16 ② format() 함수를 사용하여 변수 값을 문자열 내에 삽입한 결과입니다.

17 ① 함수 정의에서 괄호가 빠져 실행되지 않으므로, 오류는 ㄱ에서 발생합니다.

18 ④ 리스트의 평균, 최댓값, 최솟값을 구한 후 딕셔너리로 반환한 결과입니다.

19 ① 거북이가 두 번 전진하고 90도 회전하는 동작을 반복하여 직사각형의 일부를 그리는 코드입니다.

20 ② datetime.datetime.now().minute은 현재 시각의 분을 반환하므로 결과는 35입니다.

PART 3 실전 모의고사 제08회 실전 모의고사

01 ④ 변수에 값을 할당할 때는 = 기호를 사용합니다.

02 ② 문자열 "3.14"를 실수로 변환하려면 float() 함수를 사용해야 합니다.

03 ④ x ** y는 x의 y제곱을 의미하며, 5 ** 2는 25입니다.

04 ① 'y가 0보다 크거나 –10보다 작다'는 논리식으로 or 연산자를 사용하여 나타냅니다.

05 ③ else 다음에는 조건을 사용할 수 없고, 콜론(:)으로 끝나야 합니다.

06 ④ 홀수는 2로 나눈 나머지가 1인 경우이므로, 조건식은 i % 2 == 1입니다.

07 ② 물을 100도에 도달할 때까지 끓여야 하므로, 100도 미만일 때 반복합니다.

08 ② continue는 조건이 참일 때 해당 반복을 건너뛰고, 다음 반복으로 넘어갑니다.

09 ① 리스트에 새 항목을 추가할 때는 append() 메서드를 사용합니다.

10 ④ extend() 메서드는 첫 번째 리스트에 두 번째 리스트의 요소를 추가하지만, 두 번째 리스트는 변경되지 않습니다.

11 ③ 슬라이싱을 통해 첫 번째부터 세 번째 요소까지 출력한 결과입니다.

12 ③ sorted() 함수와 reverse=True 옵션을 사용하면 가나다순의 역순으로 정렬됩니다.

13 ④ 'ㅆ'은 딕셔너리에 정의되지 않은 값이므로, 유효하지 않은 자음이라는 메시지가 출력됩니다.

14 ③ sum() 함수로 딕셔너리 값들의 합을 계산하면 1050이 됩니다.

15 ① round(number, 2)는 소수점 둘째 자리까지 반올림하여 4.57을 반환합니다.

16 ③ {:.1f}는 소수점 첫째 자리까지 출력하는 형식입니다.

17 ③ 함수 greet()가 호출되면 두 문장이 순차적으로 출력됩니다.

18 ① 두 수의 차이를 절댓값으로 반환하므로, 첫 번째는 5 – 3 = 2, 두 번째는 8 – 2 = 6이 출력됩니다.

19 ④ 거북이가 90도씩 회전하며 네 번 전진하여 사각형의 일부를 그리는 코드입니다.

20 ① datetime.date.today().year는 현재 연도를 반환합니다.

PART 3 실전 모의고사 제09회 실전 모의고사

01 ① 변수에 값을 할당할 때는 = 기호를 사용합니다. 불린 값 True는 예약어이므로 올바르게 대문자로 써야 합니다.

02 ② x는 정수형, y는 문자열형이므로 type(x) == type(y)의 결과는 False입니다.

03 ① a ** b는 2 ** 3 = 8이고, b ** a는 3 ** 2 = 9입니다. 8 – 9는 –1입니다.

04 ③ x != y는 5와 10이 다르기 때문에 True입니다.

05 ② 소수점 아래 값이 0.5 이상이면 올림을 해야 하므로, int(길이) + 1이 필요합니다.

06 ③ range(1, 4)는 1, 2, 3을 포함하고, 그 합은 6입니다.

07 ④ 1부터 10까지의 짝수의 합을 계산할 때, num < 10은 마지막 짝수인 10을 포함하지 않으므로 적절하지 않습니다.

08 ② 무한 루프를 방지하기 위해 i의 값을 증가시켜야 합니다.

09 ③ rabbit을 제거했으므로 남은 리스트는 ['dog', 'cat', 'hamster']입니다.

10 ③ extend() 메서드는 첫 번째 리스트에 두 번째 리스트의 요소를 추가합니다.

11 ④ my_tuple[-4:-1]은 뒤에서 네 번째부터 세 번째까지의 요소를 가져오므로 나머지와 다른 값을 반환합니다.

12 ① 사전순으로 정렬하면 이와 같은 순서가 됩니다.

13 ④ get() 메서드는 키가 없을 때 None을 반환합니다. 여기서 'sound'는 딕셔너리에 없으므로 None이 반환됩니다.

14 ② 딕셔너리 전체를 삭제한 후 접근하려 하면 에러가 발생합니다.

15 ③ sum(prices)는 리스트의 합을 계산하며, 100 + 200 + 300 + 400 = 1000입니다.

16 ③ upper() 메서드는 문자열을 모두 대문자로 변환합니다.

17 ③ 함수 print_numbers()는 1과 2를 출력합니다.

18 ② 평균은 총합을 항목 수로 나눈 값이므로 calculate_average([1, 2, 3, 4, 5])는 3.0을 반환합니다.

19 ② 이 코드는 직사각형의 일부를 그리는 코드입니다.

20 ④ time.sleep(5)는 5초 동안 일시 정지한 후 다시 시간을 출력하므로, 5초 뒤의 시간이 출력됩니다.

PART 3
실전 모의고사 　 제10회 　 실전 모의고사

01 ① 변수에 값을 할당할 때는 = 기호를 사용합니다. 다른 형식은 잘못되었습니다.

02 ④ 파이썬의 기본 자료형은 정수(int), 실수(float), 문자열(str) 등이지만 배열(array)은 기본 자료형이 아닙니다.

03 ② value -= 5는 45가 되고, value //= 9는 5가 됩니다.

04 ④ number는 10이고, 짝수이므로 (number % 2 == 1)은 거짓(False)입니다.

05 ④ else 블록에서 올바르게 들여쓰기 된 출력문이 아닙니다. 들여쓰기를 맞춰야 합니다.

06 ① 리스트의 모든 요소를 출력하는 가장 간단한 방법은 리스트 자체를 루프 안에서 순회하는 것입니다.

07 ② i가 1에서 시작하여 4 미만일 때까지 반복하면서 합을 구하면 1 + 2 + 3 = 6입니다.

08 ② 짝수일 때 continue가 실행되어 출력을 건너뛰므로 1, 3, 5만 출력됩니다.

09 ② del items[1]은 두 번째 요소를 삭제하므로 'b'가 제거된 결과입니다.

10 ④ del shopping_list로 리스트를 삭제한 후에는 접근할 수 없으므로 에러가 발생합니다.

11 ② 리스트를 튜플로 변환하면 결과는 (1, 2, 3, 4, 5)입니다.

12 ③ 튜플 음악_장르를 삭제한 후에 접근하면 에러가 발생합니다.

13 ④ 딕셔너리에서 '중국'의 수도는 '베이징'입니다.

14 ② 가전제품_가격.keys()에서 첫 번째 값은 'TV'입니다.

15 ② 리스트에 4개의 프로그래밍 언어가 있으므로 len(languages)의 결과는 4입니다.

16 ① f-string을 사용한 출력 결과는 주어진 값들을 그대로 삽입한 결과입니다.

17 ① 함수 jump()가 두 번 호출되며, 중간에 "Finished jumping!"이 출력됩니다.

18 ④ 함수를 호출할 때 이름("홍길동")을 인수로 전달해야 "안녕하세요, 홍길동님!"을 출력할 수 있습니다.

19 ④ 이 코드는 네 번 직사각형 모양으로 이동하며 그리게 됩니다.

20 ② time.sleep(1)로 1초씩 대기한 후, 점이 하나씩 출력됩니다.

EBS 중학

뉴런

| 과학 2 |

미니북

1 물질의 기본 성분

❶ 원소

1. 원소: 더 이상 다른 물질로 분해되지 않는 물질을 이루는 기본 성분
- 현재까지 발견된 원소는 110여 종, 90여 종은 자연에서 발견, 나머지는 인공적으로 만들어진 것이다.
- 원소의 종류에 따라 그 특성이 다르다.

2. 여러 가지 원소의 특성과 이용

원소	특성 및 이용	원소	특성 및 이용
수소	가장 가벼운 원소. 산소와 반응하여 물을 생성. 우주 왕복선의 연료로 이용	헬륨	수소 다음으로 가벼운 원소. 비행선이나 풍선의 충전 기체로 이용
산소	지각, 공기 등에 많이 포함. 호흡과 연소에 이용	탄소	숯, 흑연, 다이아몬드 등을 구성하는 원소
철	은백색의 고체 금속. 건축물. 철도 등에 이용	규소	지각과 모래 등을 구성하는 원소. 반도체 소재로 이용
알루미늄	은백색의 가벼운 고체 금속. 비행기 동체, 알루미늄 포일 등에 이용	수은	상온에서 액체 상태의 금속. 온도계에 이용

❷ 원소의 구별

1. 불꽃 반응: 일부 금속 원소나 금속 원소를 포함하는 물질을 겉불꽃에 넣었을 때, 금속 원소의 종류에 따라 특유의 불꽃 반응 색을 나타내는 반응

니크롬선을 묽은 염산에 넣어 깨끗하게 씻는다.

니크롬선을 증류수로 헹군 후 토치의 겉불꽃에 넣어 색깔이 나타나지 않을 때까지 가열한다.

시료를 니크롬선에 묻혀 토치의 겉불꽃에 넣고 나타나는 색을 관찰한다.

▲ 불꽃 반응 실험 과정

- 실험 방법이 간단하고, 적은 양으로도 성분 금속 원소를 확인할 수 있다.
- 서로 다른 물질이라도 같은 금속 원소를 포함하고 있으면 같은 불꽃 반응 색을 나타낸다.

2. 여러 가지 금속 원소의 불꽃 반응 색

원소	리튬	칼륨	나트륨	스트론튬	구리	칼슘	바륨	세슘
	빨간색	보라색	노란색	빨간색	청록색	주황색	황록색	파란색
불꽃 반응 색								

3. 스펙트럼: 빛을 프리즘이나 분광기를 통해 분산시켰을 때 나타나는 여러 색깔의 띠

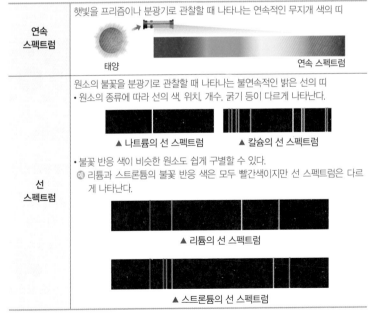

연속 스펙트럼	햇빛을 프리즘이나 분광기로 관찰할 때 나타나는 연속적인 무지개 색의 띠
선 스펙트럼	원소의 불꽃을 분광기로 관찰할 때 나타나는 불연속적인 밝은 선의 띠 • 원소의 종류에 따라 선의 색, 위치, 개수, 굵기 등이 다르게 나타난다. ▲ 나트륨의 선 스펙트럼 ▲ 칼슘의 선 스펙트럼 • 불꽃 반응 색이 비슷한 원소도 쉽게 구별할 수 있다. ⑩ 리튬과 스트론튬의 불꽃 반응 색은 모두 빨간색이지만 선 스펙트럼은 다르게 나타난다. ▲ 리튬의 선 스펙트럼 ▲ 스트론튬의 선 스펙트럼

태양 연속 스펙트럼

2 물질을 구성하는 입자

❶ 물질을 구성하는 입자

1. 원자: 물질을 구성하는 기본 입자, 원자핵과 전자로 구성

원자핵	• (+)전하를 띠며, 원자의 중심에 위치함. • 전자에 비해 크고 무거우며, 원자 질량의 대부분을 차지함.
전자	• (−)전하를 띠며, 원자핵 주변을 끊임없이 운동함. • 원자핵에 비해 질량과 크기가 매우 작음.

2. 원자의 전하량

• 원자는 종류에 따라 원자핵의 (+)전하량이 다르며, 전자의 수도 다르다.
• 원자는 원자핵의 (+)전하량과 전자의 총 (−)전하량이 같아 전기적으로 중성이다.

원자 종류	수소	헬륨	탄소	산소
원자핵 전하량	+1	+2	+6	+8
전자 수(개)	1	2	6	8
전자 총 전하량	−1	−2	−6	−8
원자의 전하량	0	0	0	0
원자 모형	+1	+2	+6	+8

3. 분자: 물질의 성질을 나타내는 가장 작은 입자로, 원자들이 결합하여 이루어진다.

• 분자가 원자로 분해되면 물질의 성질을 잃는다. 예 산소 기체 분자가 산소 원자로 분해되면 다른 물질을 잘 타게 돕는 성질을 잃는다.
• 같은 종류의 원자로 이루어진 분자라도 그 분자를 이루는 원자의 개수와 결합 방식이 다르면 성질이 다른 서로 다른 분자이다. 예 물, 과산화 수소

산소 원자 〈산소 분자〉 수소 원자 산소 원자 〈물 분자〉 산소 원자 수소 원자 〈과산화 수소 분자〉 산소 원자 탄소 원자 〈이산화 탄소 분자〉 수소 원자 질소 원자 〈암모니아 분자〉

▲ 몇 가지 분자의 분자 모형

❷ 물질의 표현

1. 원소 기호: 원소를 나타내는 간단한 기호

• 원소 기호의 변천

중세 연금술사		돌턴		베르셀리우스(현재)
자신만의 그림으로 기록	⇒	원 안에 그림이나 문자를 넣어 표현	⇒	원소 이름에서 알파벳을 따라서 표현

• 현재 원소 기호: 베르셀리우스가 제안한 알파벳으로 표시하는 원소 기호를 사용

> 원소 이름의 첫 글자를 알파벳의 대문자로 나타내고, 첫 글자가 같을 때는 적당한 중간 글자를 택하여 첫 글자 다음에 소문자로 나타낸다.

원소 이름	원소 기호	원소 이름	원소 기호	원소 이름	원소 기호	원소 이름	원소 기호
수소	H	헬륨	He	리튬	Li	베릴륨	Be
붕소	B	탄소	C	질소	N	산소	O
플루오린	F	네온	Ne	나트륨	Na	마그네슘	Mg

2. 분자식: 분자를 구성하는 원자의 종류와 개수를 원소 기호와 숫자로 표현한 식

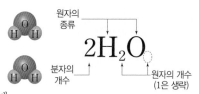

• 분자를 구성하는 원자의 종류를 원소 기호로 쓰고, 분자를 구성하는 원자의 개수를 원소 기호 오른쪽 아래에 작게 쓴다.(단, 1은 생략)
• 분자의 개수는 분자식 앞에 크게 쓴다.(단, 1은 생략)

$$2H_2O$$

물질	분자식	분자 모형	물질	분자식	분자 모형	물질	분자식	분자 모형
수소	H_2		염소	Cl_2		물	H_2O	
산소	O_2		염화 수소	HCl		암모 니아	NH_3	

3 전하를 띠는 입자

❶ 이온

1. 이온: 중성인 원자가 전자를 잃거나 얻어 전하를 띠게 된 입자

2. 이온의 형성

구분	양이온	음이온
정의	전자를 잃어 (+)전하를 띠는 입자	전자를 얻어 (−)전하를 띠는 입자
형성 과정	전자 전자를 잃음 원자핵 원자 → 양이온	전자 전자를 얻음 원자핵 원자 → 음이온
전하량	(+)전하량>(−)전하량	(+)전하량<(−)전하량

3. 이온의 전하 확인

[과정] 질산 칼륨을 적신 거름종이의 가운데에 푸른색 황산 구리(Ⅱ) 수용액과 보라색 과망가니즈산 칼륨 용액을 떨어뜨린다.

황산 구리(Ⅱ) 수용액
(−)극   (+)극
과망가니즈산 칼륨 수용액   질산 칼륨 수용액을 적신 거름종이

[결과] 전류를 흘려 주면
→ 푸른색의 구리 이온(Cu^{2+})은 양이온이므로 (−)극으로 이동
→ 보라색의 과망가니즈산 이온(MnO_4^-)은 음이온이므로 (+)극으로 이동
→ 칼륨 이온(K^+)은 (−)극, 황산 이온(SO_4^{2-})과 질산 이온(NO_3^-)은 (+)극으로 이동하지만 색깔이 없어서 눈에 보이지 않음.

4. 이온의 표현

구분	양이온	음이온
이온식	원소 기호의 오른쪽 위에 작은 숫자로 잃은 전자 수와 (+)전하를 표시(단, 1은 생략) 잃은 전자 수가 1개이면 생략 잃은 전자 수 Li^+ ← 전하의 종류 Ca^{2+} ← 전하의 종류 리튬 이온 칼슘 이온	원소 기호의 오른쪽 위에 작은 숫자로 얻은 전자 수와 (−)전하를 표시(단, 1은 생략) 얻은 전자 수가 1개이면 생략 얻은 전자 수 F^- ← 전하의 종류 O^{2-} ← 전하의 종류 플루오린화 이온 산화 이온

❷ 이온의 확인

1. 앙금 생성 반응: 양이온과 음이온이 결합하여 물에 녹지 않는 앙금을 생성하는 반응

> 예 질산 은 수용액과 염화 나트륨 수용액을 섞으면 은 이온(Ag^+)과 염화 이온(Cl^-)이 반응하여 흰색의 염화 은($AgCl$) 앙금을 생성한다.

2. 여러 가지 앙금 반응과 앙금 색

양이온	음이온	앙금 생성 반응식	앙금	앙금 색
바륨 이온	황산 이온	$Ba^{2+} + SO_4^{2-} \rightarrow BaSO_4 \downarrow$	황산 바륨	흰색
칼슘 이온	탄산 이온	$Ca^{2+} + CO_3^{2-} \rightarrow CaCO_3 \downarrow$	탄산 칼슘	흰색
구리 이온	황화 이온	$Cu^{2+} + S^{2-} \rightarrow CuS \downarrow$	황화 구리(Ⅱ)	검은색
납 이온	황화 이온	$Pb^{2+} + S^{2-} \rightarrow PbS \downarrow$	황화 납	검은색
카드뮴 이온	황화 이온	$Cd^{2+} + S^{2-} \rightarrow CdS \downarrow$	황화 카드뮴	노란색

3. 여러 가지 이온과 앙금의 생성

이온	Na^+	K^+	Ba^{2+}	Ca^{2+}	Pb^{2+}	Ag^+
NO_3^-	$NaNO_3$	KNO_3	$Ba(NO_3)_2$	$Ca(NO_3)_2$	$Pb(NO_3)_2$	$AgNO_3$
Cl^-	$NaCl$	KCl	$BaCl_2$	$CaCl_2$	$PbCl_2$	$AgCl$
S^{2-}	Na_2S	K_2S	BaS	CaS	PbS	Ag_2S
SO_4^{2-}	Na_2SO_4	K_2SO_4	$BaSO_4$	$CaSO_4$	$PbSO_4$	Ag_2SO_4
CO_3^{2-}	Na_2CO_3	K_2CO_3	$BaCO_3$	$CaCO_3$	$PbCO_3$	Ag_2CO_3
	잘 녹음(앙금을 생성하지 않음)		녹지 않음(앙금을 생성)			

4. 앙금 생성 반응을 통한 이온의 확인

이온	확인 방법
염화 이온(Cl^-)	질산 은($AgNO_3$) 수용액을 떨어뜨리면 흰색 앙금(염화 은, $AgCl$)이 생성된다.
탄산 이온(CO_3^{2-})	염화 칼슘($CaCl_2$) 수용액을 떨어뜨리면 흰색 앙금(탄산 칼슘, $CaCO_3$)이 생성된다.
카드뮴 이온(Cd^{2+})	황화 나트륨(Na_2S) 수용액을 떨어뜨리면 노란색 앙금(황화 카드뮴, CdS)이 생성된다.
납 이온(Pb^{2+})	아이오딘화 칼륨(KI) 수용액을 떨어뜨리면 노란색 앙금(아이오딘화 납, PbI_2)이 생성된다.

1 전기의 발생

❶ 마찰 전기

1. 마찰 전기: 서로 다른 두 물체 사이의 마찰로 발생한 전기

2. 마찰 전기에 의한 현상
- 머리를 빗을 때 머리카락이 빗에 달라붙음
- 스웨터를 벗을 때 머리카락이 스웨터에 달라붙음
- 가전제품을 마른 걸레로 닦을 때 먼지가 다시 달라붙음
- 건조한 날 사탕이나 책을 포장한 비닐을 벗길 때 비닐이 손에 달라붙음

3. 전기력: 전기를 띤 물체 사이에 작용하는 힘

같은 종류의 전하	다른 종류의 전하
← ⊖ ⊖ → | ← ⊕ ⊕ →	⊕ → ← ⊖
서로 밀어내는 힘이 작용	서로 끌어당기는 힘이 작용

4. 대전과 대전체
- 대전: 물체가 전기를 띠는 현상
- 대전체: 전기를 띤 물체

5. 물체가 대전되는 과정: 물체가 대전되는 과정은 원자 모형을 이용하여 전자의 이동으로 나타낼 수 있음

마찰 전	마찰할 때	마찰한 후
플라스틱 막대 / 털가죽		
• 털가죽: (+)전하의 양=(−)전하의 양 ⇒ 전하를 띠지 않음 • 플라스틱 막대: (+)전하의 양=(−)전하의 양 ⇒ 전하를 띠지 않음	• 전자가 털가죽에서 플라스틱 막대로 이동 • 털가죽은 전자를 잃고, 플라스틱 막대는 전자를 얻음	• 털가죽: (+)전하의 양>(−)전하의 양 ⇒ (+)전하로 대전 • 플라스틱 막대: (+)전하의 양<(−)전하의 양 ⇒ (−)전하로 대전

❷ 정전기 유도

1. 정전기 유도: 대전되지 않은 물체에 대전체를 가까이 했을 때 물체의 양쪽에 서로 다른 종류의 전하가 유도되는 현상

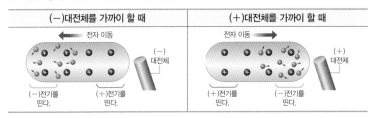

(−)대전체를 가까이 할 때	(+)대전체를 가까이 할 때
전자 이동 ← (−)전기를 띤다. (+)전기를 띤다.	전자 이동 → (+)전기를 띤다. (−)전기를 띤다.

2. 정전기 유도 현상의 이용
- 대전된 풍선을 종잇조각에 가까이 하면 종잇조각이 풍선 쪽으로 끌려옴
- 먼지떨이의 솔을 문질러 대전시킨 후 주변의 먼지를 끌어당김
- 주유소 정전기 방지 패드, 공기 청정기, 복사기, 터치스크린 등에 사용

3. 검전기: 정전기 유도 현상을 이용하여 물체의 대전 여부를 알아보는 기구

4. 검전기에서 정전기 유도 현상의 이용
- 검전기의 금속판에 물체를 가까이 가져갔을 때 금속박의 모습을 보고 물체의 대전 여부를 알 수 있음

대전되지 않은 플라스틱 막대

음전하를 띠는 플라스틱 막대를 가까이 하면 전자가 금속박 쪽으로 밀려난다.

양전하를 띠는 휴지를 가까이 하면 전자가 금속판 쪽으로 끌려온다.

금속판

금속박

전자 이동

전자 이동

금속박이 전하를 띠며 벌어진다.

- 대전된 전하의 양이 많을수록 금속박이 많이 벌어짐

2 전류와 전압

❶ 전류

1. 전류: 전하의 흐름

2. 전류의 세기: 일정 시간 동안 전
선의 단면을 통과하는 전하의 양
으로 나타냄

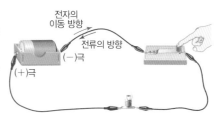

- **전류의 단위:** A(암페어) 또는
  mA(밀리암페어)를 사용
- 1 A = 1000 mA

3. 전류의 방향과 전자의 이동 방향

전류의 방향	전자의 이동 방향
전지의 (+)극에서 (−)극 쪽으로 흐름	전지의 (−)극에서 (+)극 쪽으로 이동함
전류의 방향은 과거에 양전하의 이동 방향으로 정하였기 때문에 실제로 전자가 이동하는 방향과 는 반대	

4. 도선 내에서의 전자의 흐름

전류가 흐르지 않을 때	전류가 흐를 때
전자	전자
전자들이 여러 방향으로 불규칙하게 움직임	전자들이 한 방향으로 이동함

5. 전류계의 사용법

- 전류계는 측정하려는 부분에 직렬로 연결
- 전류계 (+)단자는 전지의 (+)극 쪽에, 전
  류계 (−)단자는 전지의 (−)극 쪽에 연결
- 전류값을 모를 때는 가장 큰 (−)단자에
  먼저 연결
- 전류계를 전지에 직접 연결하지 않음

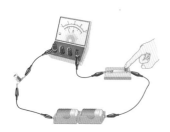

❷ 전압

1. 전압: 전류를 흐르게 하는 원인
- 전압의 단위: V(볼트) 사용
- 전압에 의해 전류가 흐르는 것은 밸브를 열면 물의 높이차에 의해 물이 흐르는 것으로 비유
- 전지의 전압은 수면의 높이차와 같은 역할을 하여 전선 내의 전자를 계속 이동시켜 전류가 흐르게 함
- 전지의 전압은 1.5 V, 6 V, 9 V 등으로 다양함

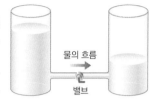

물의 흐름

밸브

2. 물의 흐름과 전기 회로: 전기 회로에서 전류는 물의 흐름에 비유할 수 있음

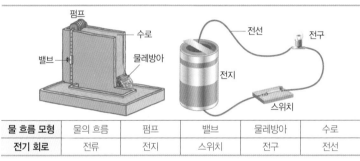

물 흐름 모형	물의 흐름	펌프	밸브	물레방아	수로
전기 회로	전류	전지	스위치	전구	전선

- 흐르는 물이 물레방아를 돌릴 때 물레방아를 지나기 전후의 물의 양이 달라지지 않음
- 전기 회로에서도 전구를 통과하기 전후 전류의 세기는 변하지 않음

3. 전압계의 사용법
- 전압계는 전압을 측정하고자 하는 회로에 병렬로 연결
- 전압계의 (+)단자는 전지의 (+)극 쪽에, 전압계의 (−)단자는 전지의 (−)극 쪽에 연결
- 전압 값을 모를 때는 최댓값이 큰 (−)단자부터 차례로 연결

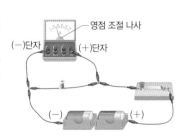

영점 조절 나사

(−)단자 (+)단자

(−) (+)

3 전압, 전류, 저항 사이의 관계

❶ 전압, 전류, 저항 사이의 관계

1. **옴의 법칙**: 도체에 흐르는 전류의 세기는 도체의 양 끝에 걸린 전압에 비례

   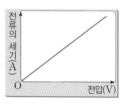

   - 니크롬선에 걸리는 전압이 2배, 3배 …가 되면, 니크롬선에 흐르는 전류의 세기도 2배, 3배 …가 됨
   - 니크롬선에 흐르는 전류의 세기는 니크롬선에 걸린 전압에 비례

2. **저항**: 전류의 흐름을 방해하는 정도

   - 전기 저항의 단위: Ω(옴)을 사용
   - 1 Ω: 1 V의 전압을 걸었을 때 흐르는 전류의 세기가 1 A인 도선의 저항
   - 같은 전압을 걸어도 니크롬선에 따라 흐르는 전류의 세기가 다르다.

3. **전류와 저항의 관계**: 전압이 같을 때 흐르는 전류의 세기는 도체의 저항이 클수록 작아짐. 도선에 흐르는 전류는 저항에 반비례

4. **전압, 전류, 저항의 관계**: 도체에 흐르는 전류의 세기는 전압에 비례하고 저항에 반비례

$$전류의 \ 세기 = \frac{전압}{저항}, \quad I = \frac{V}{R} \Rightarrow V = IR$$

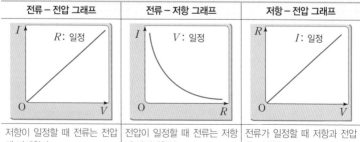

전류 – 전압 그래프	전류 – 저항 그래프	저항 – 전압 그래프
R: 일정	V: 일정	I: 일정
저항이 일정할 때 전류는 전압에 비례한다.	전압이 일정할 때 전류는 저항에 반비례한다.	전류가 일정할 때 저항과 전압은 비례한다.

❷ 저항의 연결

1. 저항의 직렬연결과 병렬연결

구분	저항의 직렬연결	저항의 병렬연결
전기 회로		
특징	• 회로 전체의 저항은 커짐 • 회로 전체에 흐르는 전류의 세기는 작아짐	• 각 저항에 걸리는 전압은 같음 • 회로 전체의 저항은 작아지므로 회로 전체에 흐르는 전류의 세기가 커짐
쓰임새	여러 개의 전기 기구가 직렬연결된 회로에서는 한 전기 기구만 고장 나도 회로 전체에 전류가 흐르지 않게 됨 예 퓨즈, 크리스마스트리 전구의 일부 구간 등	전기 기구를 병렬연결하면 다른 전기 기구의 영향을 받지 않고 따로 사용할 수 있음 예 멀티탭, 가정용 전기 기구, 여러 개의 전구가 달린 거실등 등

2. 직렬연결과 병렬연결의 사용 예

(1) 직렬연결
- 퓨즈: 전기 기구의 저항과 퓨즈가 직렬연결되어 있어 퓨즈가 끊어지면 전기 기구의 작동이 멈춤
- 발광 다이오드와 저항: 발광 다이오드에 저항을 직렬연결하여 적절한 세기의 전류로 조절

(2) 병렬연결
- 멀티탭: 가정용 멀티탭에는 전기 기구들이 모두 병렬연결되어 있어 여러 개의 전기기구들을 각각 따로 사용할 수 있음
- 가정용 전기 기구: 가정용 전기 기구는 송전선에서 집으로 들어오는 전선에 모두 병렬로 연결되어 있음

▲ 퓨즈   ▲ 멀티탭   ▲ 가정용 전기 배선

4 전류의 자기 작용

① 전류 주위의 자기장

1. 자기력과 자기장
• 자기력: 자석과 자석 사이에 작용하는 힘

서로 같은 극	같은 극 사이에는 서로 밀어내는 힘이 작용
서로 다른 극	자석의 다른 극 사이에는 서로 끌어당기는 힘이 작용

• 자기장: 자기력이 작용하는 공간

▲ 막대자석 주위의 자기장

2. 자기력선: 자기장을 선으로 나타낸 것으로 자석의 N극에서 나와서 S극으로 들어가는 모양

3. 직선 도선 주위의 자기장
• 자기장의 모양: 도선을 중심으로 동심원 모양
• 자기장의 방향: 오른손 엄지손가락을 전류의 방향과 일치시키고 네 손가락으로 도선을 감싸 줄 때 네 손가락이 가리키는 방향
• 전류의 방향이 바뀌면 자기장의 방향도 반대로 됨

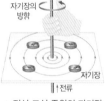

▲ 직선 도선 주위의 자기장

4. 코일 주위의 자기장: 코일 주위에 생기는 자기장은 막대자석이 만드는 자기장과 비슷한 모양
• 코일 내부의 자기장: 코일의 내부에는 축에 나란하고 세기가 균일한 자기장이 생김
• 자기장의 방향: 오른손의 네 손가락을 전류의 방향으로 감아줄 때 엄지손가락이 가리키는 방향

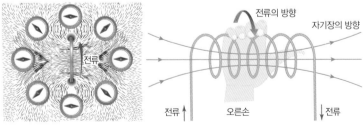

▲ 코일 주위에 생기는 자기장과 자기장의 방향

❷ 자기장에서 전류가 흐르는 도선이 받는 힘

1. 자기장에서 도선이 받는 힘

- 원리: 자석 내의 전류가 흐르는 도선은 전류에 의한 자기장과 자석의 자기장이 상호 작용하여 서로 자기력이 작용하므로 힘을 받음
- 도선이 받는 자기력의 방향: 오른손을 이용하여 힘의 방향을 알아볼 수 있음

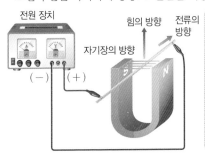

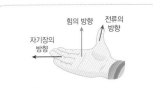

오른손의 네 손가락을 자기장의 방향으로 펴고 엄지손가락을 전류의 방향으로 향하게 할 때 손바닥이 향하는 방향이 힘의 방향이다.

2. 도선이 받는 자기력의 방향과 크기에 영향을 주는 요인

- 전류의 방향이나 자기장의 방향이 바뀌면 도선이 받는 힘의 방향도 바뀜
- 전류의 세기가 셀수록 자기장의 세기가 셀수록 힘의 크기도 커짐
- 전류의 방향과 자기장의 방향이 수직일 때 가장 크고, 평행일 때는 자기력이 작용하지 않음

3. 전동기: 자기장 속에서 전류가 흐르는 코일이 받는 힘을 이용하여 코일을 회전시키는 장치

- 작동 원리: 전동기의 코일에 전류가 흐를 때 코일의 왼쪽 부분과 오른쪽 부분에 흐르는 전류의 방향은 서로 반대임. 따라서 두 부분이 받는 힘의 방향도 반대가 되어 코일이 회전함
- 코일에 흐르는 전류의 방향이 바뀌면 코일의 회전 방향도 반대가 됨
- 자기장이 셀수록, 코일이 많이 감길수록, 코일에 흐르는 전류의 세기가 셀수록 전동기의 회전 속도가 빨라짐

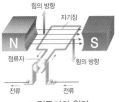

▲ 전동기의 원리

4. 전동기의 이용: 선풍기, 세탁기, 전기차, 로봇, 드론 등

1 지구와 달의 크기

❶ 지구의 크기

1. 지구의 크기 측정 : 에라토스테네스가 최초로 측정
➡ 2가지 가정: 지구는 완전한 구형이다. 지구로 들어오는 햇빛은 평행하다.

2. 에라토스테네스의 측정 방법

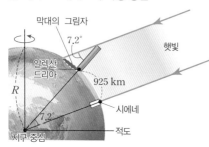

- 두 지역의 중심각
  =막대와 그림자의 끝이 이루
  는 각=7.2°
- 두 지역 사이의 거리=약 925 km
- 360° : 지구의 둘레($2\pi R$)
  =7.2° : 925 km
  ➡ 지구의 둘레($2\pi R$)
  $= \dfrac{360°}{7.2°} \times 925 \text{ km}$
  $= 46250 \text{ km}$

3. 에라토스테네스가 구한 지구의 둘레는 약 46250 km이다.
➡ 실제 지구의 둘레인 약 40000 km와는 오차가 있다.
➡ 이유: 두 지역이 같은 경도 상에 있지 않았고, 거리 측정값도 정확하지 않았다.

❷ 달의 크기

1. 달의 크기 측정 방법 : 삼각형의 닮음비 이용

2. 달의 크기 측정
➡ 동전의 지름(d) : 달의 지름(D)=동전까지의 거리(l) : 달까지의 거리(L)
➡ 달의 지름: 약 3,500 km로, 지구 지름(약 1,3000 km)의 약 $\dfrac{1}{4}$배 정도이다.

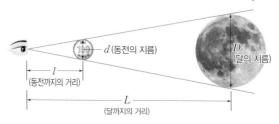

2 지구와 달의 운동

① 지구의 자전

1. 지구의 자전: 지구가 자전축을 중심으로 하루에 한 바퀴씩 서쪽에서 동쪽으로 회전하는 운동

2. 지구의 자전으로 나타나는 현상

① 별의 일주 운동: 북극성을 중심으로 별들이 하루에 한 바퀴씩 회전하는 겉보기 운동

② 태양과 달의 일주 운동: 태양과 달이 뜨고 진다.

③ 낮과 밤이 반복되고, 지역에 따라 일출 시각과 일몰 시각이 다르다.

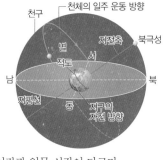

▼ 우리나라에서 관측한 별의 일주 운동 모습

동쪽 하늘	서쪽 하늘	남쪽 하늘	북쪽 하늘

② 지구의 공전

1. 지구의 공전: 지구가 태양을 중심으로 일 년에 한 바퀴씩 서쪽에서 동쪽으로 회전하는 운동

2. 지구의 공전으로 나타나는 현상: 태양의 연주 운동, 계절별 별자리의 변화

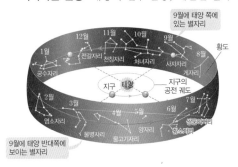

❸ 달의 위상 변화

1. **달의 위상**: 우리 눈에 보이는 달의 모양
   ➡ 달은 스스로 빛을 내지 못하고, 햇빛을 반사하여 밝게 보인다.
   ➡ 달의 위치에 따라 햇빛을 반사하는 부분이 달라지므로 밝게 보이는 부분이 지구에서 보이는 달의 모양이 된다.

2. **달의 위상 변화**: 약 한 달을 주기로 변한다.

3. **달의 위상 변화 원인**
   ➡ 달이 약 한 달을 주기로 지구 주위를 서에서 동으로 공전하기 때문
   (1) 삭: 달이 지구와 태양 사이에 있을 때의 위치 ➡ 달이 보이지 않는다.
   (2) 망: 달이 지구를 중심으로 태양 반대편에 있을 때의 위치 ➡ 보름달이 보인다.
   (3) 상현: 달이 지구, 태양과 직각을 이룰 때의 위치 ➡ 상현달(오른쪽 반달)이 보인다.
   (4) 하현: 달이 지구, 태양과 직각을 이룰 때의 위치 ➡ 하현달(왼쪽 반달)이 보인다.

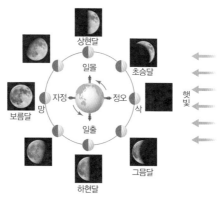

4. **달의 위상 변화 순서**: 삭 → 초승달 → 상현달 → 보름달 → 하현달 → 그믐달 → 삭
   ➡ 삭의 위치에서는 달이 보이지 않는다.

❹ 일식과 월식

1. **일식**: 지구에서 보았을 때 달이 태양을 가리는 현상
   ➡ 태양−달−지구의 순서로 일직선을 이루어 달이 삭의 위치일 때 일어남.
   • 개기 일식: 달이 태양을 완전히 가리는 현상
   • 부분 일식: 달이 태양의 일부를 가리는 현상

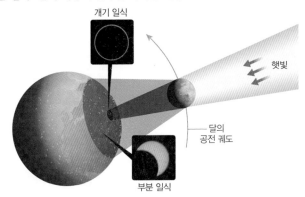

2. **월식**: 지구에서 보았을 때 달이 지구의 그림자 속으로 들어가 어두워지는 현상
   ➡ 태양−지구−달의 순서로 일직선을 이루어 달이 망의 위치일 때 일어남.
   • 개기 월식: 지구의 그림자에 달 전체가 가려지는 현상
   • 부분 월식: 지구의 그림자에 달의 일부가 가려지는 현상

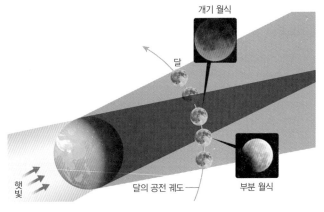

3 태양계를 구성하는 행성

① 태양계 행성

1. 행성: 태양 주위를 도는 8개 천체

2. 행성의 특징

행성	특징
수성	• 태양에서 가장 가깝고, 태양계에서 가장 작은 행성 • 대기가 거의 없어 낮과 밤의 표면 온도 차이가 매우 큼. • 표면에 많은 운석 구덩이가 많이 있음. ▲ 수성　　▲ 수성 표면의 운석 구덩이
금성	• 크기와 질량이 지구와 가장 비슷함. • 이산화 탄소로 이루어진 두꺼운 대기가 있음. • 대기압과 표면 온도가 높음. • 표면이 비교적 평탄하며, 운석 구덩이와 화산이 있음. ▲ 금성　　▲ 금성의 화산
화성	• 표면은 붉은색을 띠며, 물이 흘렀던 흔적이 있음. • 극 지역에는 얼음과 드라이 아이스로 이루어진 극관이 있음. • 운석 구덩이와 화산이 있음. ▲ 화성　　▲ 물이 흐른 흔적
목성	• 태양계에서 가장 큰 행성 • 주로 수소와 헬륨으로 이루어짐. • 대기의 소용돌이인 대적점이 있음. • 표면에 가로 줄무늬가 있음. • 희미한 고리와 수많은 위성이 있음. ▲ 목성　　▲ 대적점
토성	• 태양계에서 밀도가 가장 작은 행성 • 주로 수소와 헬륨으로 이루어짐(성분이 목성과 비슷). • 표면에 가로 줄무늬가 있고, 많은 위성이 있음. • 암석 조각과 얼음 알갱이로 이루어진 뚜렷한 고리가 있음. ▲ 토성　　▲ 타이탄(토성의 위성)
천왕성	• 주로 수소로 이루어짐. • 헬륨과 메테인이 포함되어 있어 청록색으로 보임. • 자전축이 거의 누운 채로 자전함. • 희미한 고리와 많은 위성이 있음. ▲ 천왕성　　▲ 천왕성의 고리
해왕성	• 태양계에서 가장 바깥쪽에 있는 행성 • 성분이 천왕성과 비슷하여 파란색으로 보임. • 대기의 소용돌이인 대흑점이 나타나기도 함. • 희미한 고리와 많은 위성이 있음. ▲ 해왕성　　▲ 대흑점

❷ 행성의 분류

1. 지구의 공전 궤도를 기준으로 한 분류: 내행성, 외행성
① **내행성**: 지구의 공전 궤도 안쪽에서 공전하는 행성 ➡ 수성, 금성
② **외행성**: 지구의 공전 궤도 바깥쪽에서 공전하는 행성 ➡ 화성, 목성, 토성, 천왕성, 해왕성

2. 물리적 특성에 따른 분류: 지구형 행성, 목성형 행성
① **지구형 행성**: 수성, 금성, 지구, 화성
  • 질량과 반지름이 작고 밀도가 큰 행성
  • 암석으로 이루어져 표면이 단단함.
  • 고리가 없고, 위성은 없거나 적음.
② **목성형 행성**: 목성, 토성, 천왕성, 해왕성
  • 질량과 반지름이 크고 밀도가 작은 행성
  • 기체로 이루어져 단단한 표면이 없음.
  • 고리가 있고, 위성이 많음.

분류	질량	반지름	밀도	고리	위성 수	단단한 표면
지구형 행성	작다	작다	크다	없다	없거나 적다	있다
목성형 행성	크다	크다	작다	있다	많다	없다

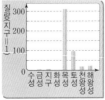
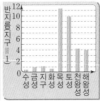
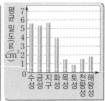

(출처: 천문 우주 지식 정보)

4 태양

① 태양의 특징

1. 태양: 태양계에서 스스로 빛을 내는 유일한 천체

2. 광구: 둥글게 보이는 태양의 표면으로, 평균 온도는 약 6000 ℃이다.

쌀알 무늬	수많은 쌀알을 뿌려 놓은 것 같은 무늬
흑점	• 크기와 모양이 불규칙한 어두운 무늬 • 흑점의 온도는 약 4000 ℃로 주위보다 온도가 낮아서 어둡게 보인다.

3. 태양의 대기: 매우 희박한 대기층

➡ 광구보다 어두워 평상시에는 볼 수 없고, 개기 일식 때 볼 수 있음.

채층	• 태양의 광구 바로 위에 있는 얇은 대기층 • 광구보다 온도가 높다. • 붉은색을 띤다. • 두께는 약 10000 km이다.
코로나	• 채층 위로 넓게 뻗어 있는 태양의 가장 바깥쪽 대기층 • 진주색(청백색)으로 보인다. • 온도는 100만 ℃ 이상으로 매우 높다.

4. 태양의 대기에서 나타나는 현상

홍염	• 광구에서 온도가 높은 물질이 대기로 솟아오르는 현상 • 불꽃이나 고리 등 다양한 모양으로 나타난다.
플레어	• 흑점 부근에서 폭발이 일어나 채층의 일부가 순간 매우 밝아지는 현상 • 엄청난 양의 물질과 에너지를 방출한다.

② 태양 활동이 지구에 미치는 영향

1. 태양의 활동: 활발하게 일어날 때 우주 공간으로 막대한 에너지와 물질을 방출한다.

2. 태양 활동이 활발한 시기
- ➡ 흑점 수가 많아짐. ➡ 홍염이나 플레어가 자주 발생함.
- ➡ 코로나의 크기가 커지면서 태양풍이 강해짐.

3. 태양풍: 태양에서 방출되는 전기를 띤 입자의 흐름

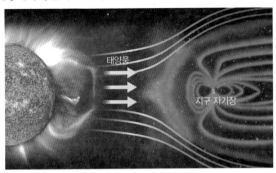

태양풍
지구 자기장

4. 태양 활동이 활발할 때 지구에서 나타나는 현상
- ➡ 지구 자기장이 교란되어 짧은 시간 동안 지구 자기장이 크게 변하는 자기 폭풍 발생
- ➡ 장거리 무선 통신이 끊어지는 델린저 현상 발생
- ➡ 고위도 지역에 오로라가 더 자주 나타남. 위도가 낮은 지역에서도 오로라가 나타남.
- ➡ 무선 전파 통신의 방해, 인공위성의 고장, 송전 시설의 고장으로 인한 정전

5. 태양 관측: 천체 망원경을 이용할 때는 태양 투영판을 이용하여 태양 상을 관측한다.

6. 천체 망원경: 천체에서 오는 빛을 모아 천체의 상을 만들고 이를 확대하여 관측하는 도구

경통
대물렌즈와 접안렌즈를 연결한다.

대물렌즈
천체에서 오는 빛을 모은다.

파인더
천체를 찾는 데 이용한다.

가대
경통과 삼각대를 연결하고, 경통을 지지한다. 또, 경통이 천체를 향해 움직이게 한다.

균형추
경통과 균형을 맞추어 준다.

삼각대
경통과 가대가 흔들리지 않게 받쳐 준다.

접안렌즈
상을 확대하여 천체를 관측한다.

1 광합성

❶ 광합성에 필요한 물질

1. **광합성**: 식물이 빛에너지를 이용하여 양분을 만드는 과정
2. **광합성 장소**: 광합성은 엽록체에서 일어난다.
3. **광합성에 필요한 요소**
   (1) 빛에너지: 빛은 광합성의 에너지원이다.
   (2) 물: 뿌리를 통해 흡수된 물은 잎까지 운반되어 광합성에 쓰인다.
   (3) 이산화 탄소: 잎을 통해 흡수된 이산화 탄소는 물과 함께 광합성에 쓰인다.

❷ 광합성으로 생성되는 물질

포도당	산소
대부분의 식물에서 포도당은 결합하여 녹말로 바뀌어 엽록체에 잠시 저장된다. → 아이오딘 반응으로 확인	광합성 결과 발생된 산소의 일부는 식물이 사용하고, 나머지는 식물체 밖으로 나간다.

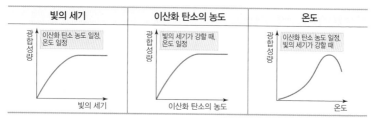

광합성을 못한 부분
– 반응 없음

광합성을 한 부분
– 반응 있음(녹말 생성)

기포(산소)
검정말

➡ 시험관에 모아진 기포(산소)에 향의 불씨를 대면 불씨가 되살아난다.

❸ 광합성에 영향을 미치는 환경 요인

빛의 세기	이산화 탄소의 농도	온도
광합성량 / 이산화 탄소 농도 일정, 온도 일정 / 빛의 세기	광합성량 / 빛의 세기가 강할 때, 온도 일정 / 이산화 탄소의 농도	광합성량 / 이산화 탄소 농도 일정, 빛의 세기가 강할 때 / 온도

➡ 일반적으로 빛의 세기가 강하고, 이산화 탄소가 충분히 공급되며, 온도가 30 ℃~40 ℃ 정도로 유지될 때 광합성이 활발하게 일어난다.

2 증산 작용

① 증산 작용과 물의 이동

1. 기공과 공변세포

(1) **기공**: 잎의 표피에 있는 구멍으로 산소와 이산화 탄소, 수증기 등과 같은 기체가 드나드는 통로 역할을 하며, 주로 낮에 열리고 밤에 닫힌다.

(2) **공변세포**: 표피 세포가 변한 것으로, 일반적인 표피 세포와 달리 엽록체가 있어 광합성을 한다.

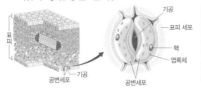

〈기공이 닫혔을 때〉 〈기공이 열렸을 때〉

▲ 잎의 구조와 공변세포

2. 증산 작용: 식물 속 물이 잎의 기공을 통해 수증기 상태로 공기 중에서 빠져나가는 현상

3. 물의 이동

(1) 잎에서 증산 작용이 일어나면 잎에 있는 물이 줄어들고, 줄어든 물의 양만큼 잎맥의 물관에서 물이 이동한다.

(2) 뿌리에서 흡수된 물이 줄기의 물관을 따라 잎까지 계속 올라간다. → 증산 작용은 뿌리에서 흡수한 물이 잎까지 이동하는 원동력이 된다.

4. 증산 작용이 잘 일어나는 조건: 빨래가 잘 마를 때와 비슷한 환경 조건에서 증산 작용이 활발하게 일어난다.

빛의 세기	온도	습도	바람
강할 때	높을 때	낮을 때	잘 불 때

② 증산 작용과 광합성

1. 기공이 열려 있을 때에는 공기 중의 이산화 탄소가 흡수된다. 또한 기공이 많이 열리면 증산 작용이 활발해져, 뿌리에서 흡수된 물이 잎으로 이동한다. → 기공을 통해 흡수된 이산화 탄소와 증산 작용으로 이동된 물을 재료로 광합성이 일어난다.

2. 증산 작용과 광합성은 빛의 세기가 강하고 기온이 높은 낮에 주로 일어난다.

3 식물의 호흡

❶ 식물의 호흡과 에너지

1. **식물의 호흡**: 식물 세포에서 산소를 이용해 양분(포도당)을 분해하여 생활에 필요한 에너지를 얻는 과정
2. 식물이 호흡을 할 때 산소를 흡수하고, 이산화 탄소를 방출한다.

양분(포도당)＋산소 → 이산화 탄소＋물＋에너지

❷ 식물의 호흡과 광합성

1. 호흡은 포도당을 분해하여 에너지를 얻는 과정이고, 광합성은 빛에너지를 포도당으로 저장하는 과정이다.

▲ 식물의 호흡과 광합성

2. 식물의 호흡은 항상 일어나지만, 광합성은 빛이 있을 때만 일어난다.
3. 빛이 있는 낮에 식물은 광합성으로 발생한 산소 중 일부를 호흡에 사용하고, 남는 것은 공기 중으로 방출한다.
   (1) 빛의 세기가 강한 낮에 광합성량이 호흡량보다 많으므로 식물이 이산화 탄소를 흡수하고 산소를 방출한다.
   (2) 빛이 없는 밤이 되면 식물이 광합성을 하지 못하고 호흡만 하기 때문에 산소를 흡수하고 이산화 탄소를 방출한다.

▲ 식물의 기체 교환

4. **호흡과 광합성의 비교**

구분	장소	시간	원료	기체 교환	에너지 출입
호흡	모든 세포	항상	포도당, 산소	산소 흡수, 이산화 탄소 방출	에너지 방출
광합성	엽록체	빛이 있을 때	물, 이산화 탄소	이산화 탄소 흡수, 산소 방출	에너지 흡수

4 광합성 산물의 이용

❶ 광합성 산물의 이동, 저장, 사용

1. 광합성 산물의 이동

광합성으로 생성된 녹말은 물에 잘 녹지 않기 때문에 주로 물에 잘 녹는 설탕으로 전환되어 체관을 통해 식물의 각 기관으로 운반된다.

초기 산물	일시적 저장 상태	이동 형태
포도당	녹말	설탕

2. 광합성 산물의 저장과 사용

(1) 식물의 여러 기관으로 운반된 양분은 호흡으로 에너지를 얻는 데 쓰이거나 식물체를 구성하는 재료로 이용된다. 나머지 양분은 포도당으로 저장되거나 녹말, 지방, 단백질 등 다양한 형태로 바뀌어 잎, 열매, 뿌리, 줄기 등에 저장된다.

(2) 광합성 결과 발생한 산소는 식물뿐 아니라 여러 생물의 호흡에 이용된다.

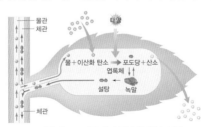

▲ 광합성으로 만들어진 양분의 생성, 이동

1 생물의 구성

❶ 생물의 구성 단계

식물과 동물의 몸은 세포를 기본 단위로 구성되어 있고, 세포가 모여 복잡한 구조를 이룬다.

1. 식물의 구성 단계: 세포 → 조직 → 조직계 → 기관 → 개체

2. 동물의 구성 단계: 세포 → 조직 → 기관 → 기관계 → 개체

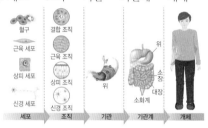

▲ 동물의 구성 단계

❷ 사람의 기관계

여러 기관계가 모여 하나의 개체를 이룬다.

1. 소화계: 섭취한 음식물 속 영양소를 분해하고 소화된 영양소를 흡수하는 데 관여한다.

2. 순환계: 영양소와 산소를 세포에 전달하는 데 관여한다.

3. 호흡계: 산소와 이산화 탄소의 교환에 관여한다.

4. 배설계: 노폐물을 몸 밖으로 내보내는 데 관여한다.

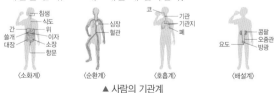

▲ 사람의 기관계

2 소화

❶ 영양소

우리 몸을 구성하거나 에너지를 얻는 데 필요한 물질

탄수화물	대부분 에너지원으로 사용된다. ⑩ 녹말, 설탕, 엿당, 포도당 등
단백질	에너지원으로 사용되며 몸을 구성하는 주된 성분이다. 몸의 여러 가지 기능을 조절한다.
지방	에너지원으로 사용되며, 에너지를 저장하기도 한다.
물	영양소와 노폐물을 운반하고 체온 조절에 도움을 준다.
무기염류	몸을 구성하거나 몸의 기능을 조절한다.
바이타민	적은 양으로 몸의 기능을 조절하며, 부족하면 몸에 이상이 나타난다.

❷ 소화와 흡수

1. **소화**: 음식물 속의 영양소를 작게 분해하는 작용
2. **소화 효소**: 영양소를 매우 작은 크기로 분해하여 세포가 흡수할 수 있도록 한다.
3. **소화 과정**
   (1) **입에서의 소화**: 아밀레이스는 녹말을 엿당으로 분해한다.
   (2) **위에서의 소화**: 펩신은 단백질을 중간 크기로 분해한다. 염산은 펩신의 작용을 돕고 살균 작용을 한다.
   (3) **소장에서의 소화**: 아밀레이스에 의해 탄수화물이, 트립신에 의해 단백질이, 라이페이스에 의해 지방이 소화되며 영양소가 세포에 흡수될 수 있을 정도로 매우 작은 크기로 분해된다.
   (4) **대장에서의 소화**: 소장에서 흡수되지 않은 음식물 찌꺼기에서 물이 흡수되며, 남은 찌꺼기는 대장을 거쳐 몸 밖으로 배출된다.
4. **영양소의 흡수**
   (1) 소장의 안쪽 벽은 주름져 있고, 주름 표면에는 융털이라고 하는 돌기가 많이 있다. → 소장의 이러한 구조는 표면적을 넓게 해서 영양소를 효율적으로 흡수할 수 있게 한다.

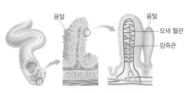

▲ 소장 안쪽의 구조와 융털

   (2) 포도당, 아미노산, 무기염류 등 물에 잘 녹는 영양소는 융털의 모세 혈관으로 흡수되고, 물에 잘 녹지 않는 영양소는 융털의 암죽관으로 흡수된다.

3 순환

❶ 혈액의 구성

1. **혈장**: 영양소, 이산화 탄소, 노폐물, 단백질 등 운반
2. **혈구**: 적혈구(산소 운반), 백혈구(식균 작용), 혈소판 (혈액 응고)

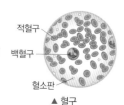

▲ 혈구

❷ 심장과 혈관

1. 심장

(1) 심장의 구조
  ① 심방: 정맥과 연결되어 혈액을 받아들인다.
  ② 심실: 동맥과 연결되어 혈액을 내보낸다.
  ③ 판막: 혈액이 거꾸로 흐르는 것을 막아 한 방향으로 흐르게 한다. 심방과 심실, 심실과 동맥 사이에 있다.

(2) 심장의 기능: 심장은 끊임없이 수축하고 이완하는 박동을 하기 때문에 혈액이 온몸을 잘 돌 수 있도록 펌프 역할을 한다.

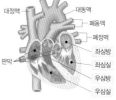

▲ 심장의 구조

2. 혈관

(1) **동맥**: 심장에서 나가는 혈액이 흐르는 혈관으로, 혈관 벽이 두껍고 탄력이 커서 심장의 수축으로 생기는 높은 혈압을 견딜 수 있다.

(2) **정맥**: 심장으로 들어가는 혈액이 흐르는 혈관으로, 동맥보다 혈관벽이 얇고 탄력이 약하다. 혈액이 거꾸로 흐르는 것을 막아주는 판막이 곳곳에 있다.

(3) **모세 혈관**: 혈관벽이 하나의 세포층으로 이루어져 있어 혈액과 조직 세포 사이에서 물질 교환이 일어난다.

❸ 혈액의 순환

1. **온몸 순환**: 온몸의 조직 세포에 산소와 영양소를 공급하고, 이산화 탄소와 노폐물을 받아 심장으로 돌아온다.

좌심실 → 대동맥 → 온몸 → 대정맥 → 우심방

2. **폐순환**: 폐로 가서 이산화 탄소를 내보내고 산소를 받아 심장으로 돌아온다.

우심실 → 폐동맥 → 폐 → 폐정맥 → 좌심방

4 호흡

① 호흡계의 구조와 기능

1. 사람의 호흡계
(1) 코, 기관, 기관지, 폐와 같은 호흡 기관이 모여 이루어진다.
(2) 폐: 갈비뼈와 횡격막으로 둘러싸인 흉강 속에 있다. 수많은 폐포로 이루어져 있어 공기와 접촉하는 표면적이 매우 넓으므로 기체 교환이 효율적으로 일어난다.

② 호흡 운동

1. 호흡 운동의 원리: 사람의 폐는 근육이 없어 스스로 운동하지 못해 횡격막과 갈비뼈의 움직임에 의해 흉강과 폐의 부피와 압력이 변화함으로써 일어난다.

2. 들숨과 날숨
(1) 들숨: 횡격막이 내려가고 갈비뼈가 올라가서 흉강의 부피 증가
→ 흉강의 압력 감소, 폐의 압력도 감소 → 공기가 폐로 들어옴
(2) 날숨: 횡격막이 올라가고 갈비뼈가 내려가서 흉강의 부피 감소
→ 흉강의 압력 증가, 폐의 압력도 증가 → 공기가 폐에서 나감

구분	횡격막	갈비뼈	흉강 부피	흉강 압력	공기의 이동 방향	폐의 부피
들숨	내려감	올라감	증가	감소	밖 → 폐	증가
날숨	올라감	내려감	감소	증가	폐 → 밖	감소

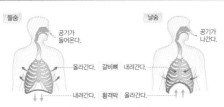

▲ 호흡 운동이 일어나는 원리

③ 기체의 교환과 이동

폐포와 모세 혈관 사이에서 확산에 의해 기체 교환이 일어난다.
1. 산소는 폐포에서 모세 혈관으로 이동 → 순환계를 통해 온몸의 조직 세포로 운반된다.
2. 이산화 탄소는 모세 혈관에서 폐포로 이동 → 날숨을 통해 몸 밖으로 나간다.

5 배설

❶ 노폐물의 생성과 배설

1. **배설**: 세포가 영양소를 분해하는 과정에서 생긴 노폐물을 몸 밖으로 내보내는 작용
2. 탄수화물, 지방이 분해될 때는 이산화 탄소와 물이, 단백질이 분해될 때는 이산화 탄소, 물, 암모니아가 생성된다.

❷ 배설계의 구조와 기능

1. **사람의 배설계**

   (1) **콩팥**: 혈액 속의 노폐물을 걸러 오줌을 만드는 기능을 담당하며, 겉질, 속질, 콩팥 깔때기로 구분
   (2) **오줌관**: 오줌이 지나가는 통로
   (3) **방광**: 콩팥에서 만들어진 오줌을 모아 두는 곳
   (4) **요도**: 방광에 모인 오줌이 몸 밖으로 나가는 통로

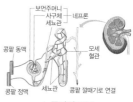
▲ 콩팥의 구조

2. **네프론**: 오줌을 생성하는 기본 단위

   (1) **사구체**: 콩팥 동맥에서 갈라져 나온 모세 혈관이 실뭉치처럼 뭉쳐 있는 부분
   (2) **보먼주머니**: 사구체를 둘러싸는 주머니 모양의 구조
   (3) **세뇨관**: 보먼주머니에 연결된 매우 가느다란 관

❸ 오줌의 생성과 배설

1. **오줌의 생성**

   (1) **여과**: 혈액이 콩팥 동맥과 사구체를 지나는 동안 물, 요소, 포도당 등과 같이 크기가 작은 물질이 보먼주머니로 빠져나가는 과정
   (2) **재흡수**: 여과액이 세뇨관을 지나는 동안 포도당, 물 등이 세뇨관에서 모세 혈관으로 이동하는 과정

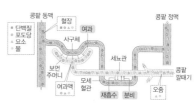
▲ 오줌의 생성 및 배설 경로

   (3) **분비**: 여과되지 못하고 혈액에 남아 있는 노폐물이 모세 혈관에서 세뇨관으로 이동하는 과정

2. **오줌의 배설 경로**: 사구체 → 보먼주머니 → 세뇨관 → 콩팥 깔때기 → 오줌관 → 방광 → 요도 → 몸 밖

6 소화, 순환, 호흡, 배설의 관계

❶ 세포 호흡

1. **세포 호흡**: 세포에서 산소를 이용해 영양소를 분해하여 에너지를 얻는 과정이다.

   영양소(포도당)＋산소 ⟶ 이산화 탄소＋물＋에너지

2. 세포 호흡으로 얻은 에너지는 체온 유지, 생장, 근육 운동, 두뇌 활동, 소리 내기 등 다양한 생명 활동에 이용된다.

▲ 세포 호흡으로 얻은 에너지의 이용

❷ 소화, 순환, 호흡, 배설의 통합적 관계

1. 세포 호흡은 우리 몸의 각 기관계가 통합적으로 작동하기 때문에 가능하다.
2. 우리 몸에서 소화, 순환, 호흡, 배설은 각각 독립적으로 일어나는 것이 아니라 서로 밀접하게 연관되어 있다.
3. 영양소의 소화와 흡수는 소화계가, 물질의 운반은 순환계가, 기체 교환은 호흡계가, 노폐물의 배설은 배설계가 담당한다.
4. 소화계, 순환계, 호흡계, 배설계가 서로 조화를 이루며 작동해야 우리 몸은 건강한 상태를 유지할 수 있다.

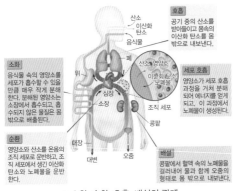

호흡 공기 중의 산소를 받아들이고 몸속의 이산화 탄소를 몸 밖으로 내보낸다.

소화 음식물 속의 영양소를 세포가 흡수할 수 있을 만큼 매우 작게 분해한다. 분해된 영양소는 소장에서 흡수되고, 흡수되지 않은 물질은 몸 밖으로 배출된다.

세포 호흡 영양소가 세포 호흡 과정을 거쳐 분해되어 에너지를 얻게 되고, 이 과정에서 노폐물이 생성된다.

순환 영양소와 산소를 온몸의 조직 세포로 운반하고, 조직 세포에서 생긴 이산화 탄소와 노폐물을 운반한다.

배설 콩팥에서 혈액 속의 노폐물을 걸러내어 물과 함께 오줌의 형태로 몸 밖으로 내보낸다.

▲ 소화, 순환, 호흡, 배설의 관계

1 물질의 특성

❶ 순물질과 혼합물

1. 순물질과 혼합물

구분	순물질	혼합물
정의	한 종류의 물질만으로 이루어진 물질	두 종류 이상의 순물질이 섞여 있는 물질
예	물, 금, 소금, 구리 등	공기, 암석, 청동, 식초, 우유, 바닷물 등

2. 순물질과 혼합물의 구별

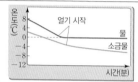

순물질과 혼합물의 가열 곡선	순물질과 혼합물의 냉각 곡선
• 순물질(물)은 끓는 동안 온도가 일정하게 유지 • 혼합물(소금물)은 물보다 높은 온도에서 끓기 시작하며 끓는 동안에도 온도가 계속 높아짐.	• 순물질(물)은 어는 동안 온도가 일정하게 유지 • 혼합물(소금물)은 물보다 낮은 온도에서 얼기 시작하며 어는 동안에도 온도가 계속 낮아짐.

3. 물질의 특성: 어떤 물질이 다른 물질과 구별되는 고유한 성질

⒜ 겉보기 성질, 녹는점, 어는점, 끓는점, 밀도, 용해도 등

❷ 끓는점과 녹는점(어는점)

끓는점	• 액체가 끓어 기체가 되는 동안 일정하게 유지되는 온도 • 외부 압력이 높아지면 끓는점은 높아지고, 외부 압력이 낮아지면 끓는점은 낮아짐
녹는점	고체가 녹아 액체로 되는 동안 일정하게 유지되는 온도
어는점	• 액체가 얼어 고체로 되는 동안 일정하게 유지되는 온도 • 순수한 물질의 어는점과 녹는점은 같다.

• 끓는점, 녹는점, 어는점은 물질의 특성으로 물질의 종류에 따라 다르며, 물질의 양에 관계없이 일정하다.

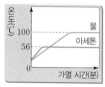

▲ 물질의 종류와 끓는점

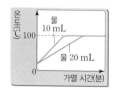

▲ 물질의 양과 끓는점

❸ 밀도

1. 밀도: 단위 부피에 해당하는 물질의 질량

$$밀도 = \frac{질량}{부피} \quad (단위: g/cm^3, g/mL, kg/m^3 \text{ 등})$$

2. 물질의 상태에 따른 밀도 변화
- 대부분의 물질: 고체 > 액체 > 기체

  (예외) 물의 경우 = 액체 > 고체 > 기체 (물 > 얼음 > 수증기)

3. 온도와 압력에 따른 기체의 밀도 변화

기체	온도	온도가 증가하면 부피가 크게 증가하면서 기체의 밀도가 크게 감소한다.
	압력	압력이 증가하면 부피가 크게 감소하면서 기체의 밀도가 크게 증가한다.

4. 밀도와 뜨고 가라앉음: 밀도가 큰 물질은 가라앉고, 밀도가 작은 물질은 뜬다.

5. 밀도와 관련된 현상
- 물놀이를 할 때 구명조끼를 입으면 몸이 물에 뜬다.
- 공기 중에서 헬륨 기체가 들어 있는 풍선은 뜨고, 입으로 분 풍선은 가라앉는다.
- 잠수부는 허리에 납 벨트를 차고 물속으로 잠수한다.

❹ 용해도

1. 용해도: 어떤 온도에서 용매 100 g에 최대한 녹을 수 있는 용질의 g수
- 일정한 온도에서 같은 용매에 대한 용해도는 물질마다 고유한 값을 가지므로 물질의 특성이다.
- 같은 물질이라도 용매의 종류와 온도에 따라 달라진다.

2. 용해도 곡선: 온도에 따른 용해도를 나타낸 그래프

- 대부분의 고체는 온도가 높을수록 용해도가 증가한다.
- 용해도 곡선 상의 용액은 포화 용액이다.
- 곡선의 기울기가 클수록 온도에 따른 용해도 차이가 큰 물질이다.
- 용해도 곡선을 이용하면 용액을 냉각시킬 때 석출되는 용질의 양을 계산할 수 있다.

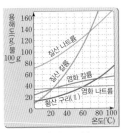

▲ 용해도 곡선

3. 기체의 용해도: 기체의 용해도는 압력이 클수록, 온도가 낮을수록 크다.

2 혼합물의 분리

❶ 끓는점 차에 의한 혼합물의 분리

1. **증류**: 혼합물을 가열할 때 나오는 기체를 다시 냉각하여 순수한 액체를 얻는 방법

고체와 액체 혼합물의 분리	액체 혼합물의 분리
혼합물을 가열하면 고체 성분은 남아 있고, 끓는점이 낮은 액체만 기화한다.	혼합물을 가열하면 끓는점이 낮은 액체가 먼저 기화한다.
ⓓ 바닷물에서 식수 얻기, 탁주로 청주 만들기	ⓓ 물과 에탄올의 혼합물 증류, 원유의 증류

❷ 밀도 차에 의한 혼합물의 분리

1. **고체 혼합물의 분리**: 고체 혼합물을 녹이지 않으면서 밀도가 두 고체의 중간인 액체 속에 넣는다.

알찬 볍씨 고르기	신선한 달걀 고르기	사금 채취
볍씨를 소금물에 넣으면 알찬 볍씨는 아래로 가라앉고, 쭉정이는 위에 뜬다.	달걀을 소금물에 넣으면 신선한 달걀은 아래로 가라앉고, 오래된 달걀은 위에 뜬다.	사금이 섞여 있는 모래를 그릇에 담아 물속에서 흔들면 모래는 떠내려가고 사금이 남는다.
밀도 크기: 알찬 볍씨>소금물>쭉정이	밀도 크기: 신선한 달걀>소금물>오래된 달걀	밀도 크기: 사금>모래

2. **액체 혼합물의 분리**: 혼합물을 분별 깔때기나 시험관에 넣으면 밀도가 작은 액체는 위층으로, 밀도가 큰 액체는 아래층으로 나누어진다.

❸ 용해도 차에 의한 혼합물의 분리

1. 재결정: 혼합물을 온도가 높은 용매에 녹인 후 냉각하여 순수한 고체 물질을 얻는 방법

소량의 불순물이 섞인 고체 물질의 분리	온도에 따른 용해도 차가 큰 물질과 작은 물질의 혼합물 분리
높은 온도의 물에 녹인 후 냉각 → 소량의 불순물은 물에 녹아 있고, 순수한 고체 물질만 석출 ⑩ 황산 구리(Ⅱ)의 재결정, 천일염의 정제	혼합물을 높은 온도의 용매에 녹인 후 냉각 → 온도에 따른 용해도 차가 큰 물질만 석출 ⑩ 붕산과 염화 나트륨의 혼합물 분리

[염화 나트륨과 붕산의 혼합물 분리]
- 염화 나트륨 20 g과 붕산 20 g의 혼합물을 80 ℃의 물 100 g에 모두 녹인 후 용액을 20 ℃로 냉각시킨다.
- → 붕산만 15 g 석출

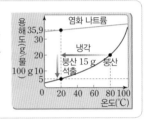

2. 용매에 대한 용해도 차를 이용한 분리

거름	추출
용매에 녹는 물질과 녹지 않는 물질을 분리 ⑩ 소금과 모래 분리, 나프탈렌과 소금 분리	혼합물 중에서 특정 성분만을 녹이는 용매를 사용하여 분리하는 방법 ⑩ 한약 달이기, 장미꽃의 색소 분리, 나물의 쓴맛 없애기, 물에 녹차 우려내기 등

❹ 크로마토그래피에 의한 혼합물의 분리

1. 크로마토그래피: 혼합물의 각 성분이 용매를 따라 이동하는 속도 차이를 이용하여 혼합물을 분리하는 방법

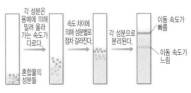

- 매우 적은 양의 혼합물도 분리할 수 있다.
- 성질이 비슷한 혼합물도 분리할 수 있다.
- 복잡한 혼합물도 한 번에 분리할 수 있다.
- 분리 방법이 간단하고, 짧은 시간에 분리할 수 있다.

2. 크로마토그래피 이용 예: 사인펜 잉크의 색소 분리, 꽃잎의 색소 분리, 운동 선수의 도핑 테스트 등

1 수권의 분포와 활용

❶ 수권의 분포

1. 수권: 지구상에 분포하는 모든 물
- 해수: 짠맛이 나는 염수
- 담수: 짠맛이 나지 않는 물 ➡ 육지의 물은 대부분 짠맛이 나지 않음.
  ⓔ빙하, 지하수, 강물, 호수

2. 수권의 분포 비율

해수	육지의 물(2.53 %)		
	빙하	지하수	강물과 호수
97.47 %	1.76 %	0.76 %	0.01 %
수권의 대부분 차지	육지 물의 대부분 차지	우리가 바로 사용할 수 있는 물	

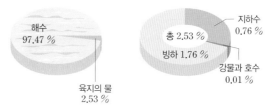

▲ 수권의 분포 비율

3. 수권의 특성

해수	빙하
• 짠맛이 있어 바로 이용하기 어렵다. • 지구의 물 중 가장 많은 양을 차지한다.	• 고체 상태로 극지방이나 고산 지대에 분포한다. • 얼어 있어서 바로 이용하기 어렵다.

지하수	강물과 호수
• 땅속 지층이나 암석 사이의 빈틈을 채우며 흐르는 물이다.	• 우리가 가장 쉽게 이용할 수 있는 물이다. • 수권 전체에서 매우 적은 양을 차지한다.

❷ 자원으로 활용하는 물

1. 수자원: 사람이 살아가는 데 활용하는 물
  - 생명 유지뿐 아니라 다양한 분야에 활용되는 물
  - 주로 짠맛이 나지 않는 담수를 활용한다.

2. 수자원의 활용

수권에서 바로 활용하기 어려운 물	
해수	• 짠맛을 제거하여 담수가 부족한 지역에서 활용한다.
빙하	• 녹아서 액체 상태가 된 물을 담수가 부족한 고산 지대에서 활용한다.

수권에서 바로 활용할 수 있는 물	
지하수	• 강물이나 호수보다는 많은 양이 분포한다. • 빗물이 지층의 빈틈으로 채워지기 때문에 지속적으로 활용할 수 있다. ➡ 수자원으로서의 가치가 높다. • 농작물 재배, 제품의 생산에 주로 이용한다. • 도시에서는 조경이나 건물 청소, 공원의 분수에도 활용된다. • 온천과 같은 관광 자원으로도 활용된다. • 지하수의 수위가 크게 낮아진 곳에서는 지하수 댐을 설치한다.
강물과 호수	• 우리가 주로 사용하는 수자원으로, 강수량의 영향을 많이 받는다. • 부족할 때 지하수를 개발하여 사용한다.

3. 수자원의 용도

농업용수	생활용수
농작물을 기르는 데 사용하는 물	일상생활에 사용되는 물

유지용수	공업용수
하천의 기능을 유지하는 데 사용되는 물	공장에서 제품을 생산하거나 제작하는 데 사용되는 물

4. 우리나라 수자원의 용도별 현황
  - 가장 많이 사용되는 수자원은 농업용수이다.
  - 생활용수의 이용량이 빠르게 증가하고 있다.

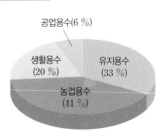

공업용수(6 %)
생활용수(20 %)
유지용수(33 %)
농업용수(41 %)

2 해수의 특성과 순환

❶ 해수의 온도

1. **표층 해수의 온도:** 위도에 따라 수온이 달라진다.
   - 저위도: 수온이 높다.
     ➡ 해수면에 도달하는 태양 에너지양이 많기 때문

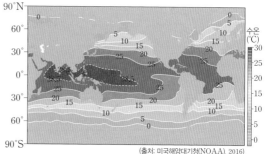

(출처: 미국해양대기청(NOAA), 2016)

   - 고위도: 수온이 낮다.
     ➡ 해수면에 도달하는 태양 에너지양이 적기 때문

2. **해수의 층상 구조:** 깊이에 따른 수온 변화를 기준으로 3개 층으로 구분한다.

혼합층
- 해수 표면이 태양 에너지에 의해 가열되어 수온이 높다.
- 표층의 해수가 바람에 의해 섞이므로 수온이 거의 일정한 층이다.
- 바람이 강하게 불수록 해수가 깊은 곳까지 섞이므로 혼합층이 두꺼워진다.

수온 약층
- 깊어질수록 수온이 급격히 낮아진다.
- 차가운 해수가 아래쪽에 있고 따뜻한 해수가 위쪽에 있다.
  ➡ 대류가 일어나지 않는 안정한 층이다.

심해층
- 태양 에너지가 거의 도달하지 않기 때문에 수온이 4 ℃ 이하로 매우 낮고, 일정하다.

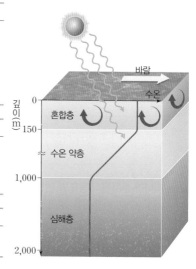

❷ 해수의 염분

1. **염류**: 해수에 녹아 있는 여러 가지 물질
   ➡ 염화 나트륨(짠맛)이 가장 많고, 염화 마그네슘(쓴맛)이 두 번째로 많다.

기타 0.1 g
황산 칼륨 0.9 g
황산 칼슘 1.3 g
황산 마그네슘 1.7 g
염화 마그네슘 3.8 g
염류 35 g
해수 1000 g
염화 나트륨 27.2 g

▲ 염분이 35 psu인 해수 1000 g에 녹아 있는 염류

2. **염분**: 해수 1000 g 속에 녹아 있는 염류의 총량을 g 단위로 나타낸 것
   • 단위: psu(실용 염분 단위), ‰(퍼밀)
   • 전 세계 바다의 평균 염분: 35 psu
   • 우리나라 주변 바다의 평균 염분: 33 psu

3. **염분에 영향을 주는 요인**

염분이 낮은 바다	• 증발량보다 강수량이 더 많은 바다 • 육지의 물이 흘러드는 바다 • 빙하가 녹는 바다
염분이 높은 바다	• 강수량보다 증발량이 더 많은 바다 • 해수가 어는 바다

4. **염분비 일정 법칙**: 해수에 녹아 있는 염류의 양은 해역마다 다르지만, 각 염류가 차지하는 비율은 어느 해역이나 항상 일정하다.
   • 해수의 염분이 높고 낮음에 관계없이 해수에 녹아 있는 염류 사이의 비율은 일정하다.

▼ 해수에 들어 있는 염류의 비율

염류의 종류	염화 나트륨	염화 마그네슘	황산 마그네슘	황산 칼슘	기타	계
각각의 염류가 차지하는 비율(%)	77.7	10.9	4.8	3.7	2.7	100

   • 염분비가 일정한 까닭: 해수가 끊임없이 순환하면서 염류가 골고루 섞이기 때문

❸ 해류

1. 해류: 일정한 방향으로 지속적으로 흐르는 해수의 흐름
  - 난류: 저위도에서 고위도로 흐르는 따뜻한 해류
  - 한류: 고위도에서 저위도로 흐르는 차가운 해류

2. 우리나라 주변 해류
  - 황해 난류: 쿠로시오 해류의 일부가 우리나라 쪽으로 흘러와서 황해로 흐른다.
  - 동한 난류: 쿠로시오 해류의 일부가 우리나라 쪽으로 흘러와서 동해로 흐른다.
  - 북한 한류: 연해주 해류의 일부가 우리나라 동해안을 따라 흐른다.

▲ 우리나라 주변 해류

3. 조경 수역: 한류와 난류가 만나는 곳 ➡ 좋은 어장이 형성된다.

❹ 조석 현상

1. 조석: 해수면의 높이가 주기적으로 높아지거나 낮아지는 현상
2. 조류: 조석에 의해 주기적으로 변하는 바닷물의 흐름
  - 밀물: 바닷물이 육지 쪽으로 밀려오는 흐름
  - 썰물: 바닷물이 바다 쪽으로 빠져나가는 흐름
3. 조차: 만조와 간조 때 해수면의 높이 차이
  - 만조: 밀물에 의해 해수면이 가장 높아진 때
  - 간조: 썰물에 의해 해수면이 가장 낮아진 때

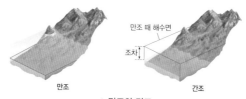

▲ 만조와 간조

4. 조석의 이용
  - 만조와 간조가 일어나는 시간을 알면 실생활에 활용할 수 있다.
  - 조차가 큰 지역에서는 조력 발전소를 건설하여 전기를 생산한다.

1 온도와 열의 이동

❶ 온도

1. **온도**: 물체의 차갑고 뜨거운 정도를 숫자로 나타낸 것
   - 온도의 단위: ℃(섭씨도)와 K(켈빈) 등을 사용
   - 온도의 측정: 온도계로 측정
     - ⓔ 디지털 체온계, 알코올 온도계, 적외선 온도계 등

2. **온도와 입자 운동**: 온도는 물체를 구성하는 입자의 운동이 활발한 정도를 나타냄

온도가 높은 물체	온도가 낮은 물체
뜨거운 물	차가운 물
입자의 운동이 활발함	입자의 운동이 둔함

❷ 열의 이동

1. **열**: 온도가 서로 다른 두 물체가 접촉했을 때 온도가 높은 물체에서 온도가 낮은 물체로 이동하는 에너지

2. **열의 이동**
   - 전도: 고체에서 물체를 구성하는 입자의 운동이 이웃한 입자에 차례대로 전달되어 열이 이동하는 현상
   - 대류: 기체나 액체에서 물질을 구성하는 입자들이 직접 이동하면서 열이 이동하는 현상

▲ 고체 막대에서 전도　　　　　　　▲ 물의 대류

   - 복사: 열이 다른 물질을 거치지 않고 직접 이동하는 현상

3. 열의 이동의 예

전도	대류	복사
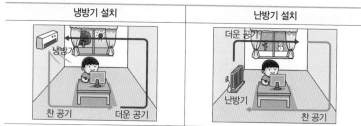		
온도가 높은 전기장판을 이루는 입자들이 빠르게 움직이면서 피부를 이루는 입자와 충돌하며 열을 전달함	에어컨에서 나온 차가운 공기는 아래로 내려오고, 아래에 있던 따뜻한 공기는 위로 올라가면서 방 안이 시원해짐	난로를 켜면 열이 복사의 형태로 이동하기 때문에 바로 따뜻함을 느낄 수 있음

4. 냉난방 기구의 효율적 이용

냉방기 설치	난방기 설치
냉방기 / 찬 공기 / 더운 공기	더운 공기 / 난방기 / 찬 공기

- 냉방기를 방의 위쪽에, 난방기를 방의 아래쪽에 설치하면 공기의 대류가 잘 일어나기 때문에 냉난방 기구를 효율적으로 사용할 수 있음

5. **단열과 단열재**: 열의 이동을 막는 것을 단열, 단열을 위해 사용하는 재료를 단열재라고 함

- 공기: 공기층을 이용하면 전도에 의한 열의 이동을 효율적으로 막을 수 있음
- 진공: 진공 상태는 전도와 대류에 의한 열의 이동을 막는 데 효율적임
- 반사판: 금속판으로 열을 반사시켜 복사에 의한 열의 이동을 막을 수 있음

6. **단열의 이용**: 아이스박스, 보온병, 단열봉지 등

2 열평형, 비열, 열팽창

① 열평형

1. 열평형: 온도가 높은 물체에서 온도가 낮은 물체로 열이 이동하여 두 물체의 온도가 같아진 상태
- 온도가 높은 물체에서 온도가 낮은 물체로 열이 이동

2. 열평형에서 온도 변화와 입자 운동의 변화

온도 변화 그래프	입자 운동의 변화
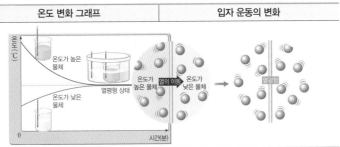 온도가 높은 물체의 온도는 낮아지고, 온도가 낮은 물체의 온도는 높아져 시간이 지나면 두 물체의 온도가 같아짐	온도가 다른 두 물체를 접촉하면 온도가 높은 물체는 열을 잃어 입자의 운동이 둔해지고, 온도가 낮은 물체는 열을 얻어 입자의 운동이 활발해짐

3. 열평형의 이용
- 갓 삶은 뜨거운 달걀을 식힐 때 찬물에 담가 두는데, 시간이 지나면 서로 열평형을 이루어 달걀과 물이 모두 미지근해짐
- 온도계는 물체가 접촉하여 열평형 상태를 이루는 것을 이용하여 물체의 온도를 측정함

② 비열

1. 비열: 어떤 물질 1 kg의 온도를 1 ℃ 높이는 데 필요한 열량
  (1) **비열의 단위**: 비열의 단위로는 kcal/(kg·℃)를 사용
  (2) **비열의 특징**: 비열은 물질의 특성이므로 물질의 종류에 따라 다름

2. 물과 식용유의 온도 변화: 질량이 같은 물과 식용유의 온도를 1 ℃ 높이는 데 필요한 열량은 물이 더 큼
- 물의 비열이 식용유의 비열보다 더 큼

3. **비열과 온도 변화**: 질량이 같은 두 물질을 같은 시간 동안 같은 세기로 가열할 때 비열이 작은 물질은 온도 변화가 크고, 비열이 큰 물질은 온도 변화가 작음

4. **비열의 이용**
   • 물은 다른 물질에 비하여 비열이 매우 크므로 온도 변화가 작음. 기계의 냉각수나 찜질팩 등에 이용
   • 돌솥의 비열이 무쇠솥보다 크므로 뜨거운 무쇠솥에 담긴 밥보다 뜨거운 돌솥에 담긴 밥을 더 오랫동안 따뜻하게 먹을 수 있음
   • 해안 지방이 내륙 지방보다 일교차가 적은 것도 물의 비열이 크기 때문임

❸ 열팽창

1. **열팽창**: 물체의 온도가 높아질 때 부피가 팽창하는 현상

2. **액체와 고체의 열팽창**: 액체나 고체의 온도가 높아지면 부피가 팽창하고, 액체나 고체마다 열팽창하는 정도가 다름

3. **열팽창과 입자 운동**: 물체가 열을 얻어 온도가 올라가면 입자 운동이 활발해지고 이에 따라 입자 사이의 거리가 멀어져 부피가 팽창함

4. **열팽창의 활용**

액체의 열팽창	고체의 열팽창	
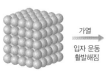		
액체의 열팽창으로 음료수 병이 깨지는 것을 방지하기 위해 병에 액체를 가득 채우지 않음	열팽창으로 선로가 늘어나는 것에 대비하기 위해 선로와 선로 사이에 틈을 둠	겨울에는 전선이 수축하여 팽팽해지므로 여름에 설치할 때는 전선 길이를 길게 함

1 재해·재난의 원인과 대처 방안

❶ 재해·재난의 원인과 피해

1. 재해·재난: 자연 현상이나 인간의 부주의 등으로 인해 발생한 인명과 재산 피해

재해·재난	특징
자연 재해·재난	• 자연 현상으로 발생 • 예방이 어려우며, 비교적 넓은 지역에 걸쳐 발생함. • 태풍, 홍수, 강풍, 해일, 대설, 낙뢰, 가뭄, 지진, 화산 활동 등
인위 재해·재난	• 인간 활동에 의해 발생 • 예방 가능하며, 상대적으로 좁은 범위에서 발생함. • 화재, 붕괴, 폭발, 교통사고, 환경오염 사고, 감염성 질병 확산, 가축 전염병 확산 등

2. 재해·재난의 사례

재해·재난		원인과 피해
화학 물질 유출		사고나 폭발로 화학 물질 유출. 짧은 시간 동안에 큰 피해를 줌.
감염성 질병 확산		병원체의 진화, 매개체의 증가, 인구 이동, 무역 증가 등
기상 재해	태풍	강한 바람과 많은 비를 동반, 농작물이나 시설물 피해
	폭설	교통 통제, 산간 마을 고립
	황사	호흡기 질환, 항공 산업과 운수 산업에 큰 피해
운송 수단 사고		대부분 안전 관리 소홀, 안전 규정 무시, 자체 결함 등으로 인해 발생
지진		산이 무너지고 땅이 흔들림, 건물이 무너지고 화재가 발생, 해저에서 발생 시 지진 해일을 일으킴.
화산		화산재나 흐르는 용암에 의해 인가나 농작물에 직접적인 피해를 줌. 대기 중으로 퍼진 화산 기체나 화산재는 항공기 운항 중단 등의 피해를 줌.

❷ 재해·재난의 대처 방안

재해·재난	과학적 원리를 이용한 대처 방안
화학 물질 유출	화학 물질에 직접 노출되지 않도록 하고, 최대한 멀리 피함. 유독 가스는 대부분 공기보다 밀도가 크므로 높은 곳으로 대피함.
감염성 질병 확산	예방을 위해 흐르는 물에 비누를 사용하여 자주 손 씻기, 식수는 끓여 먹기 기침이나 재채기를 할 때는 코와 입을 가리고, 마스크 착용
기상재해	기상재해 진행 상황에 따라 알맞게 대피
운송 수단 사고	빠르고 정확하게 상황 판단하여 대피하고, 안내 방송을 잘 청취하기 운송 수단의 종류에 따른 대피 방법을 미리 알아두기
지진	건물을 지을 때 내진 설계를 함. 지진 발생 시 계단 이용 건물 밖으로 나가기 건물 밖에서는 유리창, 간판 등을 피해 머리 보호, 건물과 떨어져서 대피
화산	외출 자제, 화산재에 노출되지 않도록 문틈 막기 화산 폭발 가능 지역에서는 방진 마스크, 의약품 등을 미리 준비하기